傷已逝'

愛才開始

如果說婚姻是一座圍城，那麼情感呢？
是一次性餐巾？還是永久性港灣？
在婚姻矛盾中掙扎？還是在情感漩渦中做出抉擇？

劉正權 · 著

目次

005

蜚短流長

楚小燕的唇形很好看，好看得連女人都忍不住想在上面啄上一口，那一口是什麼感覺呢，溫潤，濕熱，飽滑！

答案可以是多種！但這三種一定是每個人都能感覺到的，哪怕你的反應比原生動物門還要遲鈍！

一個容易引起蜚短流長的唇呢！吳成義第一次看見楚小燕時在心裏這麼微歎了一下。

就一下，足以證明楚小燕唇形的殺傷力指數了，吳成義不是輕易微歎的男人。

換句話來說，吳成義一直覺得自己是可以波瀾不驚的那種男人。

波瀾不驚的出處在於吳成義曾在書上讀過這樣一句話，婚姻的難處在於我們是和對方的優點談戀愛，最終卻和對方的缺點生活在一起！

這話乍一聽，調侃的意味很濃，但仔細一揣摩，卻把吳成義嚇出了一身冷汗，正是這一身冷汗，讓吳成義對婚姻望而卻步了。

一個不奢望婚姻的男人，對女人波瀾不驚，自然也在情理之中了。

和楚小燕的相遇，是在一個光線飄忽著的燉湯店裏，吳成義最近迷上了喝老罐燉的湯。

文火，清湯，把時光燉得飄忽起來，原汁原味的東西居然也可以飄忽的！當時吳成義就忍不住笑了一下，很書生意氣的那種笑。

笑完了，吳成義才發現有雙眼睛盯著他看，吳成義就抬起了頭，木質湯勺裏飄著一雙很澄靜的眼睛。吳成義先看湯，湯純白，像早上化不開的濃霧，偶爾有片薑會半沉半浮懸在湯中。

黑魚湯，補腦的！這是湯裏那雙眼睛的主人在說話了，吳成義就順著湯勺往上看，看見了楚小燕正在為自己添湯。

楚小燕是燉湯店的廚娘！

而且是個脾氣很怪的廚娘，她的規矩是，每天只燉三罐湯，早中晚各一罐，早上燉的中午用，中午燉的晚上用，晚上燉的第二天早上用。

吳成義喝的是早湯！

這湯裏，有我昨夜的精氣神在裏面呢！楚小燕紅唇微動，沒來由地吐出這句話來。

一個妙曼廚娘，夜晚的精氣神是什麼樣的呢？吳成義忍不住要在心裏遐想一番了。

她一定是在更深人靜時，執了蒲扇，挽了松髻，在半明半暗的爐光前面俯下身子，用一隻手攏散在額前的秀髮，另一隻手輕輕攪動湯勺的！湯的清香和夜露的氣息再夾雜女人的體香在燉罐上面嚴嚴實實的包裹開來。偶爾，楚小燕還會用紅唇輕輕吹一吹飄在湯上的浮油，間或也伸出嫩紅的舌尖舔上一口試湯的鹹淡，那應該是一幅可以入眼入心的中國畫呢。

　　這麼想著，吳成義就忽然有了一絲笑意，自己的舌尖原來可以通過這湯親近楚小燕的紅唇的！這種親近，若干年後回味起來，是很值得咀嚼的呢。

　　一念及此，吳成義又忍不住看了一眼楚小燕的紅唇。

　　楚小燕似乎看出吳成義的心思來，再次紅唇微動，你是來喝湯呢，還是喝湯裏那張紅唇啊！

　　吳成義就窘紅了臉。

　　楚小燕嫣然一笑，說你晚上來吧，晚上我有空！

　　吳成義就很聽話地起身，走了，那碗湯楚小燕把它收回去，擱在櫃上。櫃上通風，這樣湯就不會失去成色，楚小燕的燉湯店不用冰櫃。

　　楚小燕一直覺得，冰櫃那麼低的溫度，會把一碗活色生香的燉湯給冰得沒一點生氣，失去生氣的東西跟葬了的東西有什麼區別呢？

　　生活中，有些東西可以葬，有些東西則是不能葬的，比如生活，比如愛情！

　　楚小燕有自己的婚姻，但婚姻是否可葬？不能！楚小燕才三十不到呢，一個溫溫潤潤的年齡。當然，也是一個飛長流短的年齡。

　　吳成義晚上去時，楚小燕正把那碗湯加熱，翹首以待著吳成義的光臨呢。

　　吳成義喝湯的姿勢一點也不生猛，這點令楚小燕很是喜歡，湯是需要人品的，能品出一個女子柔美氣息的那種品。

　　只有在那樣的品味中，男人才會懂得欣賞女人。顯然，吳成義是欣賞楚小燕的！

　　就在那搖曳的燉罐火光中，吳成義心中的微歡突然躍出來和楚小燕的紅唇撞在了一起。

　　果然是溫潤，濕熱，飽滑的！事後，吳成義問楚小燕，你幹嗎不拒絕我？

　　楚小燕低著頭，笑，不說話。

　　吳成義又問，可以永遠這樣麼？

　　楚小燕還是低著頭，笑，但笑完之後卻說話了，一個懂得美食的人，不會吃全熟的牛排，一個懂得愛情的人，不會許諾天長地久的，你明白嗎？

　　吳成義就明白過來，明白了就很努力地喝湯，湯裏面有楚小燕的紅唇。

　　蜚短流長的紅唇呢！卻不是隨便可以輕薄的。

到此為止

紅顏知己，有什麼職責許可權麼？紅玉笑著轉動手中的高腳酒杯，酒杯裏流淌著壁燈的紅光，一如紅玉生了霞的臉龐。

我把紅玉擁在懷裏，想了想，輕輕把唇壓上她飽滿而濕熱的紅唇。

紅玉沒有張開嘴把舌尖給我，當然，也沒允許我把舌尖探進去。

這就對了！我點頭說，這就是你的職責，也是你的許可權！

紅玉把唇收回去，拉開距離看我，紅玉的眼光是清澈的，很清澈！

清澈意味著我應該適可而止了，也意味著紅玉對紅顏知己這一身份還有所懼怕。

懼怕我的繼續深入？應該是吧！

我就很自然鬆開環在紅玉腰間的手，紅玉甩甩頭站起來，深吸一口長氣說，到此為止吧！

聽得出，那口長氣裏有如釋重負的意思。

我整理了下衣衫，出門。紅玉也出門，她沒整衣衫，沒整衣衫說明我的手很老實！事後，紅玉這麼評價我的！

我們卻沒有到此為止！

我知道，在感情上，男女是有著迥然的差別的，男人傾向於一瀉千里，女人則醉心於九曲盤桓，但說到底，都是從此岸到彼岸的一個途徑而已。

殊途，是能夠同歸的！我們的老祖宗一定在很久以前就琢磨透了感情這宗事，不然怎麼會有殊途同歸這一成語呢。

很顯然，我和紅玉是兩個殊途的人！

我開始回憶認識紅玉的過程，應該是在一次聚會上，這年月的聚會多，多得連倡議者自己都記不清聚會的主題了。

反正就認識紅玉了！

好像是出於禮貌，彼此交換了手機號碼的。經常有這種情況，你調開手機裏的通訊錄，會發現很多號碼跟名字對不上號。

於是你挖空了心思想也想不出個所以然，就不想了，存著吧，反正不占地方，這年頭手機裏存儲空間大，大得那麼多名字擠在一起，卻又互不相識。

紅玉就是存在手機中的一個號碼而已，起碼在吻她之前是這樣的。

我去書店閒逛，紅玉剛好也在。

紅玉說，嗨！

我也說，嗨！嗨過了心裏卻一陣迷茫。

不記得了？紅玉有點委屈。

怎麼會呢？我喜歡把美女藏在心底的！我調侃。

女人都當自己是美女，紅玉也不例外，再說她也還真的長得可圈可點。

就一塊喝茶，我是在喝茶過程中慢慢想起紅玉的，據說我給紅玉最初的印象是冷傲。

呵呵，我只是不習慣多言罷了！

我是在喝茶結束時吻的她，記得紅玉說了這麼一句話，一個冷傲的男人是不容易下決心愛上一個女孩子的。

為什麼？我有點不以為然。

因為冷傲的人一定內心滄桑，這種人若要喜歡一個人，一定比寫小說還艱難，先謀篇佈局，再深思熟慮，這種太較真的感情既讓自己害怕也讓別人害怕！紅玉這麼分析的。

我就很唐突地捉住了紅玉的手說，做我的紅顏知己吧！

沒有到此為止的我們第三天又見了面，她打的電話，我說我還在床上呢！

紅玉就行使她的職權說，我是有義務不讓你醉生夢死的！

紅玉來時，我剛好把自己裝進衣服裏，她居然是穿著睡衣來的，切，她自己還沒夢醒吧！

風把她的睡衣吹開，半抹白皙的酥胸外露，紅玉的眼神是半夢半醉的，她說，我夢見自己的初戀情人了，你身上有半邊是他的影子呢！

這半邊影子的暗示給了我很大的勇氣，我直接把她抱上了床，窗外的陽光很好，幾支插在陽臺上的花枝在很好的陽光中亂顫起來，一如紅玉激情勃發的身體，原來，女人也可以這麼有力發出深長的呼吸的。

呼與吸之間，是生到死再到復活的極致。

在極致的空隙，紅玉微瞇著眼問我，有過初戀嗎？

我說，有！

什麼感覺呢當時？她依然瞇著眼。

我點燃一根煙，坐起來說，這麼比方吧，除了吃飯每天我只做兩件事。

哪兩件事？這回紅玉睜開了眼。

除了呼吸，就是想她！我把煙按滅，眼神飄忽起來！

紅玉望著我，不說話。

我把那根滅了的煙碾碎，不管不顧繼續說下去，可惜，我最終沒能娶上她！

紅玉忽然尖叫一聲，別說了，到此為止吧！

三個月後，我接到紅玉的一條短信，內容很簡短，我嫁給我的初戀了！

面對這麼簡短的八個字，我忍不住熱淚長流！

我回了紅玉更簡短的四個字，到此為止！

是的，我眼下每天除了吃飯，依然只做兩件事，一是呼吸，一是想我的初戀，偶爾，紅玉會在我腦海中忽閃一下，但絕不影響我的呼吸！

　　我沒再聯繫紅玉，我想這應該也是我的職責和許可權吧！

承諾的零售價

　　承諾沒有統一零售價，有時一文不值，有時卻又千金難買，知道不？我把這話打了過去。

　　對面QQ閃了幾閃說，意思是你不相信？

　　是的，我不相信！我啪啪敲著鍵盤。

　　你是不相信承諾，還是不相信我這個人？對面QQ又閃閃發亮了。

　　我這才想起她的網名來，記住我的承諾！

　　這次爭論起源於她。

　　她一上來就問我，你們男人，新婚之夜都喜歡信誓旦旦許諾嗎？

　　什麼叫我們男人？我很生氣說，男人跟男人也有區別的！

　　那，談談你跟其他男人的區別？她把話踢過來。

　　能跟其他男人有什麼區別呢？我想了想說，比方說啊，別的男人說女人的內在美是指女人內心。

　　那你呢？她很簡短地發問。

　　我決定幽她一默，我說，在新婚之夜我改變看法了，我認為女人的內在美指女人胸罩裏面。

　　記住我的承諾顯然被我逗樂了，哈哈哈哈哈哈哈哈地笑，像魚在水裏往上吐氣泡，一串串的。

　　怎麼樣？我很得意，屬於藝術家才有的思想見解吧！

　　她也笑，我可聽說藝術家的靈感源於痛苦呢，你這會一定為女人的內在美痛苦著吧！

　　她聽我說過，我媳婦出差快一個月了，蜜月沒度完出的差，很有點殘忍吧！

　　我不想示弱，打過去一行字，淺薄了不是，只有初級藝術家的靈感才源於痛苦，高級藝術家的靈感都源於幸福。

　　我不幸福！她忽然敲出這麼四個字，所以成不了藝術家！口氣幽幽地。

　　不會吧！我說，你們結婚也才不到兩個月，應該幸福得稀裏糊塗才對的啊。

　　我們是一前一後結的婚，在現實中是，在網上也是。

　　聽她說過，新婚之夜他信誓旦旦承諾過的，會一輩子珍愛他的新娘子。

　　現在他不珍愛你了？我小心翼翼問她。

　　也不是！她說，反正沒以前寵我了，我們才新婚呢！

　　呵呵，我笑了笑，說，女人的折舊率是很驚人的，你聽沒聽說？

　　沒聽說！她一點也不掩飾自己這方面的無知。

我笑，從「新」娘到「老」婆不過是一晚上的事，就新老交替了，新婚不新婚有什麼實質意義？

　　那你的意思是新婚之夜他的承諾也沒什麼實質意義了？她有點不甘心地問我。

　　於是我就用文章開頭那段話把她打發了。

　　現在，我究竟該不該相信她呢？說不相信很傷一個人的自尊的，尤其是女人的自尊，而且還是一個新婚女人的自尊。

　　怎麼可以傷害呢？多不道德的事！

　　我就道德感很強地回了一句，我相信你，至於承諾，我停頓了一下說，與我無關的承諾我幹嗎相信？

　　她沉吟一會，發過來一句話，如果與你有關呢？

　　姑且相信吧！我笑了笑回道。

　　那好，她好像如釋重負似的在那邊說，我給你一個承諾吧，從今天起，我會永遠分擔你的痛苦！

　　是嗎？我不信，開玩笑逗她說，我現在正痛苦呢，你能分擔？你先前說過的，不會忘吧！

　　我說過什麼？她不解了。

　　我不懷好意把她先前的話複製過去──我可聽說藝術家的靈感源於痛苦呢，你這會一定為女人的內在美痛苦著吧！

　　她不語，肯定是想到了在我嘴裏「內在美」三個字的含義。

　　我在這邊打出一串齜牙的圖片，很得意。

　　她忽然打出五個字，你接視頻吧！

　　我就接了！

　　一個女子姣好的面容晃了一下，一雙手開始解睡衣，我看見，絲質很好的睡衣從女子肩頭滑落下來，女子的胸部就一覽無餘了，很飽滿的胸，飽滿得一下子堵住了我的呼吸。

　　考驗我抗拒誘惑力的指數呢！這是。猶豫了一分鐘，我咬牙點了關閉。

　　她打過兩個字，謝謝！

　　我也回過去兩個字，客氣！

　　她說，我不是客氣，我怕你提出更過分的要求來。

　　我說，你可以拒絕的啊。

　　可我承諾你了，就不能拒絕！

　　我眼裏沒來由地一熱，我說，我現在是幸福的了。

　　她說我也是！

　　完了，我們都不再說話，滑鼠滑過之處，沒來由地閃出這麼一段文字，痛苦來臨時不要總問，為什麼偏偏是我？因為幸福降臨時，我們從來沒想過這個問題。

　　承諾應該有個統一零售價的！起碼應該與人性對等。

口頭戀人

親愛的，昨晚又失眠了吧！想我想的？李志剛一上班，就衝眼圈發黑的鄧小梅耍起了嘴皮子。

鄧小梅不生氣，笑眯眯地，說親愛的，拜託你與時俱進行不？這不叫失眠，這叫夜生活豐富多彩！

辦公室的幾個人轟一聲大笑起來，嚇得正打算尋找落腳點的一隻蒼蠅抱頭鼠竄。

大李發話了，說你們要真結婚過日子，別的我不敢保證，蒼蠅一定是沒有的！

李志剛誤解了大李的話，說大李你的意思是我們結了婚一準窮，窮得蒼蠅連點油都蹭不著？

鄧小梅衝上來，似真非真地擰一下李志剛的耳朵，聽話聽音，瞧你這悟性，人家大李是說咱們家熱鬧，蒼蠅插不了足呢！

這話反將了大李一軍。

大李有點暗戀鄧小梅，是那種老式的暗戀！鄧小梅是新新人類，和李志剛較容易接近一些新潮的東西，一來二去的，兩人就有了那麼點如影隨形的意思。

大李無緣無故跟蒼蠅同了回宗，自然很不爽，大李就夾槍帶棒揶揄說，咱們家？喲呵，打算從口頭戀人向實質婚姻跨越了啊！

大李把跨越兩個字咬得很重，重得李志剛脖子情不自禁縮了一下，鄧小梅脖子倒沒縮，但她心裏忍不住沉了一下！

跨越是要有基礎的！

這基礎兩人心裏明鏡似的，那就是——房子！

作為兩個外來人口，沒房子的苦處他們比任何人都清楚，所以，兩人在單位裏恩恩愛愛的熱乎著，一下班就各奔東西形同陌路了。

他們眼下，居無定所呢！

李志剛在親戚屋簷下低著頭。

鄧小梅在同窗閨房裏貓著腰。

所以在大李看來，這兩人的戀情只能是口頭上的，永遠走不到一起。

大李的分析是對的！

偶爾，李志剛在辦公室會面對鄧小梅發上一會呆暗想，如果有個跟鄧小梅不相上下的本地女孩子看上自己，日子也不是不能過的。

鄧小梅不發呆，她常常對著李志剛背影尋思著，假如哪天碰上個和李志剛一樣的本地男孩，嫁了也不失為明智之舉啊！

只是這樣的明智之舉尚未發生，李志剛出事了！

為鄧小梅出的事。

鄧小梅有點小小的業餘愛好，打檯球。

小城裏喜歡打檯球的人不少，但能打到李志剛那種水平的不多，李志剛輕易不上臺，一上就是一桿清，因了這點能耐，李志剛總有高處不勝寒的感慨。

那天去檯球室，有點湊巧。

鄧小梅先去的，鄧小梅穿了件很少有女孩露單時穿的小背心，黑色的，正趴在桌上瞄準一個圓球動腦筋。

李志剛去時，正碰上一個男的把個口哨吹得震天響。

不用說，那男人得了勢！

而眼下，鄧小梅又碰上個難度極大的球。

李志剛悶聲不響地走過去，貼在鄧小梅身後，雙手從後面環抱過去握住鄧小梅的手。

鄧小梅只驚詫了一下，就被那雙熟悉的手握住，啪！幾乎沒等鄧小梅計算角度和力度，球就應聲入洞了！

鄧小梅的身體有了反應。

李志剛的反應則不在身體上，在頭上！頭嗡的一聲悶響起來。

對方的球桿砸在上面呢，狗日的，充什麼能！

血順著李志剛的頭往下流，李志剛卻沒鬆開環著鄧小梅身體的手。

事後，鄧小梅問他，你怎麼不回擊啊！抱著我等人家痛打？李志剛是這麼解釋的，我是怕我撤回了手，他的球桿砸在你身上，再怎麼著咱們也是口頭夫妻吧！

這麼說時，李志剛還躺在醫院的病床上。

鄧小梅說見過傻的，沒見過你這麼傻的！

李志剛笑，說傻得剛好可以配上你！是不？

鄧小梅就撲上來，作勢要咬李志剛。

李志剛一把抱住鄧小梅，力量漸漸加緊，緊得鄧小梅喘不過氣來，兩人呼吸都開始加重，加粗，加快！

鄧小梅說你幹啥呢？

李志剛閉了眼，不敢看她，嘴裏喃喃地說，小梅，你，你能等我掙到一套房子嗎？

鄧小梅冷不丁罵了一句粗話出來，嚇了李志剛一跳，去他媽的房子！完了把臉貼上李志剛的嘴巴說，娶我吧，我不能等了！

李志剛正要開玩笑說，你真不怕蒼蠅都不來落腳啊，忽然嘴巴上覺得一涼，仔細一看，鄧小梅臉頰上有股淚線正蜿蜒著爬了下來。

做夫妻非得要房子嗎？鄧小梅使勁捏了一下李志剛鼻子，你打算讓我這個戀人口頭一輩子啊！

李志剛鼻子猛一下子酸了起來，酸完是扯心扯肺地疼，疼應該是和愛連在一起的吧！他這麼想著又望了一眼口頭戀了這麼多年的鄧小梅。

口頭也是跨越的一種基礎啊，原來！

司晨的雞

電話又響了，一早上第十次響了，我知道，准是浩東。只有他這樣的閒人才這麼早給人打電話，我昨天連夜還債趕了一篇稿子，轉鐘了才睡著，這會還想學諸葛亮草堂春睡晚，窗外日遲遲呢！

煩人！我把電話線給拽了，看你還打不？浩東這人我得罪得起，從小玩到大的兄弟，不會為不接電話而絕交的，他還不是那種一鬧就變臉的人，也就是說，做人的底線他還有。

一個沒有底線的人，配和我做朋友麼？不配！我好歹還有個作家身份呢，我把頭埋進被子，繼續做我的草堂春夢。

嘭！嘭！門被踢得山響。

我摸出眼鏡，准是浩東，殺上門來了！這小子，錢多得燒心了吧，他家離我家要穿半個小城呢，一準自己打的來的。他有私家車，但到我這從不開，怕我說他抖富。我雖說錢沒他多，但奚落人的辭彙比他豐富。慢吞吞開了門，浩東鞋也不換就鑽進來。我說，喂喂喂，你珍惜一下我的勞動成果行不？我可沒個好女人為我拖地摸家務！

浩東一屁股坐下來，兄弟，單身好啊，哥們如今啥都不眼熱，就眼熱你這份自在與滋潤！

滋潤？我衝浩東擺擺手，你是只顧掙錢不顧看書了，沒水我怎麼滋潤啊！

水？浩東沒明白過來，一指飲水機，你那裝的不是水是什麼？

我拍了拍浩東，這過日子吧，要想滋潤，就離不開女人，女人是水呢，要不古人咋會說，柔情似水，佳期如夢，還說女兒家是水做的肉呢？

浩東一打我的手，說休，古人還說紅顏禍水呢！

咋？跟老婆拌嘴了，我聽出點苗頭來，你小子別不知足啊，張顏可是我們小城裏公認的惠美女子，為這事，好多哥們都不跟你來往了呢！

這是事實，浩東摘了玫瑰，自然也捎帶了一身刺人的目光，我不跟浩東計較是因為我好歹是個文化人，曉得那句，就算是喜鵲落在別人的枝頭，也是我們深深的祝福。

你說啊！浩東點燃一根煙，我整天在外面打拼累不累？

累！我點頭，任何一個成功男人，都不是那麼輕鬆做出一番事業的，包括我這個窮酸文人，昨天還熬大半夜呢！

可她咋就不體諒我呢？浩東說。

她咋不體諒你啊？我說當初為了支持你的事業，張顏辭了公職跟你打拼，整個人張惶得像隻驚弓之鳥！

　　那是以前，我說的是現在！浩東一撇嘴，現在，懂嗎？

　　現在怎麼了，有什麼不同嗎？我很奇怪望著浩東。

　　現在我功成名就了，還用她天天跟在後面嘮叨啊，當我才上道的毛孩呢！浩東不以為然地吐出口煙圈來，任何一筆開支明細她都要一而再再而三的調查，我都資產幾千萬了，在哪投資人家不巴結，不給優惠政策啊，她還擔個什麼心呢？

　　浩東看了看我，不往下說了。

　　我遞過一杯茶，說，浩東，謝謝你把我當兄弟，你跟張顏生意上的事我就不發表意見了！

　　不發表意見？浩東不高興了，兄弟一場，你總得跟我拿個主意吧！這樣一說你就明白了，浩東是很拿我當回事的。

　　我就歪在沙發上，說，你還記得咱們在鄉下養過的那隻大公雞嗎？

　　哦！浩東眼裏一亮，你是說天天叫咱倆起床的那隻大公雞啊！那時浩東家裏窮，天天住我家，搭我的自行車去鎮裏上中學，沒表看時間，就以公雞打鳴為准。提到雞他自然有興趣，我說那我就講個雞的故事你聽吧！

　　浩東停了抽煙，一臉疑惑地望著我，這是浩東的優點，知道在不該詢問的時候保持傾聽。

　　有隻一向準時司晨的雞半夜亂叫，很張惶，吵醒了主人，主人大怒，覺得不吉利呀一刀準備把它給剁了！我停下來，望著浩東，浩東拍掌說，剁了好啊！

　　我笑笑，繼續講，不一會，地震爆發，主人因起床要剁雞，倖免於難，痛哭流涕之下，把雞給予優厚待遇。浩東怔了一下，點頭說應該，應該！

　　我還是笑，再繼續，愛屋及烏，後來主人又養了一大群雞──會叫的雞。只要雞叫，主人都如聽天籟。

　　浩東忘了喝茶，聽得很入迷。

　　若干年後，主人進了城，蓋了別墅，養了鸚鵡，雞叫聲老是擾了主人清夢，加之不會學舌，天長日久，主人又覺得雞叫聲刺耳起來，送的送，殺的殺，耳根清淨多了。

　　那隻司晨的雞呢，也殺了？浩東欠起身子問我，他這人有個弱點，聽故事特容易迷進去，而且還有那麼點人情味。

　　哦，那隻雞啊，主人倒還有做人的底線，沒殺也沒送人！我說。

　　萬幸啊，萬幸！浩東把屁股又縮了回去。

　　可是，我猛吸了一口煙，憂心忡忡地說，主人已明顯對這隻司晨的雞厭惡起來了！

　　這主人也太不像話了！浩東憤憤不平了把沙發拍得嗵嗵作響。

是不像話！我把茶杯猛地一砸，像話的話你給我趕緊回去給張顏道個歉啊！

浩東嚇一跳，望著我。

我說沒聽明白啊，要不要我再講一遍給你聽聽？這回浩東明白了，明白了浩東就紮下腦袋，轉身向門外走，在門口他遲疑了幾分鐘，沒說話，不過我看見他的手揚起來，把巴掌狠狠抽上了自己的臉頰。

圓規

女人一旦過了三十，對男人的依賴和信任就自覺不自覺地減了幾分。

三十歲，對很多女人來說，是一個分水嶺。

對張雲兒來說，就更是！

三十歲以前，張雲兒基本是個沒主見的女人，梳個頭吧，當窗理了雲鬢，對鏡貼了花黃，還是覺得不妥，非得一遍又一遍讓鄭東拿個主意，鄭東的主意基本上是沒有，就是一個勁兒點頭。

不點頭又能咋的？女為悅己者容！人家張雲兒為悅你鄭東容了一次又一次，點個頭能要了你的命？

這是梳妝，要是打扮，就不是點點頭就能敷衍的了。愛打扮是女人的天性，張雲兒同樣不能脫俗。遇有出席宴會什麼的，張雲兒會非常耐心地把衣櫥打開，一件件把衣服往身上套，又不厭其煩一件件往下脫，完了光著屁股坐在鄭東懷裏撒嬌，你給拿個主意嗎，我穿什麼最好看？

鄭東知道這時候拿主意基本上是遭否定的多，往往這時候，張雲兒心裏也亂了方寸，不知道哪件更合身，鄭東就會摟著張雲兒故作輕薄地調侃一句，依我說，你穿真皮衣服最好看！

真皮衣服是鄭東和張雲兒之間的曖昧用語，得追溯到新婚之夜，在燭光搖曳中，張雲兒一擺婚紗的裙裾，含情脈脈地衝鄭東說，東，我穿婚紗好看嗎？今晚！

鄭東早被內心的渴望燒得全身發燙，一把衝上前扯掉張雲兒的婚紗，迫不及待地抱上床說，雲，我覺得你穿真皮衣服最好看！

說這話時，張雲兒身上已被鄭東剝得一絲不掛了，就剩皮膚在搖曳的燭光中閃著細膩的象牙光澤！

往往這時候，張雲兒就被鄭東調侃出一臉羞澀的幸福，小鳥依人般拿粉拳擂著鄭東的胸脯。

三十歲生日這天，張雲兒望著兒子虎頭虎腦地走進幼稚園一刹那，忽然想自己跟自己說會兒悄悄話。

跟自己說話，也得追溯到十年前了，那時張雲兒剛和鄭東談戀愛，每次約會回家，張雲兒就會把自己關進臥室，對著鏡子一遍又一遍重溫兩人之間的對話。

那時，都說些什麼呢？張雲兒開始陷入對往事的遐想。

應該是在一個月夜吧！那時他們經常在月夜裏散步，記得鄭東那時的模樣，對，傻傻的！第一次約會時，男人都千篇一律的模樣，傻傻的！

月亮天裏，兩人肩並肩走著，能聽見彼此間錯落有致的呼吸，記得是張雲兒先開的口，張雲兒抬頭望了一下天空，故作輕鬆地說，今夜的月亮真圓啊！張雲兒是個浪漫的女孩子，說月亮圓是有暗示的，戀愛的女孩誰不奢望好月圓呢！

不解風情的鄭東當時回了句讓張雲兒啼笑皆非的話，鄭東也看了看天空，然後長出一口氣說，是圓，圓得像圓規畫過似的！

張雲兒心裏那個氣啊，恨不得真用一把圓規往鄭東嘴裏搗上一下子，咋就狗嘴裏吐不出象牙來呢？

除了圓規，你就想不到別的？張雲兒一挺胸脯，衝鄭東沒好氣給了一句。

想到了！鄭東以為張雲兒要考自己古典文學常識呢，馬上接了一句，人有悲歡離合，月有陰晴圓缺，此事古難全！

偏偏，到了張雲兒最想聽的那句但願人長久，千里共嬋娟時，鄭東掐斷了。

那是怎樣幸福的一種掐斷啊！張雲兒狠狠甩了一下頭，她決定，無論如何，也要讓鄭東在今天把十年前掐斷的這句話銜接起來。

送了孩子，鄭東還在熟睡，一絲傻傻的笑意藏在嘴角裏，像隱藏著一個巨大的陰謀似的。

應該是有陰謀的，三年前，鄭東曾跟她許諾，會在三十歲生日那天，給她一個驚喜的！

三十歲的張雲兒，不需要什麼驚喜，她只想沉浸在對往事的遐想中，跟自己說會兒話，說那段關於初戀的話。

算是唱一回獨角戲吧！

張雲兒握住沉睡中鄭東的手，抬頭望瞭望天花板，她在天花板上特意請人畫了一副名叫月圓的風景畫。夜空中，一輪明月高掛，城市的夜晚是看不見月亮的，她只能寄託於天花板了。

抬頭，張雲兒望瞭望頭頂上的那輪月亮，心情居然有點緊張，奇怪了！張雲兒深吸一口氣故作輕鬆對自己說，今夜的月亮真圓啊！

鄭東沒動，嘴角的笑意卻愈發明顯了，張雲兒恍恍惚惚聽見鄭東傻傻的聲音從嘴角滑落下來，是圓，圓得像圓規畫過似的！

狗嘴裏吐不出象牙！張雲兒輕輕嗔怪了一句，除了圓規，你就想不到別的？

鄭東眼下確實不可能想到別的，張雲兒的眼淚開始成串成串砸下來，砸在鄭東的臉上，砸在鄭東的嘴角。

鄭東嘴角的陰謀逐漸被張雲兒的淚水淹沒。

護士就是在這時候進來的，又該打針了！護士熟練地翻了翻鄭東眼皮，又用聽診器聽了聽鄭東的心跳，搖搖頭，開始用針頭去挑鄭東另一隻手上的血管。

針紮進鄭東的血管時，有血液回升上來，無端地，張雲兒手心裏忽然一痛。

這疼，像針紮？不像！對了，像第二次約會時張雲兒藏在手心的那把圓規。張

雲兒心想，今晚鄭東要再回答，月亮圓得像圓規畫過似的，她就在他嘴裏狠狠搗上一下子，不知怎的，後來圓規一不小心竟把她自己紮得手心生痛。

這痛，竟然延續到了今天？張雲兒一愣，低頭去看鄭東，鄭東的手不知啥時候抽了出來，食指和中指並立，做成一個圓規的姿勢。

真的是圓規呢？張雲兒一聲驚呼，鄭東你為什麼跟我玩了三年的陰謀啊！語無倫次的張雲一聲驚叫讓護士嚇了一跳，植物人玩陰謀？滑天下之大稽呢這是！

可讓護士驚奇的是，植物人鄭東的兩根站立的手指忽然動了，以食指為圓心，以中指為半徑，緩緩在張雲兒的手心劃了開去……

補丁

我的生活中缺的不是一個女人，而是一個補丁，懂嗎？我把寧小蝶從懷裏往外推了一下說。

我承認，這樣做有點不道德，要知道，剛才分明是我死乞百賴把寧小蝶糾纏上床的！

我的生活一直是亂糟糟的，漏洞百出的那種，寧小蝶一直自信她可以改變我。可從她身上一下來，我就亂糟糟這麼說了一句。

寧小蝶顯然不懂，她仰起迷茫的雙眼盯著我看了那麼幾十秒鐘，呼一聲從我懷裏坐起來，開始胡亂往身上套衣服，她的自信崩潰了，我敢肯定！

瞧，跟我在一起，連你都變得亂糟糟的了！我歎了口氣，這氣歎得很真誠，我確實沒傷害寧小蝶的意思。

寧小蝶沒打算領會我的真誠，氣鼓鼓地走了，這一走，沒一年半載她不會理我！

現在的都市女孩子都這麼會使小性子，好像不使使小性子就無法證明她們的女性身份似的。

如今肯理我的，就剩下娘了，娘在床頭櫃上望著我，一言不發。

二十五年了，娘一言不發看我看了二十五年，但我知道娘在我生活中打了一塊讓我一輩子無法釋懷的補丁，要不然為什麼每每在我的生日這天這補丁總在我眼前晃悠呢？

娘死時，我剛滿三歲！

那天，娘歪在床頭給我肩頭打一塊補丁，娘有很深很沉的病，有時候，一口氣從肺裏呼出來，要把身子弓成一團，才能勉強從喉嚨裏喘出來！

娘是很能給衣服打補丁的，爹有時不耐煩，會吼娘一嗓子，衣服破就讓它破唄，只要咱們的家是完整的！娘知道爹這是心疼她，可背著爹，娘還是一針一線把衣服破的地方補得整整齊齊的。

娘打的補丁，針腳密，勻稱，有時候還能補出花樣來！要擱如今女孩眼裏，是可以做飾品的布藝呢。

娘那天補完了，就低下頭來咬線頭，偏偏一口氣從肺裏往起躥，一躥沒躥上來，二躥也沒躥上來，三躥四不躥的，娘的臉憋得烏紫，得，人就沒了進氣，含著線頭倒在了床上。

沒人打補丁的日子是難挨的！爹那句吼娘的話一下子遭到了置疑，衣服一破，家就不完整了。

23

有媒人上了門，說，為了娃兒，你再尋一個吧！

爹說行是行，只怕人家當後娘的，薄待咱娃兒呢！

媒人當時發了火，人心都是肉長的，人家還怕你薄待人家的娃兒呢！

那個女人我見過，只在我家住了一宿就走了，那一宿，她把我家所有的破衣爛裳全給打上了補丁，天亮時揉著紅彤彤的眼睛歎息著出了門。

爹沒攔她，她帶三個娃，我爹二個娃，養不活的！人再好，也經不住窮日子的折騰。

第二天，爹拿了新打補丁的衣服給我穿，我卻嘴一癟，嚎了起來，那針腳密，也勻稱，像娘的手藝呢！嚎完我才想起來，那天還是娘的祭日。

誰能在我的生活中給我打這麼一塊溫暖的補丁啊？

我把這個念頭講給所有同我上過床的女人聽，她們除了哈哈大笑說我腦子進了水就是罵我亂髮神經，但像寧小蝶這麼拂袖而去的還是第一人！

寧小蝶走後，我繼續尋找那麼一塊能給我溫暖的補丁。

不幸的是，我病了，病得無力去折騰什麼補丁不補丁的。

躺在病床上，看著醫生在我身上打的那塊補丁，我發了一會愣，忽然覺得，生活中應該有個女人了，不要她來溫暖我的生活，只要她能溫暖我日漸冷漠的心！

人，只有在病重時才會覺得自己的柔弱無力來！

二十八歲生日那天，我開始給所有認識的未婚的女人打電話，上過床的沒上過床的都打。

如果誰能在電話一接通時祝福我一句，生日快樂，我想我的家就該變完整了。

電話持續打了一上午，我手機裏儲存的號碼，筆記本上記錄的號碼全都打了個遍，大家都很忙，沒人祝福我，或者，殘忍點說，沒人記得我的生日！

我一向高仰的頭是在那一剎那間低垂下來的，有了英雄末路的悲哀，末了，我的目光落在床頭櫃上的一瓶殘酒上，準備借酒澆愁！

對了，寧小蝶！我心裏一動，這瓶紅粉佳人是她當上調酒師後為我專門調製的，就在三年前的那個生日我把她氣跑的。

三年，不敢想像一個人能走出多遠，三年的風霜，是可以把一個人的痕跡在心裏給抹平的啊！

猶豫半天，我顫抖著雙手撥通了她當時貼在瓶子上的手機號碼，居然，還是通的！

寧小蝶對我的聲音顯然有了一點點陌生，我費力地吞了吞唾沫說，小蝶，我是蘇成！

滿以為寧小蝶會一下子掛了電話的，沒料到那邊沉默不語良久，輕輕傳來四個字——生日快樂！

我剛才還亂糟糟的腦子忽然一下子靜了下來，寧小蝶的眼神清晰無比地浮在我眼前，我語無倫次衝寧小蝶大聲說，找到了，小蝶，我找到那塊補丁了，在你身上！

　　寧小蝶那邊窸窸窣窣響了一下，是翻衣服的聲音，跟著寧小蝶的疑惑傳了過來，補丁，我身上，有嗎？

　　我緩了緩語氣，很真誠地說，有的，你把它打在我心裏了！

　　寧小蝶不說話了，一陣輕微的啜泣聲傳了過來，這一次她肯定領會了我的真誠！

和不對的人聊聊天

我在網上等一個人，一個傾訴的物件。

我是一個忠實的傾聽者，或者叫隱私窺探者，這是件極需要花費時間和耐心的活兒，一般人都不會幹長，我例外，因為我一轉手就把別人的隱私寫出來賣了錢。

我很有職業道德的，起碼比那些心理專家有道德，他們一方面滿足了自己對他人的隱私窺探欲，一方面在收人費用時還振振有詞，太缺德了我感覺！

這會我趴在網上，像一保蜘蛛，靜靜地，一般碼字的人都很安靜，我也是。

偏偏有人不讓我安靜，跟我打招呼了，是小碗，我一直不明白，小碗這網名有什麼意義，表示一個人飯量小還是器量小啊。

應該不會，碗小可以多盛幾次啊，儘管她是女人。

小碗說，我知道你在的，說話吧！

我不說，假裝不在。

小碗又說，假裝不在是嗎？那我罵人了啊！

罵人，我可不能再假裝看不見了，於是我就慢悠悠打出兩個字：電話！意思是我正跟人通話來著，無暇兼顧其他。

像給我作配合似的，電話真就在那一會兒響了，很急促地響了兩聲，又很急促的掛了。

神經病！我在心裏罵了一句。

小碗在那邊發話了，不想跟我聊天就明說，撒謊很累人的！

我說，我撒謊了嗎？

小碗說，手機一打就通，當我苕呢！

我一下子苕了，這個小碗，不簡單，才加我三天，連我手機號都弄到手了。

我只好發過去一個汗的表情，我等人呢，抱歉！

是嗎，你肯定她會出現？小碗好奇地問。

我肯定，只不過等的時間長短而已！我肯定地回答。

長時間的等待，會把習慣寵壞呢！小碗調侃說。

呵呵，我大笑，我像寵女人的男人？

也是的，寵女人的男人不會不在乎女人主動打招呼的！小碗幽幽地發過來這麼一句話。

生氣了啊？我問。

不至於吧！小碗說，只是覺得吧，你在等待一個必然出現的人出場前，可以先

和不對的人聊聊天的。

和不對的人聊聊天？我複製過去這段話問她。

是啊，我們剛才不是一直不對路的嗎？她反問我。

很另類的女人呢？我一下子來了興趣，一句網上流傳很廣的話一下子蹦了出來，人生重要的不是所站的位置，而是所朝的方向！我是不是應該把方向朝向小碗呢？

一念及此，我端正了身子，這是對她的尊重呢，儘管她在螢幕那邊，什麼都看不見。

好吧，我說，人生最快樂的事，莫過於跟女人在一起，其次才是看書做研究！我盜用某名人的話來顯示自己的學問。

這才像個好男人說的話！小碗發過來一個呲牙露齒的笑臉，不過李敖這話你沒有說全，居然是讀過李敖的女人，這樣的女人不該叫小碗的！應該叫小鬥，才高八斗的鬥！

李敖後半部他是這樣說的，但是跟女人的關係太變化無常了，太短暫了，而做研究是穩定的，長久的，事實上最讓人快樂的還是男女關係。

好男人是什麼標準啊？我扯開話題，誠然，跟個不熟的女人聊最快樂的男女關係，我一時還不好深入，雖然我極想深入一回。

好男人嗎？小碗猶豫了一下，第一不該讓他的女人悲傷！

這麼簡單？那第二呢！我敲出這麼一行字。

第二吧，好男人應該儘量讓他的女人不再悲傷！小碗字斟句酌地打過來。

這就不那麼簡單了，我琢磨了一會兒問她，你的意思是女人的悲傷和眼淚，不僅可以衡量愛情，更能夠度量男人？

嗯，小碗重重又點一下頭，打開視頻，天啦，螢幕上一個清麗的女人正淚流滿面，有幾滴砸在鍵盤上。

你男人惹你生氣了？我小心翼翼發問。

是的，就在今天！她甩了一下頭，似乎想把男人這兩個字從腦海裏甩掉。

又一個負心漢啊！我打出三個感嘆號。

你才負心呢，我怪他是因為他沒把女兒留下來！只要他一句話就可以的。

這裏面肯定有故事，我一下子來了精神。

卻是個讓人落淚的故事。

七年前，小碗在醫院得知有個出生十天的女嬰被遺棄，心裏猶豫了一秒鐘，真的，僅僅一秒，孩子就有了媽媽。

有了媽媽的孩子兩天後，跟自己的親生媽媽照了面，可惜，那時孩子雖然能睜開眼睛，卻記不住媽媽的長相。

五年前，孩子隨小碗嫁到京城，故鄉的一切成了歲月的底片。

只是這底片卻成了時光的再版，女孩的親生父母再次聯繫到小碗，這次，小碗夫婦猶豫了64800秒，三天啊！最後男人開了口，同意了小碗的意見，孩子歸還給那對夫婦。

　　小碗這時候剛送走孩子，在男人懷裏哭醒過來，她有無數的話需要傾訴，所以她選擇了我。

　　其實只要他一句話的，那對男女肯定會再沒臉出現在我們面前，更別說帶走我們的女兒了！小碗拿起紙巾擦眼淚，你們男人應該知道的，女人的心是細瓷做成的，碰不得，一碰就碎的啊。

　　小碗的眼淚再一次飛落鍵盤，我無語，女人的悲傷和眼淚，不僅可以衡量愛情，更能夠度量男人！不過這一回例外，我從小碗的悲傷裏，度量出一個大愛無聲的好男人。

　　和不對的人聊聊天，應該也是好男人的一個標準！默默地關了視頻，我順手抓起一把紙巾，好男人還有一條標準，有淚也不要當著女人流，小碗的男人教會我的。

靜靜的愛

　　女人的視頻點開時，男人憤怒了一下。

　　憤怒是有理由的，男人以為女人用下載的明星視頻在忽悠他。

　　有這麼好看麼？男人恍惚了一下，取下眼鏡將鏡片上的潮氣擦乾，再戴上，視頻裏還是那個好看的女人。

　　女人衝他揚了揚蘭花指，指修長，春蔥般的嫩，是一雙未經雕琢的玉手，手若柔荑，膚若凝脂呢這是！

　　男人喉嚨響了一下，也揚了揚手，揚完才想起來，這一舉動有點像受了遙控，自己是沒有視頻的，幸好沒有，否則，自己那雙糙手，不嚇得人家迅速閃人才怪。奇怪？一個心死的人居然會被遙控！

　　女人打過來一串問號，意思是他怎麼不說話了。

　　男人想了想，打出兩個字——驚豔！

　　女人的紅唇撇起來，笑了一下，鍵盤敲響，也是兩個字——謝謝。

　　男人說，拜託你不要撇嘴好不？挑戰我抗拒誘惑力的指數呢這是！

　　你是說我的紅唇能改變季節？女人篡改了刀郎的一句歌詞發過來，完了還調皮地伸了下舌頭。

　　男人笑，改變季節倒不至於，但起碼改變了我的血液循環！是的，男人沒撒謊，明顯覺得自己心跳加速了，多久沒這感覺了啊？

　　這話看來讓女人很受用，女人站起身，鏡頭裏空了一下，像男人的大腦，出現了短暫的空白，電線短路過後再複明的那一瞬間，是值得讓人期待的。

　　果然女人再次進入男人視野，外套沒了，緊身的紅恤顯示出女人妙曼的身材來，想來，男人的這番話也改變了女人的血液循環。

　　女人衝男人做個鬼臉，抱歉，天熱，下了件衣服！

　　男人打出七個字來，窈窕淑女啊！妹妹。

　　女人淺笑了一下，跟著打出七個字來，君子好逑乎？哥哥！

　　男人也淺笑，可惜我不是君子！

　　女人沒反應過來，咬了咬紅唇，此話怎講？

　　男人飛快發過去，不然今夜要輾轉反側了！

　　女人一撸嘴，搖頭，那麼該我夜不能寐了？

　　男人嘴角露出笑意，如果今晚我睡眠質量嚴重下降，你得為此事負責！笑完自己也嚇了一跳，居然有心情開玩笑了？

女人唇邊也綻開花朵，行，給個期限吧！

一輩子吧！男人小心翼翼地打出這麼一句，有點投石問路的意思。

半輩子吧，打個折！女人倒是水落石出的。

也是的，兩人都過了四十歲，人生不只剩下半輩子了？

男人說，同意，要不要簽份合同，一式三份的那種？

女人說，行啊，最好公證一下！

男人哈哈大笑，那個多浪費啊，要把勤儉節約的傳統美德繼承下來。

女人忍俊不禁，是個過日子的人呢你！

男人說，要不要一塊過啊？這話含挑逗的成分。

女人把額前的一縷頭髮撩開，過日子是要進入婚姻的呢！

男人明顯怔了一下，兩人都是圍城中的男女了，這話是善意的提醒還是別有用心的勾引？不得而知。

你們女人怎麼理解婚姻的，男人側了頭幽幽歎口氣發問。

走進婚姻不是為了享受，而是建設！這樣理解，對嗎？女人想了想，敲出這麼一行字。

男人若有所思說，走進婚姻是為了建設？我喜歡這觀點！

女人說該我問了，你們男人怎麼理解玫瑰與愛情的？

愛只是一瞬間的感悟與判斷，與玫瑰無關！男人也沉吟了一會才發過去，面對一個有思想的女子，他不想流露出自己的淺薄來。

與玫瑰無關？女人複製過來，只是一瞬間的感悟與判斷？

男人點點頭，打出武林外傳中郭芙蓉的那句口頭禪來，我敢肯定確定以及一定。

女人笑了，你很幽默！男人笑了，你很智慧！

女人不解，一個大大的問號發過來。男人解釋，只有智慧的女人才懂得男人的幽默。

那我們不是心有靈犀了？女人反問。

都恨不相逢未嫁時呢！男人調侃。

女人忽然咬住紅唇，能給我一場靜靜的愛麼？

靜靜的愛？男人真的不明白了，感覺像有什麼預謀似的。

就是那種天高雲淡，望斷南飛雁式的愛，靜靜的不是張揚的，疲憊時借你肩頭靠一靠的那種愛！

心靈棲息的港灣吧！男人說。

嗯，女人點點頭，這要求或許有點難以讓你接受！

男人說，我努力吧，雖說現在是閃婚時代，但我更嚮往古典愛情的芬芳！

是的，男人的婚姻那天剛好接近死亡，他以為以後的歲月再也嗅不到那梔子花般的清香了。

但分明，有花香自舌尖綻開。那應該是心靈的花香吧！男人想。

這麼想時，他看見女人眼裏有晶瑩的淚花兒競相綻放。

男人不知道，這女人是妻子腦癱前託付閨中密友加他做他的網友，為的是給他一場靜靜的愛戀。

妻子知道，沒有她的噓寒問暖，男人可能就一蹶不振了，可一旦走進婚姻不是為了享受，而是建設！建設是要投入十足信心的啊，女兒還小，沒了母愛，建設人生就得依靠男人了，父愛，也是靜靜的愛呢！

三〇八房間

喏，鑰匙拿好了，樓上，三〇八房間！

女人揉了揉惺忪的眼，打個呵欠，扭頭，見電視螢幕上只剩下一片雪花了，操起遙控板胡亂摁了一通，依然是一片雪花連著一片雪花，女人就嘟噥了一句，這麼晚了還住什麼店？

張衛健惡毒地笑了笑，說，這麼晚了還有這麼好的房間？

是的，吊鑰匙的白鐵皮上打著三〇八號鋼印，為讓那幾個數字更醒目一些，鋼印上又描了紅漆。

這是臨水的一間房，氤氳幽闌的水汽漫上陽臺，陽臺上居然還有一盆花，很少有旅館會設計陽臺的，花是夜來香，正開得熱烈而奔放！

這樣的夜晚，很容易讓人想起某個女人的，尤其是在這樣一個值得懷舊的地方，不是嗎？房間裏床是雕花的那種老式寧波床，房間裏也沒放沙發，只有一個美人靠，張衛健斜著身子倚在美人靠上，遐想著，如果是一個女人住在這樣一個地方，那她一定是寂寞的。

大家閨秀的那種寂寞！

不足為外人道的那種寂寞！

男人就不同了，男人會找很多樂子來打發寂寞，比如說喝酒，比如說抽煙，比如說玩牌，比如說，呵呵，你一定猜到了，找個女人，對的，找個女人就不寂寞了！

張衛健把鑰匙在手心裏拋了兩下，眼下他沒找女人的欲望，他跑出來住旅館不就是為了躲避女人麼？

陽臺外的水汽又順著紗窗往裏漫。

一直漫到張衛健的心裏！

這樣一個地方，以前都接待過些什麼樣的房客呢？一定是女的居多吧，不然這個美人靠是在這個房間呆不長久的，還有那盆夜來香也一定會早就枯萎的。只有女房客，才會在這樣寂寞的夜晚躺在美人靠上，陪夜來香靜靜地綻放。

女人是需要綻放的，在沒有男人的空間裏綻放，會是怎樣的芬芳啊！

張衛健貪婪地吸了口氣，好像美人靠上還殘存著某個女人的氣息，這氣息肯定是芬芳的，沁人心脾的。

電話鈴聲忽然響了起來，起先張衛健還以為是雨聲，這樣的夜晚是適合雨聲的，像六十年代的電影呢，可惜鈴聲把他從六十年代裏拽了回來。

喂，您是三〇八房間的客人吧！那邊聲音遲疑了一下才這麼發問，她顯然沒料

到這邊有人會在凌晨二點還沒入睡，在鈴響的一瞬間就接了電話。

是的，張衛健慵懶地歎了口氣，您是？

呵呵，抱歉！對方輕輕噓了口氣，好像張衛健驚擾了她似的。

有事嗎？張衛健拿手輕輕敲了敲美人靠的襯背，清脆的仿紅木聲音順著電線爬了過去。

如果我沒猜錯的話，您現在正躺在美人靠上，享受我身體殘存的氣息！女人輕言細語，生怕妨礙了張衛健似的。

你身體殘存的氣息？張衛健不以為然了，這是旅館呢，千百人住過的地方，憑什麼一定就殘存你的氣息？

是的！女人很肯定地點頭，我在那兒租住了三年，那個雕花寧波床和你躺著的美人靠都是我置的！

三年？張衛健腦子裏迅速滑過一串數字，眼光開始迷離起來，難怪這美人靠上光鑒可人，可以想像，女人的手和身體多少次在美人靠上發生過摩擦。

三年的摩擦，是能在石頭上開出花的，何況木頭，那花有個好聽的名字，叫包漿！女人在那邊娓娓訴說著。

是的，包漿！張衛健並不陌生，他是做玉器生意的，知道玉在人手中由於長年累月地被使用或者廟守觸摸，其表層形成的一種滑熟可喜，幽光沉靜的類似花的蠟質物，這花叫包漿，是有靈性的人才能欣賞的。

你能選擇這個地方住下來，說明你是懂得欣賞的！女人說。

張衛健搖了搖頭說，何以見得？

女人歎口氣，知道嗎，你是我離開那裏之後唯一入住三〇八房間的客人，很多人只打開門掃一眼便要求換房的。

為什麼？張衛健很奇怪，房子是陳舊了點，擺設也陳舊了點，但不影響一個人休息啊。

我想那些人是不想過一個陳舊的夜晚吧！女人歎息聲再度響起，可世界上萬事萬物從生下來就走向陳舊的啊，譬如愛情，譬如婚姻！

愛情應該是亙古不變的啊！張衛健又敲了一下美人靠的襯背。

亙古不變的應該是水吧！女人笑，水遇熱變成水蒸氣揮發，水蒸氣遇冷再變成水恢復液態。

亙古不變的是水？這道理新鮮！張衛健也笑。

記得給那株夜來香澆一次水啊，女人交待完這麼一句話後很突然冒出一句不相干的話來，其實啊，女人是最需要滋潤的！

女人需要滋潤嗎？不是說女人是水嗎？張衛健開始抽煙。

煙氣與水汽相互彌漫著，張衛健在美人靠的扶手上摩挲了又摩挲，奇怪，另一個女人的氣息鑽了出來，有如槐花般淺淺的淡香漫過。

張衛健使勁抽了下鼻子，低下頭，摸出手機開始按號碼，電話通了，他用一種輕柔得不能再輕柔的聲音說，還沒睡嗎？我也沒睡呢，我正在欣賞一種叫做包漿的花朵！你過來看看吧，舊城區旅館三○八房間，花開在很溫潤滑膩的美人靠上。

能見度

　　張成不喜歡雨天，這點跟大多數人一樣沒區別，屬於從善入流的行為。但張成同時又不喜歡晴天，這就或多或少令人不理解了，有那麼點特立獨行的意思。

　　毋庸置疑，張成喜歡的就應該是陰天了！這個喜好，讓他妻子李玉心裏很是沒有底，李玉是個時裝模特，模特喜好穿舞臺時裝走貓步，但你見過有模特在大街上走貓步穿舞臺時裝的嗎？沒有！沒有底的李玉對張成琢磨了好多年，還是把握不了張成臉上的喜怒哀樂，那張臉不顯山不露水地陰著，套用一句氣象用語就是——能見度太低！

　　模特李玉能知道這句氣象用語與張成有關。

　　張成每天早上最重要的事，是聽天氣預報。很用心地聽，因為用心，李玉辛辛苦苦弄出來的早餐也就吃得索然無味了，好在張成胃口好，吃什麼都不挑剔。他挑剔的，只是天氣！

　　李玉揶揄他說，你哪是吃早餐啊，你這是吃天氣預報呢！

　　張成的眼睛這時往往會向李玉嘴巴這邊晃一下，就一下，而且是看不出什麼內容來的一下。

　　這天跟往常不一樣，收音機大清早就在匣子裏喋喋不休地說今天陰天明天陰天後天還是陰天，一連三天陰天呢！張成第一次吃出了早餐的滋味，豆漿的清香和油條的酥香令他食欲大增，張成吃出了狼吞虎嚥的樣子。

　　李玉的歎息聲就是這時候響起的，若在電影情節中出現就是不合時宜了。這歎息聲讓張成的眼睛也只是朝李玉嘴巴上晃了一下，就一下，張成又專心致志對付那剩下的半根油條了。

　　原來你是能吃出滋味的！李玉忽然沒頭沒腦地說了這麼一句。

　　我以前沒吃出滋味嗎？張成覺得奇怪，但他沒有回想往事的習慣，所以也就懶得吭聲，難得有個不用挑剔的天氣，吭聲是多餘的！他在心裏這麼尋思。

　　那麼你也應該懂得欣賞的！李玉見張成沒反應又補了一句。

　　欣賞什麼？張成在心裏笑，好的天氣不是用來欣賞的，是用來享受的！

　　一道陰影逼了過來，李玉停在了張成對面，既然你不打算欣賞我，那我是不是該找個欣賞的人啊？張成慢吞吞地抬起頭，欣賞你的人夠多了，你一上舞臺，有那麼多掌聲和歡呼聲！

　　我要的是生活中的欣賞，是人生大舞臺的欣賞！懂嗎？李玉氣急敗壞地說完這句話後，眼眶忽然紅了。

我不欣賞你會和你結婚？張成懶洋洋地看了李玉一眼，別無理取鬧好不好，十年了，不都一直這樣過的嗎？

正因為這樣過了十年，我想起來才覺得可悲，一個女人最青蔥的歲月，被閒置了十年！李玉的眼淚砸了下來。

張成不想好心情遭到破壞，張成就說了，知道今天什麼天氣嗎？

陰天！陰天！李玉說我最討厭你的陰天了。

我的陰天關你什麼事啊？張成張大了嘴巴。你的陰天讓我覺得婚姻的能見度太低，懂了嗎？我花了十年工夫沒琢磨透，夠了！李玉氣咻咻的。

婚姻是用來琢磨的嗎？可笑！張成抓起車鑰匙，我要訓練去了，你慢慢在你的舞臺琢磨吧！

不用琢磨了，咱們分手吧！李玉一把攔住他。

你說什麼，分手，在這個無可挑剔的日子？張成的腳步遲疑了一下，開玩笑你也挑個適當的時候行不！

是的，分手！李玉從茶几下摸出一份離婚協議來，上面的日期竟是一個月前的。都一個月了，你居然對我未作任何挽留的暗示！李玉咬了咬嘴唇說，你閒置我十年，我是不是可以忽略你一個月？李玉決絕的樣子嚇了他一跳。

一年又怎麼樣啊？他壓根沒想過離婚這碼子事，放茶几下，可笑！他除了關注天氣，還會關注茶几嗎？

想到天氣，他頭頂有什麼東西狠狠撞了一下，「哳嚓」雨天可以打炸雷，晴天可以響霹靂，陰天是不會出現這些徵兆的啊，怎麼腦子就轟地響了幾響呢？

跌跌撞撞出了門，騎上摩托車，他把油門加到飛快，一任身邊的人和建築飛速倒向身後。

這麼一個無可挑剔的日子，作為一個專業賽車手，他要把腦海裏那聲轟響甩得遠遠的，遠得像妻子在舞臺上走的貓步一樣。

那樣的貓步，怎麼能在生活中出現呢？恍惚中，李玉在舞臺上的身影逐漸清晰起來，李玉身後的霓虹燈五光十色地向他閃爍著。沒有半絲猶豫，張成把油門加到極限，像一隻飛蛾般撲了上去。

事後，交通警察分析原因時說，那天的車禍出得很離奇，張成毫沒理由地衝崗亭上的紅綠燈撞了上去，可能是陰天導致視線能見度太差造成的。

那天是陰天不假，可並沒有霧啊！若干年後，把婚姻能見度琢磨透了的李玉一想起這段往事，眼裏就沒有了能見度。

舊戲

　　女人變起來真的是很快的！王世忠在心裏這麼感歎了一句，打起精神調侃李玉祺說，怎麼不看我第二眼啊，我就真的這麼經不起打量？

　　王世忠其實知道自己是經得起打量的，他只想仔細打量一下，十年了，李玉祺的轉變究竟有多大！

　　李玉祺的轉變是很大的，她微微皺一下眉頭說，問點有深度的問題，行不？

　　那行！王世忠很爽快，我還想問點有溫度的你也不會介意吧！

　　李玉祺不皺眉了，咬著唇，使勁剜一眼王世忠，咋還那副流氓德性呢！

　　王世忠露出一臉壞笑來，我本來就是一個流氓啊，而且，這頭銜還是拜你所賜呢！

　　李玉祺眼圈就慢慢泛上一層紅色來。

　　王世忠不看了，閉上眼，做出假寐的神態。

　　他不是一個戀舊的人，只是，這口氣憋了十年，有必要一吐為快，僅此而已！

　　看得出來，李玉祺在內心也是極力想抹殺這一幕舊戲的！

　　難不成，她也是受害者之一？這麼遐想著，車已經把他們帶進了夢紅樓國酒中心。

　　十年前，他們在這兒曾經有一個未能溫成的夢，所以王世忠才有那一句問點有溫度的你不會介意的冷諷。

　　人，寧可失敗在自己喜歡的事情上，也不要成功在自己憎惡的事情上！這就是王世忠之所以還會再來見李玉祺的原因。

　　十年前的失敗，並未影響王世忠對李玉祺的喜歡，儘管他現在是得了勢的一方，可他還是不希望李玉祺把自己放得太低了，千萬不要像張愛玲所說的那樣——見了他，她變得很低很低，低到塵埃裏，但她心裏是歡喜的，從塵埃裏開出花來。

　　十年前，李玉祺還真是低在塵埃裏的一朵花。

　　當時的李玉祺是個寡婦，新寡中，王世忠見到她時，她正被婆家往外趕，說是她招了蜂引了蝶。

　　王世忠真的只是路過，也真的沒有摻合進去的打算，他只是被一股幽香所吸引了，可能是李玉祺身上散發出來的，一個楚楚動人的可憐女人吶，王世忠就情不自禁仗義執言了。

　　直言的結果，是李玉祺跟在他身後，走了。

　　一直走進夢紅樓的客房部，那時夢紅樓還不敢叫國酒中心，像新寡著的李玉祺，束手束腳的小家媳婦模樣。

這束手束腳裏面，卻有股神秘的體香蘊含著，令王世忠義無反顧。

只是，事情還沒有開始就宣告了結束。

當他還沒來得及往那股暖玉溫香中挺進時，客房的門被踢開了，李玉祺的婆家兄弟衝了進來。

自始至終，李玉祺低著頭，沒曾分辯一句，直到王世忠傾其所有解空了囊，李玉祺婆家人才罵咧咧踢了他這個流氓幾腳揚長而去。

李玉祺沒離去，她低了頭，拿手一件一件剝開自己的衣服，當新寡著的李玉祺只剩下內衣時，王世忠及時制止了她，儘管李玉祺的乳胸像一抹優美的峽穀令他想一覽無餘，他卻沒有採取行動的興趣。

他不是流氓！

這個時候如果不能控制自己，那就與流氓無疑了，與早先的暖玉溫香相擁是大相徑庭的！

事後，李玉祺是含著淚走的，莫非她以為自己受到了屈辱？王世忠冷笑著離開了夢紅樓。

十年過去，王世忠明白了這樣一個道理，人生不能像做菜，把所有的料都準備好了才能下鍋！這一回，他就是要把人生弄得像做菜，料都準備好了，等的就是李玉祺來下鍋。

王世忠這次回來，是要收購李玉祺婆家兄弟一個宣告破產的廠房外帶那些設備的。

李玉祺婆家兄弟當年用王世忠的錢起了家辦的廠，作為有功人員李玉祺婆家弟弟留了她在廠裏做主管會計。

當然，這是王世忠費盡心機才曉得的！

曉得了，王世忠就忽然想起很多電視劇裏舊戲重演的鏡頭。

他也要演上這麼一回！

湊巧的是，夢紅樓國酒中心那間客房還在，而且空著！

王世忠一言不發走進去，衝背後說，你去洗個澡吧！這應該是個暗示，李玉祺不可能不明白的，明白了的李玉祺浴後出來時身上就只有一條浴巾裹著。

王世忠也沒抬眼看一看，徑直進了洗澡間。

他洗得很有耐心，洗完還饒有興致地抽了一根煙。

出來時，令他意外的是，李玉祺居然躺在床上睡著了，浴巾從她身上滑落，有一種很無助的放鬆，還是十年前低在塵埃中開出的花麼？

王世忠心口悶了一下，十年了，蘊藏心底的執著就為彼此這一刻的放鬆嗎？

那樣的舊戲能喚醒什麼？

王世忠搖了搖頭，像打消一個念頭樣打開客房門，走了出去，人不能活在一些無窮無盡的瑣碎中的！

舊戲，也是瑣碎的一種吧！

背叛

　　我有理由相信，蔣雲妮不會背叛我，要知道，她只是一個瘸子，試問一下，一個嫁了人的瘸子，她有背叛的資格麼？

　　我們的分居，只是暫時的！

　　這麼想著，我依然每天很有信心地經營著我的鞋店，很有滋味地在鞋店裏一集又一集地看那些賺人眼淚的愛情劇，我喜歡在做事時有一搭沒一搭地看那些電視讓時光好打發點。

　　反正，他們賺不了我的眼淚！

　　自打我和蔣雲妮分居後，我就知道了這麼一個鐵的事實，流眼淚是件很可笑的事。

　　儘管，蔣雲妮瘸著腿走出我的視線時她流了淚，流淚說明什麼呢，說明我真的傷害了她？這麼想是很扯淡的！我覺得。

　　一個瘸子，有什麼好傷害的！

　　她打小就在別人的歧視中歪歪斜斜走過來，是我給了她一個家，她感恩都來不及，就算我偶爾傷害她一次，也是可以忽略不計的啊！

　　對了，蔣雲妮沒上過學，她一定不知道有忽略不計這麼一說。

　　那麼，讓我仔細回味一下，我到底有沒有傷害她，就從她離家出走時回味吧！

　　當時，我喝了點酒，喝酒是因為我受了張豐毅在電視上的廣告影響，他舉著一杯酒說，是男人就該喝點酒！我當然是男人，我就開了一瓶酒喝了起來。

　　喝酒是因為之前我做了件很不男人的事，跟蔣雲妮有關！

　　怎麼個不男人法呢？蔣雲妮看中了一款仿百麗新式涼鞋，水果色系的，淺黃色螢光閃爍，有點水晶鞋的意思。因為是山寨貨，價格就不貴，只是趕流行而已！

　　記得蔣雲妮是期期艾艾衝我這麼張的口，說大成我看中一款涼鞋了。

　　一款涼鞋？我下意識地望了一下她的腳，沒說話。蔣雲妮的腳上是一雙白網鞋，配著一雙短得看不出來的襪子，光潔的腳踝有一半露在外面。這雙腳，要是不瘸，別說一雙涼鞋，就真有水晶鞋我也會買的！我的鞋店雖然只補鞋，但好鞋我也見過不少。

　　我這麼看時，蔣雲妮的腳就很沒底氣地縮了一下。

　　買了，你穿得出去見人？我尖酸地問了這麼一句。

　　我在家裏穿啊！蔣雲妮飛快地答了上來，像誰在跟她搞搶答比賽似的。

　　那不是肉埋在蒸菜裏吃了！我揶揄著又補了這麼一句，穿了給誰看啊，真是的！

　　這揶揄讓蔣雲妮感到了難堪，有什麼呢，我一直覺得，夫妻間是不存在難堪的！

蔣雲妮惱了，說你不就是嫌我瘸麼，扯那麼多理由幹嗎？

我說你瘸難道成了我的錯？

蔣雲妮就不說話了。

我也不說話！

完了蔣雲妮開始在房間收拾衣服，做出要離家出走的樣子，她一定是跟電視劇上那些女主人學的。我得打擊她一下，女人，有些毛病是慣不得的，我說你瘸著腳能跑多遠啊！

沒想到她這一跑，居然幾個月都不跟我照面了！

她不會背叛我吧？有幾次我看到電視上女主角另投他人懷抱時都會這麼問自己一句，問完了又好笑，蔣雲妮憑什麼跟人家比啊，一個瘸子，嫁過人的瘸子，投懷送抱，可能嗎，人家躲都躲不贏的！

這麼想著，我還是去了幾次她說過的那家精品鞋店，我問過，那家店主清清白白告訴我，是有那麼一個瘸女人去了幾次，也試了幾次那雙涼鞋，但最終沒能走出店門，又脫了下來。

在換季清倉時，我咬了咬牙，去了一家正宗的百麗專賣店，買下了那款樣式的涼鞋，好幾百元呢！回到店裏，我琢磨著，怎麼在鞋上下點功夫，我想既然蔣雲妮那麼喜歡這雙鞋，就成全她一次吧，怎麼說，她也是穿了給我看的多啊。

我琢磨得很投入，一點也沒注意到有個人影一瘸一拐踱進了我的鞋店。

我習慣了看人先看人的腳，大凡進店來的，多半是鞋出了問題，尤其是這樣瘸拐著走路的人，不是鞋斷了底，就是鞋掉了跟。

出現在我眼前的是一雙很光潔的腳踝，一雙短得幾乎看不出來的襪子映著淺黃色的閃著螢光的鞋絆，我的血往臉上湧了一下，就一下，我知道，蔣雲妮穿這麼雙鞋回來，有向我挑釁的意思。

我們分手吧！果不其然，蔣雲妮這麼開了口。

分手？我把目光越過她身後，想看看誰給了她志氣。

是的，分手！蔣雲妮把腳抬了抬，站穩，這次她的腳很有底氣。

是誰，讓你背叛了我？我有點恍惚。

是這雙鞋！蔣雲妮回答。

我就仔細看那雙鞋，很粗糙的手工製作啊！我說。

是粗糙，但人家，對我用的心細膩！蔣雲妮這麼說完後，轉回身就往店外邁。

我就是不用心也能做得比他好！看著蔣雲妮邁出店門，我喃喃自語著雙膝一軟坐了下來，其實我已從這雙鞋上看出是誰的手藝了，他是街頭轉角處的啞巴老五，老五既補鞋又做鞋還兼擦鞋。

一個啞巴，既然讓蔣雲妮背叛了我！不可思議。

尤其不可思議的是，我的眼淚，那一刻也背叛了我，唰一下洶湧而出。

狗日的背叛！我一釘錘砸在自己腳上。

像一個人

火車進入隧道時，張良成可能是被更黑的黑暗刺了一下眼瞼，居然就醒了。

醒也沒什麼不對的，反正他一直沒睡沉。

不對勁的是，張良成發現，對面臥鋪上，那個女人的目光自始至終沒有離開過他的臉。

張良成就下意識地摸了一把臉，想摸出臉上有什麼不對勁的地方。

女人忽然就笑了一下，說，真像！

像什麼呢？張良成扭過頭，望一眼窗外，一定是窗外有什麼景色令女人熟悉甚至迷戀。

張良成卻忘了，窗外是黑咕隆咚的夜，而且是隧道裏的夜。

張良成就沒了興趣，伸了個懶腰，準備繼續睡，當然，說睡有點勉強，應該叫瞇著。

女人在對面沒瞇的意思，眼光炯炯的，張良成被這炯炯的眼光弄得有點手足無措了，畢竟，沒哪個女人如此這般不加掩飾地注視過他。

除了他娘！

然而，他娘正是他睡不沉的一個因素，娘死了，在他六歲那年。

六歲，已經是很遙遠的一個夢了，可這個夢卻如影隨形無處不在地支配或者左右著張良成的睡眠。

人要是沒有記性，該多好！

張良成這麼在心裏歎息了一聲。

那天，娘好像也這麼歎息了一聲，那天張良成也坐車，不過不是火車，是華川農用車，張良成扒在欄杆上，很興奮。娘興奮不興奮張良成永遠不記得了，張良成隻記得自己興奮地攀著華川車廂兩邊的護欄往上爬，他想讓自己看得更遠一點，車頭的廂頂攔住了他的視線，六歲的孩子，看什麼都是新鮮的。

何況是馬路上川流不息的車流呢！

娘是寵張良成的！這點張良成再小心裏也清楚，娘假裝虎著臉給了他兩巴掌，那哪是打啊，連彈都算不上！若干年後，張良成讀書學到撫摸一詞時，才想起來沒哪個詞比這個詞更接近那兩巴掌的感覺了。

可惜，撫摸自打那以後，再沒有光臨過張良成的臉蛋。

儘管是撫摸，張良成還是覺得受到了莫大的委屈，張良成就蹬鼻子上臉，號啕大哭起來，要不是在車上，張良成早在地上打起了賴皮滾，不過在車上張良成也有他耍賴的辦法，他向上爬得愈發凶了。

娘只好讓了一步，由著他。華川車在飛奔著，反正馬上就到集上了，再耍賴的孩子到了集上也會停住嘴哭鬧的，那麼多好吃好玩的東西還怕堵不上一個孩子的眼和嘴啊！

意外就在這時發生的！

娘讓了一步，張良成上了一步，華川車剛好碰上一道陡坎。

全車人抖了起來，張良成的小手一瞬間抖離了欄杆，娘是怎麼撲過來的張良成不記得了，他只記得自己被娘一把拽倒在車廂裏，而娘卻隨慣性衝出了華川車廂。

很多年了，張良成對娘的回憶就是地上汪著的一攤血。

眼下，對面那女人望他，也像要從眼裏汪出血來！張良成極不自然地縮了縮肩膀，側過臉，女人又說了一句，真像！

張良成不說話。

沒想到，女人居然從鋪上爬了過來，說，你知道嗎，我跟著你轉了幾次火車呢！

張良成被這話嚇了一跳，嗖一下坐起來。

女人忽然嫵媚地一笑，拿手在他臉上摩挲了一下，說，太像了！

像什麼？張良成到底忍不住邊躲她的手邊不耐煩地回問了一句。

我兒子！

女人眼光忽然暗淡下來。

你會有我這麼大的兒子？張良成把眼裏的疑問遞出去。

女人不回答，又拿手在張良成臉上摩挲，這眉眼，這鼻子，還有睡不實沉的模樣，天底下找不出再能重樣的了！女人喃喃自語。

想兒子你去看啊，幹嗎跟著我？張良成輕輕嘟噥了一句，就快看不著了！女人冷不丁地紮下頭去，眼圈開始發紅。

怎麼回事？張良成吃了一驚。

白血病，晚期！我是從醫院躲出來的，女人說，我不想看著病魔一點一點吞噬他最後的生命！

張良成又不說話了。

女人忽然衝張良成笑，笑得可憐巴巴的，女人說，陪我合張影，好嗎？

見張良成還是不說話，女人補了一句，我兒子特愛臭美，他說不想乾巴巴地把影子留在媽媽身邊！

張良成心裏疼了一下。

女人說，你也心疼了？張良成點頭。

女人肩膀一抽一抽地說，謝謝你能體會到我的疼，你知道麼，我兒子，連疼的權利都被剝奪了呢！

張良成輕輕把嘴附上女人耳朵，說，您也讓我想起一個人來。

誰？我和她很像嗎？女人怔了一下，張良成吐出兩個字來，我娘！

合了影，女人眼淚嘩嘩地就破了堤，她拿著那張一次成像的照片請張良成寫個字以做紀念。

　　張良成不哭，他在女人和他的合影下面寫下三個字，我和娘！儘管他娘跟這個女人一點也不像！

誠懇

　　陳雲的身體往前傾斜著，是那種很徹底的傾斜，需要一根木棒支撐著的那種傾斜，這種傾斜，足以表明陳雲的誠懇態度。

　　至於陳雲的心裏怎麼想的，李玉不需要知道，她只需要陳雲的這個態度。

　　知恥而後勇嗎？

　　有了這個知恥的姿勢，相信陳雲是會勇於改正錯誤的。

　　但陳雲不這麼認為，李玉都傷心成那樣了，他陳雲有什麼理由不配合一下呢，除非他是個沒有人性的人，而恰巧，陳雲覺得自己非常有人性！

　　非常有人性的陳雲知道，一旦過了李玉這一關，他的丈夫身份立刻就會正常恢復。

　　至於李玉的訓斥，餘音繞梁也無所謂了，他會在這餘音中迅速讓自己筆挺、順暢、乾淨、彈性的光輝形象矗立起來。

　　也是的，不就是問候了一下女人嗎？難道女人不在朋友之列嗎？

　　書上說過，朋友間應該互相關心，互相惦記的，那麼，他的問候於情於理都說得過去啊！

　　唯一不同的是，別人的問候是情誼大於儀式，陳雲對女人的問候，則是儀式大於情誼了。

　　其實就是對林欣。

　　林欣的孤寂，陳雲是曉得的！因為她公然在網上發帖，說需要一個懂得情誼的人做朋友，性別不限年齡不限職業不限。

　　陳雲恰好坐了她帖子的板凳，對照幾個不限一思忖，陳雲就調侃著跟帖說，應該還加上一條，情誼不限！

　　兩人就情誼上了！

　　最初，陳雲是不習慣的，不習慣林欣的咄咄逼人。在電腦上，往往陳雲圖簡單，會在QQ上給林欣發過去一張笑臉，林欣就會提醒他，你還沒問候我呢！

　　陳雲就只好打出你好兩個字點出去。

　　她也會規規矩矩回敬兩個字過來，你好！

　　有點儀式化了不是？

　　你好了那麼三五回，陳雲就懶得上QQ了，他留下電話給林欣，說有事電話聯繫吧，我最近上不了QQ！當然，這是很有禮貌的一種托詞。

　　陳雲是這麼揣測的，一個女人，哪好主動打男人電話呢，她得有點矜持吧！

偏偏，當天夜裏，陳雲接到了林欣的電話，他沒存她的號碼，按下接聽，對方說，你好！

陳雲懵了一下，這聲音他很陌生，陳雲就問了一句，你是誰？

我林欣啊！林欣在那邊很惱怒地問了一句，你沒存我號碼？

陳雲那一刻有點尷尬，自己都說了情誼不限的，卻不存人家號碼，哦，抱歉，有事嗎？

沒事就不能打電話嗎，我們是朋友，朋友是需要互相問候的，這點不需要我教你吧！林欣在那邊毫不客氣批評了他，沒一點女人的委婉。

陳雲為這事自責了一番，也是的，自己主動跟人家的帖，又主動給了電話，卻不主動聯繫人家，是很不人性的做法呢。

一直自詡有人性的陳雲當晚就做了一個決定，把問候林欣作為自己有生之年的一種義務來盡，這樣一來，豈不是做到了情誼不限？

介意我這麼早問候你嗎？陳雲每天起床的第一件事就是打開手機問候林欣。

林欣不咄咄逼人了，很溫婉很慵懶地說，太介意了，這問候應該是冬日裏第一縷照亮我溫暖我的陽光呢！

看看，一不小心，自己成了別人心中的太陽！陳雲的成就感油然而生。

那天，是陳雲新婚，洞房花燭之後，陳雲就有點春宵苦短日高起，從此君王不早朝的意思了！沒記得開手機。結果到晚上，電話一開，居然擠滿了短信——林欣的！

朋友是應該互相聯繫的，你聯繫我了嗎？

朋友是要互相問候的，你問候了嗎？

朋友是不介意打擾的，我可以打擾你嗎？

短信沒看完，林欣的打擾來了，我要見你！林欣在電話裏硬邦邦的。

那，你來吧！陳雲望瞭望李玉，我剛新婚，記得帶上你的祝福。

林欣卻沒在意陳雲話裏的隱語，真來了，踩著黑夜來的。

來了，林欣卻一刻也沒坐下，問候了陳雲陽臺的花草，問候了陳雲房間的金魚，又問候了牆上的壁燈，茶几上的雜誌，偏偏就沒停下來問候一下陳雲和李玉。

就在林欣準備再去衛生間問候一番時，李玉極不友好地開了口，你是來看房子的？你？冒著黑夜來就為這個？不用說，李玉的口氣也是咄咄逼人的。

林欣不舒服起來，她的局促不安證明瞭這一點，李玉狐疑地看了一眼陳雲，繼續不友好地質問下去，別告訴我，你是來祝福朋友的，也別告訴我，你的祝福沒有摻假，有的只是情誼無價。

你不覺得你問客人這些很不禮貌嗎？林欣奮力回擊了一句。

我根本沒把你當朋友！所以也無需禮貌！說完這話，李玉一拎坤包，嫋嫋婷婷走了，黑夜給了她黑色的眼睛，她要用它去尋找光明！

陳雲開了口，你到底想來做什麼？

做什麼？林欣呵呵笑了起來，你缺我一個問候，我來補上啊！

就這麼簡單？

就這麼簡單！

陳雲內心突然煩躁起來，他不怒反笑，就一個問候嗎？他會！嘴一張就是一連串，你好，你好，你好！你好……

陳雲整個身子傾斜在滔滔不絕的你好聲中，像要隨著那些問候鑽到林欣耳朵裏似的。很徹底的傾斜，不知情的人見了，還以為陳雲正誠懇地向林欣傾訴著什麼，很值得遐想的鏡頭呢！李玉沒走遠，她在樓下等著陳雲出來追她的，結果卻看見，窗戶裏面陳雲的身子徹底傾斜在林欣身上，林欣的肩頭無巧不巧地作了某種很默契的支撐。

原諒我的放肆

我不是一個放肆的女孩，從一生下來就不是。

生活一直是循環著的，當然我是指一個人生活著是這樣的。兩個人呢？應該也是循環的吧，這麼猜測時我的口氣很有點勉強。

這不稀奇！你把兩個人的生活並到一處來試試，循環下去也不是不行的！

為了證明兩個人一起生活也是可以循環的，我決定找個男人做次愛，呵呵，讀到這兒你也許會竊笑起來，好一個牽強的理由，明明是懷春了嗎？

我知道我無法說服別人，但我可以發誓，真的不是懷春，我一直是鄙視愛情的，一直！

什麼是愛情，淘汰掉一見鍾情兩廂情願相見恨晚這些虛頭巴腦的東西，再淘汰掉房子車子票子那些恰到實處的東西，你看看，愛情剩下什麼了，頂多就剩下一對連體嬰兒了！

這麼一想，你會認為愛情還值得嚮往麼，你以為春還值得懷嗎？

別罵我無知，在讀完這篇文章之前，呵呵！

而做次愛就簡單多了，簡單是可以循環下去的生活方式之一。

我決定找一個男人，是的，沒有男人我怎麼做愛呢？這男人，一定是要我心儀的那種！現在，我低下頭來，開始遐想哪種才是我心儀的男人。

不一定要高大，瘦弱點的男人也許更適合我，我不喜歡被一個男人嚴嚴實實地覆蓋，沒幾個人喜歡被悶得透不過氣的感覺，我以為！

也不需要太堅強，脆弱點的男人內心是敏感的，哪個女人不希望男人對自己敏感點呢，換而言之，敏感說明他在意你啊。

不過有一點需要確定，這男人得有點生機，生機勃勃的那種生機。

想到生機兩個字時，我忽然有點想哭，哭並不是因為難過，而是我想到了我弟弟。

這麼遐想時，我就真的看見了弟弟的影子，我擦了擦眼睛，看見一個酷似弟弟身影的男人上了超市二樓男裝部。

這時候，差不多是超市生意最清淡的時光，這家超市有個很好的規定，那就是售貨員不得跟屁蟲似的盯在顧客身後，不得喋喋不休地推薦款式，不得滔滔不絕地參謀衣服，一句話，要讓顧客充分自由的挑選。

我跟在男人身後，如入無人之境。

男人很有耐心，挑了一套內衣，看了看，往角落的試衣間走了過去。

我看見門在裏面晃悠了一下，掩上了。

我注意到，是虛掩！差不多的男人在試衣間都不會反扣上門的！

猶豫了不到三分鐘，我一拉門，迅速鑽進去，反手扣上門。

男人吃了一驚，他應該吃驚的！他吃驚的樣子令我想起弟弟。

這次我沒猶豫，我的身體都藤蔓一樣纏著上去，很好，他的外套剛剛褪下，就剩一套內衣在身上，我的一隻手順著他內下襬伸了進去。

他顯然領會了我的意圖，只象徵性的後退了一步，就無路可退了！

我把他抵在試衣間的內壁上，他被我挑逗得喘不過氣來，開始有了回應，雙手自然而然地接住了我的身體。

小小的試衣間被喘息聲擠滿。

我把他的腦袋摁在懷裏，揉著他的一頭濃密的黑髮，嘴裏含混不清地說，弟弟，你為什麼要躲開我？

男人的頭往上仰了一下，又被我摁下去，我聽見他嘟噥了一聲，弟弟？

是的，我弟弟！我渾身顫抖地迎合著他，思維卻飄到一個小島上。

我和弟弟在小島上遊玩時遇上了風暴，冷風冷雨襲擊了我們，接我們的船隻被阻在了島外。

先是寒冷，再是恐懼，弟弟把衣服脫下來加在我身上，這些還遠遠不夠，末了，渾身冷得顫抖的他抱住了我，對的，就是這樣的顫抖！

我迷迷糊糊說完這些話，跟著長歎一聲，身體就軟了下來。

男人問了一句，然後呢？

然後？我剛要回答，感覺腿空裏一熱，有血滲了出來。

沒有然後，我冷笑一聲，弟弟在陽光到來之前走失了，走失前弟弟一直抽自己嘴巴，罵自己是畜生！

其實，弟弟只是忍不住把頭埋在了我的胸前，僅此而已，我明明白白聽見他邊抽邊說，我怎麼可以對姐姐這麼放肆呢？

男人身體冷下來，開始抽煙。

僅僅就為這？他還是不相信。

如果你願意和我一起生活一段日子，我喉嚨頓了頓說，你可以聽我講得更多！

我把講字咬得很重。

真的，我只是想有段日子從從容容地講講我弟弟，一個人的時候，我也是一遍一遍講著弟弟的，這麼循環往復地講，我差不多都習慣了。

男人往後退了一步，抓上衣服開始緊緊張張往身上套，我骨子裏冷了一下，結局不言而喻，知道兩個人的生活註定是不能循環的了！

我擺了擺手，制止了他說，原諒我的放肆吧！完了一把拉開試衣間的門，在遠處幾個員工曖昧和猜疑的眼光中走了出去，走得豪氣干雲的！

弟弟十五歲那年的走失，一定也這麼豪氣干雲。

拍磚

張成東喜歡在網上拍磚,拍得風生水起的。

跟他一起攪和的,是一個叫迎風插彩旗的女人。

這天,兩人又拍上了,為婚姻引申出來的話題拍上的。

迎風插彩旗發了這樣一個帖,說結婚就是給自由穿件棉衣,活動起來不方便,卻很溫暖!

張成東網名叫破浪扯白帆,張成東就扯著白帆上去破迎風插彩旗的溫暖一說了。

他坐的板凳,回帖是這麼說的,溫暖,墳墓裏能有溫暖,婚姻是愛情的墳墓你不知道麼?

迎風插彩旗當然知道,她毫不客氣擠兌張成東說,老生常談的調調了,大哥,拜託你有點內涵行不?

張成東一向自詡為有內涵的,立馬拍上去了,家字怎麼寫,知道麼?上面那點一不留神掉下來成什麼字知道麼?

迎風插彩旗有點不恥下問的精神,說,不知道!

張成東就說,家一不留神就成塚了!不算老生常談吧,那一點就是我們男人在家裏的地位,縮不得頭,縮了成塚,不縮吧,戰火紛飛!迎風插彩旗就知道了,這個敢破浪扯白帆的男人是有點內涵的。

這年頭有內涵的男人和有點錢的男人有一個共同點,能把路走得嗡嗡作響,自信於心,沉著於形唄!

這磚算拍出了境界了!

老婆啟秀,煩的恰好是張成東這點時境界,有什麼呢,賣弄罷了,在現實中不能鶴立雞群也夠遭人同情了,偏偏擺出個皇恩浩蕩的樣子在網上與民同樂,扯淡不是!

老婆啟秀知道他那個家一不留神就成塚的理論,啟秀就說,想新生是吧?

張成東很有內涵的糾正說,是鳳凰涅槃,懂不?

老婆的拖把就啪一聲涅槃上來了,飛珠濺玉的,拍在張成東頭上。

張成東不扯白帆了,扯白旗,落荒而逃!老婆在後面罵,有本事你別回來,回來了我照拍不誤!

張成東跑出門時腦海裏還很有內涵冒出這麼一句話,落荒好啊,人生難得一輕鬆!

真流落到了街頭,張成東卻輕鬆不起來了,他好歹也是能把路走得嗡嗡響的人物呢!

在場面上，張成東向來是自信的，他就背了手，一副躊躇滿志的樣子在大街上溜達。

風就是在這會兒起的！

張成東覺得，起風好啊，風蕭蕭兮易水寒，有點為他出門壯行的味道！

拍，讓這個婆娘拍一晚上空床去吧！張成東賭氣地在內心表白了這麼一句，然後習慣性去摸頭髮，拖把親睞過的頭髮有損於他的光輝形象呢，這點，他從路人的眼光中捕捉到了。

啪！他的手剛舉到頭上，有個東西凌空而降。張成東的反應是迅速的，手一伸，抓住了頭頂的東西，居然是一條內褲，有蕾絲花邊的那種，連同衣架一起掉在他頭上。

張成東仰了一下頭，三樓陽臺上探出一個女人的臉蛋，上面寫滿了抱歉。

張成東把內褲舉在手上，像扯著一面白帆，蹬蹬蹬上了三樓。

防盜門很及時地開了！

張成東卻沒了邁進去的勇氣，剛才陽臺上沒看清，這會，那張臉上已經沒歉意了，是笑意。

女人是陳旗，兩人是同學，差點初戀成功的同學。

咋啦？陳旗叉了腰笑，打算討伐我啊！

張成東低了頭，把內褲遞過去，說討伐就不必了，給我洗個頭吧！

小城小，忌諱多，女人的這些東西落在男人頭上，是不利氣的，洗一洗，可以衝晦氣！

陳旗就笑，很放肆地笑，咋啦，窮講究起來了，當年讀書，你還偷我內褲吻過呢！

張成東也笑，那時人家不是打算吻一輩子的嗎？現在不同了。

陳旗說有什麼不同，眼下你想吻也成，我離婚了！

張成東一下子笑不出來了，怎麼說離婚也不是件值得慶賀的事啊！

就洗頭。

張成東閉上眼，任陳旗的手在頭上鼓搗著，陳旗的鼓搗是有預謀的，她的手在張成東耳垂上輕輕捏弄著，弄得張成東身子開始發燙，燙的結果是陳旗身子開始發軟，然後呢，張成東就乘風破浪了，這一次，張成東不破浪扯白帆了，一件一件扯陳旗的衣服，直到扯掉陳旗的內褲。

窗外的霓虹燈影射進來，那條紅色鏤空的內褲在張成東手上招展著，要迎風插彩旗呢這是。

張成東就忍不住笑了一下。

啪！張成東臉上挨了一下子！是陳旗拍了一下他的臉頰，陳旗說，成東，你反正過得不開心，咱們合了過吧，我一個人，冷夠了！

冷！張成東說自由自在不好嗎，你不就為自由才離的婚嗎？

陳旗苦笑了一下，我算徹底想通了，結婚就是給自由穿件棉衣而已，活動起來雖說不方便，但卻真的很溫暖呢。

這話咋這麼熟悉呢，像網上拍磚似的，張成東信口接了上來，溫暖，結婚就是讓人把頭縮到家下面去，成墳墓了還能溫暖？

陳旗惱了，一扭身子，不溫暖是吧，也是的，像你這麼有內涵的人是不用溫暖的，你用文字溫暖自己吧！

完了一翻身，坐了起來，去奪張成東手中的內褲。

張成東手中一空，氣勢弱了下來，他知道以陳旗的個性，下一步就是趕他出門了。

張成東迅速套上衣褲往外溜，但還是慢了一步，在他腳步邁出門的剎那，陳旗手中的拖鞋準確無誤地拍在了他的頭上，很實在，走下樓好遠了，張成東還覺得頭上和腳下一樣嗡嗡作響。

無恥之事

我給李慧打電話，說，慧啊，我想做點無恥之事，行不？

李慧不回答行，也不回答不行，李慧的回答是，你哪一回不是無恥得不行啊！

我就知恥而後勇，雄赳赳出門，氣昂昂去找李慧，李慧是我的情況。

能和李慧這種女人做情況做到三年以上的，在小城找不出第二個。

李慧不是要為我守身如玉，她是懶得挑揀，男人麼，千篇一律的，在外面生怕別人說他不像西門慶，在家裏偏又裝成武大郎，這是她對男人的總結。

那是因為，他有一個武大郎式的男人，很早就死了，咯血咯死的。

我不承認李慧的觀點，我反駁說，我是西門慶麼，有這麼忠貞不貳的西門慶麼？

我找李慧，多半是被老婆趕出家門時才找的，我老婆，和潘金蓮有得一比，當然是指長相和脾氣。我老婆一點兒也不淫蕩，連誰給她念個黃段子她都會橫眉冷對拍案而起大罵誰誰無恥的！

我每次有家不能歸，就是因為無恥了，在老婆眼裏，男人洗腳是無恥，洗桑拿是無恥，洗頭也是無恥，進唱歌房自然更是無恥，一句話，但凡娛樂均被她嗤之以鼻。

那天，我恰好進了練歌房，被人硬拉去的，當然，我也有半推半就的傾向，那兒的女孩子，個個香豔迷人，要麼低胸要麼短裙，一句話，很容易讓人產生遐想。我去，就是打算借個具體的參照物遐想一下的。

事後我對老婆是這麼彙報的！

老婆冷哼一聲說，無恥之極，難道我不能做參照物？難道我不值得遐想！

我當時口不擇言說了一句，你？我都一覽無餘N遍了，還用得著遐想？

啪！一覽無餘的老婆操起拖把就衝我頭上砸過來，她的壞脾氣也是一覽無餘的，我忘了！

於是就撤離，往安全地帶撤離！

哪兒最安全？自然是李慧那兒了。

一般出了這種狀況，我的徹夜不歸老婆是懶得過問的，她要過問，就顯得她在乎我了。

老婆要給我腦海營造出這麼一種意識，於她來說，我的存在是可有可無的！

對李慧，我可不是可有可無的！她很在意我。

想到即將到來的李慧的在意，剛才的屈辱感一下子蕩然無存了，我哼著小調把雙手插在褲兜裏，頗有點春風得意馬蹄輕的意思向李慧家勇往直前了。

但路上，我被陳東給耽擱了。

陳東說，喝杯酒吧，兄弟！

陳東是比我還可憐的男人，我被老婆趕出門還有個李慧落腳，陳東則只能找個小酒館點一盤花生米出悶氣。

既然有同病相憐的人做陪襯，那麼施捨一下我的同情也顯得我人格高尚不是？我就陪陳東喝酒去，並且講好了是我買單。

人，不一定能讓自己偉大，但一定可以讓自己崇高吧，施捨同情就是崇高的第一步，我雖然無恥，對崇高還是嚮往的！

其間喝得興起時電話響了三回，都是李慧的，我沒接，做點無恥之事用得著催嗎？一催還有情趣可言嗎？長夜漫漫呢，真是的！

一直喝乾盤裏最後一顆花生米，陳東才千恩萬謝和我分了手。

我就搖搖晃晃去了李慧家。

我有鑰匙，用不著敲門，直接進去的，也沒開燈，屋裏情況我都熟，三年了，不熟才怪。

李慧卻不在！

打她電話，倒是接了，那邊卻亂糟糟的，李慧說你在哪兒？

我呼出一口酒氣說，你在哪兒？

李慧說，我在哪兒你會在意嗎？

我又呼出一口酒氣說，相當的在意！

騙子！李慧在那邊氣呼呼地喊了一句。

我想像得出李慧氣急敗壞的樣子，我再呼出第三口酒氣說，世界上所有的男人都是騙子，有所不同的是，幸運的女人找到了一個大騙子，騙了她一輩子；不幸的女人找了一個小騙子，騙了她一陣子！

無恥！李慧在那邊咬牙切齒地問我，那你倒是說說，你是大騙子還是小騙子？

我說我不是騙子，頂多算痞子！完了我就痞裏痞氣地大笑起來。

李慧不笑，在那邊語氣一轉說，是嗎，那你得恭喜我一下了。

恭喜什麼？我一怔。

我找了個大騙子啊！那邊傳來李慧的冷笑，今天是我訂婚的日子呢！

我側了側耳朵，屏住酒氣，果然那邊傳來一片祝福聲。

我開了燈，果然看見，李慧房間多了張新婚照，照片上男人一副武大郎模樣憨憨厚厚地笑著。

我的頭一下子耷拉下來，想了想，放下鑰匙出門，垂頭喪氣往來路上走。

快到家門口時，借著昏暗的月色，我看見一個熟悉的背影正在我家門口無恥地徘徊，一會兒，門開了，我老婆左右看了看，一把把那男人拉了進去，跟著屋裏的燈迅速滅了，二樓臥室亮起橘黃的床頭櫃燈光。

我摸黑進的屋，又摸黑在冰箱裏摸出四瓶啤酒，花生米就免了！

這之前我和他都嫌花生米硌牙，應該讓老婆炒幾個熱菜慶祝一下，兩個騙子一晚上碰了兩次頭，怎麼說也不容易吧！

結實

羅成萬萬沒有想到，事隔兩個月之久，女孩還是找上門來了。

要不是女孩乾紅粗糙的臉蛋讓他覺得似曾相識，他還真對眼前這個女孩沒了任何記憶。

點燃一根煙，羅成開始回憶，回憶他是不是對女孩許諾過什麼，羅成在想事情時一般喜歡借助香煙來思考。成功男人都這幅做派，羅成沒能免俗！

往事如煙呢！李成在心裏像模像樣地感歎了一句，跟著又啞然失笑了，兩個月前的事能算往事麼？

既然不算往事，回憶起來就不算困難，最起碼，沒哥德巴赫猜想困難。

依稀就有鏡頭從腦海滑過。

這女孩是認識的，只是自始至終吧，他只顧運動了，是的，在上床前他還模模糊糊自我嘲解說，就當作了一場取暖運動吧！

那天他實在喝得太多了，就由這個女孩送回了家，女孩應該是家那酒店的服務員吧！

本來，以羅成的消費層次，是不屑於對這麼個貌不驚人的女孩動心的，問題是，那是場持久豪雪後的午夜，他所熟識的女人沒一個願意從熱被窩裏爬出來，冒著摔跤瘸胳膊斷腿的危險來為他取暖。

羅成所謂的熟識，是指對女人身體的那種熟識！

羅成雖說沒再婚，可他身邊卻不缺少女人，不過，在那個豪雪未曾解凍的午夜，羅成卻從腳底冒上一層寒冰來，這種情況下再堅強的男人也是渴望溫暖的！

饑不擇食可能說的就是這種情況，他就在半醉狀態下把這個有著幾粒雀斑的女孩拽上了床，有沒有用強他忘記了，只記得朦朧中，或者是燈光起了作用吧！羅成甚至還想起了《金瓶梅》裏的一句話，「素額逗幾點微麻，天然美麗！」燈下看女人，無處不銷魂。整個過程是寂靜的，有著天籟般的寂靜，女孩沒像別的女人那樣發出或長或短或激昂或纏綿的呻吟，女孩只在羅成手臂上咬出兩排牙花印，恰到好處的一口。就那一口讓羅成清醒過來，清醒過來的羅成才發現女孩身下盛開了一朵花，紅玫瑰的圖案，很嫵媚地綻放在床單上。可惜的是，女孩的臉不嫵媚，甚至還有些乾糙，紅倒是紅，不過那紅是歷經了風霜的紅，粗糙，這粗糙磨得羅成心頭喘不過氣來。

想起來了，羅成是在喘不過氣時聽見女孩這麼問了他一句話的，女孩垂著眼瞼問了一句，感覺怎麼樣啊？大哥！

羅成當時心裏還暗暗好笑來著，能有什麼感覺呢？

不過女孩沒疼得狠狠掐他叫疼，倒讓他順嘴溜出了兩個字——結實！

是的，女孩是結實的！

眼下，這個女孩就結結實實站在他面前了，羅成不想多說話，從口袋裏摸出兩千元錢拍在桌面上，拿去吧，上次欠你的！

女孩咬了咬唇，你以為我為這個來的？

羅成縮回手，不為這個能為啥？

女孩忽然又垂下眼瞼來，我只想再聽你說一遍我很結實！

羅成臉一下子窘得通紅，那種話要做了那種事才可以說得出口的！

我知道你喜歡我！女孩縮回脖子窩進沙發裏說。

喜歡？羅成仰面躺在老闆椅上笑起來，我喜歡的女人多了去！

多嗎？女孩不笑，但你沒給每個女人說過結實這兩個字吧！

結實能算什麼，一種承諾？羅成再次笑了，笑完了冷冷補上一句，男人的承諾就像七八十歲的老太太的牙齒，很少有真的，你不知道？

我知道！女孩睜開眼，拿眼盯著羅成，總有真的存在不是？

這是實話，羅成一下子啞了口，開始重新打量女孩。

女孩的腳引起了他的注意，比起臉來，這雙腳顯然勝了幾分，還是《金瓶梅》裏說的，「絪裙露一雙小腳，周正堪憐！」由腳往上，自然是腿了，小腿肚不白，但很結實，有行過處花香細生，坐下時淹然百媚的那種意味。

細一品吧，羅成這才發現，女孩還真有那麼點嫵媚，很本真的那種嫵媚，這嫵媚是結實的，沒裝腔作勢的成分，能經得起風霜的呢！

羅成一直想找的，不就是要經得起風霜的女人麼！

羅成想起不久前書上看見的一句話來，欣賞可以提升愛情，容忍能夠維護婚姻。

羅成的第一次婚姻失敗，就是沒學會容忍，彼此雙方都沒能容忍。

像這樣一個結實的女孩，一定是懂得容忍的！

羅成眼裏有一股子柔情彌漫上來，站起身，他輕輕上前擁住女孩說，給我一個結實的家吧，如果你願意。

女孩沒說願意還是不願意，只是拿嘴在羅成臂彎處留下一排嶄新的牙花印，這一回，女孩咬得很結實！

結實得讓羅成心裏一疼，跟著他發現，女孩眼睛裏不知啥時飛起了淚花子。

婚姻是應該有疼的感覺的，事後羅成想，痛定才能思痛的。

那個王八蛋，是我

陳東給我打電話，說出來喝酒吧！

沒等我表示同意或是拒絕，電話就成盲音了，我先抓了件羽絨襖往身上套，跟著從抽屜裏抓了幾張鈔票，數了數，大致夠一頓酒錢了，就用腳後跟帶上門，往外躥。

奇怪，搞得我像迫不及待等這個電話似的，要知道，每次都是我買單啊！

跟陳東喝酒，買一千次單我都不覺得冤，陳東是個有想法的人，每次出門回來，總有一些新鮮事兒從他嘴裏冒出來，於我而言，那可是下酒的好菜啊。

我這人就好點新鮮事兒，一個賣字吃飯的人，腦子裏得多裝點事不是？不然，你挖空腦袋又能編出多少故事來，一個人的想像畢竟是有限的，要發動群眾嗎！

古代吃從文這碗飯的，我特欣賞薄松齡他老人家，他老人家該曉得發動了多少群眾啊，而且只以一碗茶就打發了，我能發動的群眾就只陳東一個，還不敢請他喝茶，只能喝酒，這年月，茶比酒貴啊！

陳東是個有故事的人。

一般現今這年月，說一個男人有故事就是間接誇這男人有女人緣。

這次，有女人緣的陳東又有什麼豔遇呢？一般等而下之的豔遇，陳東是不會輕易啟齒的，我先前說過，陳東是個有想法的人，我呢，好歹與文字打交道，怎麼也算有思想的人吧。

拿點男男女女間的破事搪塞我，陳東好意思張開嘴？

我打的去的，陳東拿眼色跟我打了個招呼。

沒多餘的客套，先點酒，再點菜。

酒是可以暖心的，在這樣寒冷的冬天。

我先拿手在嘴上哈氣，看陳東喝酒，別看陳東討好女人時，俏皮幽默的話兒有如滔滔江水連綿不絕，他在男人面前向來是牙關緊咬，比革命烈士還革命烈士，不過，酒一喝到位，陳東的話就像黃河決堤一發而不可收了。

這點我有把握，一般第三杯，陳東酒量不大。

果然，第三杯，陳東趴在桌上對著火鍋轉動酒杯說，猜猜這次出門我遇見啥了？

女人唄！我懶洋洋地，一般這時候我需要敷衍一下，像相聲中的捧與逗。

嗯，有先見之明！陳東誇我，切，世界上除了男人就是女人，世界上的事除了男人的事就女人的事，我要鬧不明白，能賣字？

這，這一回，你不許打斷我！陳東大著舌頭咋呼著又乾了一杯。

行，我先洗耳朵行不？我笑著給他滿上。

聽著啊，這回是個故事！陳東申明說，這跟以往有區別，以前陳東總是很堅決的口氣，哥們，聽好啊，這回絕對不是跟你說故事，你知道的，冷啊，下暴雪，打我出門就下了。

暴雪冷不著火車上的人啊，有暖氣的，我尋思。

恩，這事就發生在火車上，暖氣壞了，有這麼一個姑娘，陳東比劃了一下，這麼高。

我順著他的手勢望上去，多高呢，沒個譜了！

她穿得少，暖氣一停，就拿手拼命搓，欬，這樣的搓法，陳東拿著酒杯示範著，結果一示範吧，又一杯酒搓下了喉嚨。

我下意識地也搓了下手，是冷！

那沒人給她送點溫暖？我多了一句嘴。

陳東有點不滿了，想送溫暖你去啊，這年頭漂亮姑娘都會賞你耳光的，知道不？

我最怕耳光了，所以就縮回了舌頭！

她旁邊，坐著一個男人，這麼高的個！陳東又比劃了一下，比劃著自己頭頂就比不上去了，喝點酒的人胳膊都比較軟，看來真是別人的故事啊！我尋思。

那男人見姑娘靠車窗縮成一團，就把自己貼了上去，小聲說，冷麼，要不我們擠一擠？

姑娘看了看男人，不說話，把自己擠得更緊了。

男人有點尷尬了，也是的，素昧平生，人家憑什麼跟你個大男人擠，擠到色狼身上怎麼辦？陳東繼續往下講故事，男人這會兒吧，先是臉漲紅了，然後一咬牙，脫下身上的羽絨襖，遞過去說，不擠就蓋上吧。

姑娘可能是冷得真的抗不住了，一任男人把羽絨襖蓋在身上，男人緊了緊脖子，想想，從口袋裏去掏香煙，他想借抽煙取暖呢。

沒想到真的很暖，他摸到姑娘的一隻手，那隻手把他往身邊牽了牽，男的猶豫了一下，靠過去，擠在了一起。

狗日的，一件羽絨襖換來一段豔遇！我肯定，結局一定是這樣的。

然後是不是兩個人先來個俄羅斯式的擁抱？我想了想發問。

你，你怎麼曉得？陳東嚇一跳，是抱了，女人主動抱上來的，不過是不是俄羅斯式的有待考證。

然後，一定就是阿拉伯式的長吻了！我一拍大腿斷言。

陳東惱火了，別自以為是好不，非得一定擁抱了就接吻，接吻了就上床，你以為是個漂亮姑娘都跟雞有點淵源啊？

就算姑娘是良家婦女，那個男人也不該是柳下惠啊，要知道，陳東經常罵柳下惠是王八蛋呢，女孩都坐懷了還不亂。

那後來呢？我不服氣嘟噥了一句。

後來，姑娘伏在男人肩頭哭了幾站，滿腹心思的模樣！哭完了衝男人說了聲謝謝，就下了火車。陳東不喝酒了，摸出一根煙點上，點煙時他的手抖了一下。

就這麼結束了？我於心不甘，這也算是故事，切！

是啊，有什麼不對嗎？陳東問我。

那個男人有點王八蛋呢！我歎了口氣，這結局顯然不是我想要的。

是嗎？陳東冷冷一笑補充說，那個王八蛋，是我！

火鍋映照著陳東的臉，讓我有一瞬間的恍惚，窗外的雪更大了，我忽然有了喝酒的欲望，酒真的可以暖心呢？尤其是跟陳東這樣的王八蛋喝。

捉姦

　　張思喬衣服褪到一半時，想想不妥，赤腳下床把防盜門反鎖上，走到客廳時又順手拔掉了電話線，這才往下褪褲子。褪到一半時，忽然又覺得不妥，猛一下子撲到床頭。喬玉兒嚇了一跳，心說至於嗎，自己都玉體橫陳在他床上了，也不急在這一時啊。

　　張思喬卻沒有撲向她，而是把床頭櫃上的手機拿起來，設置成正在接聽的狀態。

　　是個心思縝密的男人呢，喬玉兒無言地笑了一下，在心裏。古話怎麼說的，百密一疏！心思縝密的男人又怎麼樣？張思喬還是疏忽了喬玉兒的簡單與溫柔。

　　喬玉兒不是個簡單的女人。

　　要是簡單，喬玉兒不會選擇這個時光躺在張思喬的床上。

　　張思喬做完這一切，才貓一般爬上床，欣賞起喬玉兒的胴體來。

　　在張思喬眼裏，喬玉兒是一朵花，跟一般女人的區別是，別的女人喜歡在夜間把自己綻放成一朵花，喬玉兒不，喬玉兒敢於在白天把自己綻放成一朵花，這樣的綻放，是需要自信的！

　　之所以這樣自信，是因為喬玉兒知道，自己有梔子花般氤氳幽蘭的清香，這香跟夜來香的區別很大，男人在白天，嗅覺是遲鈍的，能讓一個嗅覺遲鈍的男人在白天品味出你的體香，這樣的女人就不單單讓男人產生「隔座送鉤春酒暖，分曹射覆蠟燈紅」的感覺了！

　　好女人是一杯春酒，眼下張思喬對這汪春酒有了一品三咂暖一暖身子的欲望。

　　張思喬把嘴遞上喬玉兒紅唇時眼裏憐惜了一下，轉向耳邊輕聲問，選擇這樣的時候做愛，你不擔心麼？

　　先前說過，喬玉兒還是個溫柔的女人！

　　喬玉兒就溫柔地笑了，享受著他的憐惜的同時紅唇輕啟，擔心什麼呢？

　　擔心，她回來捉姦啊！張思喬故意用了捉姦這一詞，表示他們已經站在了同一立場！

　　喬玉兒不笑了，文文靜靜說，擔心啊！擔心她會鬧得你寢食不安的！其實喬玉兒是擔心張思喬老婆不來捉姦呢！

　　她花了這麼大的精力來勾引張思喬，不就等捉姦這一天麼？

　　捉姦能捉住什麼呢？捉住她喬玉兒一臉妖嬈的笑，一臉溫柔的情，或者一眸文靜的乖？

上善若水，至柔者得天下！老子說的一點沒錯，男人以為女人的溫柔是弱不禁風的代名詞可大錯特錯了，西施當年的捧心可是比越王勾踐劍不知鋒利了多少倍，一代霸主夫差不照樣在溫柔鄉裏失了天下？

何況，張思喬的老婆還跟一代霸主隔了天壤差了地別呢！

敢叫我寢食不安？張思喬的霸氣上來了，我正好休了她，早一點過安寧日子？

安寧日子？喬玉兒腦海裏閃出一個段子來，要想一天不得安寧，請客；要想一年不得安寧，建房；要想一輩子不得安寧，包姨娘！

從今天起，他張思喬就別指望有安寧日子過了！

喬玉兒想到這兒，拿眼偷偷瞟了一下房門，房門虛掩著，有任何動靜都逃不過她的耳目。

她想像著，張思喬的女人在門外正用力將鑰匙擰來擰去，擰出一臉的疑惑來。

是的，她有理由疑惑，因為張思喬的車就停在樓下，大白天反鎖著防盜門能做什麼呢？

再笨的人都會聯想到四個字——非奸即盜！

是的，非奸即盜！這四個字是母親在喬玉兒十歲時斬釘截鐵說的，那是一個夜晚，喬玉兒的母親從坐立不安到渾身顫抖再孤注一擲牽了喬玉兒到了男人的單位的寢室，門當然是反鎖了，但屋子裏有暗約的燈光透過門上的望窗洩露出來。

燈光下，有朵花一定開得正豔！

母親一腳踹開了門，又一腳踹開張張皇皇撲上來攔她的男人，喬玉兒明明白白看見，母親的手在床上那個狐眉女人臉上開出了兩朵紅豔豔的花，但最後丟盔棄甲的卻是母親。在母親的號啕聲中，女人媚笑著扶起被踹倒在地的男人，關切地問了一句，疼不？

兩個字，喬玉兒清清白白記得，就兩個字，父親倒戈相向了，衝母親暴喝了一聲，滾，我再也不想和你過下去了，一天都不想！

其實，你娘當初就隱忍一下，我們的婚姻還是能維持下去的！喬玉兒在母親離世時聽見父親這麼歎息說。

母親那麼要強的人，幹嗎要隱忍呢！喬玉兒若干年後才想通，母親的要強除了自己如喪考妣的聲音，就再也沒有別的了。

一個女人，一旦要依靠聲音來支撐自己，那她什麼都沒有了。

喬玉兒是無聲的，她無聲地把自己恰到好處地綻放開來，何物媚人？二月杏花八月桂！

杏花要開在春光裏，桂花要香在月光下。

喬玉兒只把自己開成一朵素白的梔子花，不媚也不俗，卻清香綿甜。

這樣的花開是有聲音的！

聲音，對的，那個捉姦的聲音為什麼遲遲不曾響起？喬玉兒耳朵裏，一串撞門聲響過之後，再也沒了任何聲息。

一串淚從喬玉兒眼裏漫了出來。張思喬嚇一跳，說，我弄疼了你嗎，玉兒？

喬玉兒弱弱地一笑，說，你的女人弄疼了我！

完了喬玉兒不再說話，迅速起身，穿衣，然後用力甩了甩頭，撇下目瞪口呆的張思喬出門。

對一個隱忍的女人，喬玉兒忽然沒了必勝的把握，喬玉兒知道，隱忍的女人背後，必定跟著一個隱忍的孩子，那孩子，有自己小時候的影子。

熟識

我不是一個見到美女就發呆的男人，別說美女了，就是傾國傾城的絕色女子在我筆下也比比皆是，可我見到陸小曼第一眼時，還是稍稍發了一下呆。

我發呆時的表情，跟構思作品時的表情差不多，所以陸小曼沒發覺，也就是說，深沉——是我給陸小曼的第一感覺。

這感覺不錯，事後陸小曼跟我熟識後曾這麼評價我。

我這時說的熟識，是對彼此身體的那種熟識，至於靈魂深處，誰也不敢斷言自己熟識誰，好多時候，一個人連自己都不敢奢望熟識。

我跟陸小曼的熟識沒什麼過程。

那天我駕車，呵呵，說駕車是為了在這年頭體現自己身份。我駕的是一輛沒身份的全裸自行車，它的最大特點是除了鈴鐺不響全身都響，鏈盒雨板什麼的全讓收破爛的變廢為寶了。

陸小曼那時很沒形象地臥在馬路中間，大清早就臥那兒了，一動也不動！

其間從她身邊擦身而過了多少輛車，我不知道；多少路人的眼光停留過她身邊，我也不知道；我只知道有兩個人靠近她，一個是個孩子，十二三歲，一個是我！

孩子走過去，探出手在她鼻子下停了停，然後搖了搖髒兮兮的小腦袋，跟著四處巡視了一圈，手就飛快地插進了陸小曼外衣的口袋，她口袋裏有一款手機。

我嘩啦啦趕上去，攔住小孩說，放下！

小男孩不放下，小男孩用手背抹了一下鼻涕，死人的東西，你管得著嗎？

死人？我嚇了一跳，我以為是醉酒女郎呢，這年頭，醉臥街頭的陪酒小姐並不鮮見。

我顧慮重重走近陸小曼，也伸出手探了探鼻息，然後看了看小男孩沒了言語。

小男孩得意了，死人的東西，誰拿不是拿？

你這是拿嗎？你這是偷！我瞪了一眼小男孩。

一個死人，什麼都不能擁有了，怎麼叫偷？小男孩眨了眨眼狡辯。

那也是偷，偷走自己的良知！懂嗎？我恨不得給這小男孩一耳刮子，咋這麼恬不知恥呢！

良知也能偷？小男孩疑惑了，顯然他沒念過什麼書，不知道這話的隱語。

是的，良知也能偷！一個清脆的女中音在身旁響起，小男孩嚇了一跳，我也血脈賁張一回頭，死人陸小曼居然從地上坐了起來。

很俊秀的一張臉啊！

玩什麼把戲？我擦了擦自己的眼睛。

這是對一個公民良知的測試！陸小曼嘻嘻一笑，像給她證明似的，兩個人扛著攝像機小跑過來。

一個道德滑坡的年代！陸小曼歎了口氣，從凌晨到現在，走近我身邊的只有兩個人，一個他，一個你！陸小曼用嘴呶了呶小男孩和我，總算沒讓我失望！陸小曼歎了口氣，及格率百分之五十，說明我們的民族還有希望。

是嗎？我冷冷一笑，那些形同陌路的人可以忽略不計嗎？

陸小曼咬了唇，這場測試有個範圍，以走近我身邊的人為例。

我點頭微笑，也就是說，你對這個社會還充滿希望！

是的，因為有你！陸小曼說這話時眼裏亮光大熾，可我卻沒跟她對視的意思，我心裏在盤算另外一件事，之所以我走近陸小曼並不是我打算施以援手，僅僅是因為我好奇。

一個人有點好奇心，很正常！一個男人對一個躺在地上的妙齡女人有點好奇心，就更正常了！

陸小曼開始隔三岔五找我了，她在電視臺上班，有的是時間，哪怕是玩她也可以扯上採訪的由頭，理直氣壯的！

她說我是一塊可以攻玉的他山之石，結果就攻上了我的床，我沒有拒絕陸小曼，拒絕一個女人的激情是沒有良知的！我私下裏這麼認為。

一次酒後，陸小曼對我說，事實證明，她的測試是正確的，為了這百分之五十的及格率，她決定嫁給我！

我說那我不得一輩子接受你的測試麼？

怎麼，不願意？陸小曼睜大了眼睛。

那樣，我會一不小心成為聖賢的！我故意歎出一口長氣來。

瘋夠了，陸小曼一拉我說，送我去台裏吧，今晚還要做一期節目呢！陸小曼上了我的全裸自行車，夜晚的街道冷清清的，我迎風打了個寒戰，陸小曼不打，整個人貓在我背後。

遠遠的街燈下，一大幫人圍在一起看熱鬧，有罵聲傳出來，我叫你偷！跟著是清脆的耳光和尖利的叫嚷，我衝陸小曼打聲招呼說，繞道走吧！

陸小曼說，看看是怎麼回事？

我撇了撇嘴說，能有怎麼回事，逮住小偷了唄？

這次像給我證明似的，喊打喊殺聲一波波高漲起來，一把沒拽住，陸小曼鑽了進去，拳頭皮鞋都落在一個人的身上，居然是上次要拿走陸小曼手機的那個小男孩。

該打！我從人群外喊了一聲，屢教不改的狗東西！

於是拳頭由先前的兩雙變成了五雙，皮鞋也由先前的兩隻變成了十隻。

陸小曼到底從人群中鑽了出來，不過身上掛了彩，那個小男孩躲在了她的腋下。

我真心疼小曼啊，平常連我都捨不得動她一指甲，我氣哼哼衝那小男孩就是一腳，都是你他媽給害的！

陸小曼一怔，看我的眼神一下子暗淡了，她說，你走吧，我自己去台裏！

完了把我一人攔在了街頭，直到手機短信鈴聲把我喚醒，我漫不經心打開短信，是陸小曼發來的，上面只有一個阿拉伯數字，「0」！零有兩種說法，一是從頭開始，一是什麼都沒有。

是說我的良知嗎？我有點不熟識地看了看螢幕上顯示的陸小曼三個字。

請你穿上睡衣，好嗎

對面有陽臺，陽臺上有人，從門衛室望出去，小區內別墅的陽臺幾乎都在視線之中，只要他願意。

門衛室四面都有寬大的玻璃窗，早上，陽臺上有甩胳膊蹬腿做深呼吸的男人，也有敞著睡衣對著小區草坪俯身梳妝的慵懶女人，但對面陽臺上這個女子讓他吃了一驚。

幾乎想也沒想，他一頭彈出了門衛室。

女子很年輕，住這兒的女子都年輕，但女子只穿了件文胸和一條內褲在陽臺上，內褲上蕾絲的花邊都纖毫畢現，如果你視力尚好的話！

衝到陽臺下，他卻不知如何開口了，仰頭，眼裏除了窘迫，還有一絲羞澀。

有事嗎？她停止了梳子的滑動，好奇地盯著這個喘氣不勻的保安。

小姐，請你穿上睡衣，好嗎？他想捂自己的嘴可來不及了，人家會怎麼想啊。

女子不說話，顯然這一句提醒不在她意料之中，她微微張開了口，眼裏露出一絲迷惘。

是，是這樣的……他急急撓了下頭，如果你沒結婚，那就回去加件衣服，女孩子啊，重要的是名聲，瞧，人家都在看你呢！

女子心裏一動，還是不說話，用手指輕輕從梳齒上撥了一個來回，有清脆的齒音落下來，在他心裏咚咚作響，如果你結了婚，也請你回去加件衣服，這個樣子太張揚，會影響你們夫妻的感情！他口乾舌燥說完這番話，一轉身，跑了！

她笑笑，把目光烙在他背影上，直到那背影沒入門衛室，並拉上了厚厚的窗簾。

想一想，轉身進屋，再出來時，她的身上多了件睡衣，絲質的，明眼的人依然能看個纖毫畢現的！她知道他在看她，那窗簾角悄悄動了一下，她惡作劇地衝隱在窗簾後的他揮了揮木梳，那窗簾刷一聲又抖了一下。

她的視力也不錯的，呵呵！

因了這個保安，她整個一天心情都不錯。本來，這個月末是她最難挨的日子，因為他從香港要過來了。

千萬別以為她是二奶，是香港男人籠裏的金絲雀。那個香港男人，怎麼說呢？一個沒有家室的男人，男人在報上登了一則啟事，希望有一個女孩陪他走過生命最後的日子，這個身患絕症的男人對塵世中最後的一絲眷戀讓她深深觸動，她想起了自己的大哥，大哥一輩子沒享受過女人的溫存，臨終時拉著她的手只說了一句，小妹，你能吻吻我嗎？

作為家中唯一的女性，她拒絕了大哥，大哥死後眼睛一直未能合上，他是死不瞑目啊！

她實在太怕大哥肝腹水晚期死灰色的臉龐了，而報上的這個男人，那雙憂鬱的眼神，簡直就成了大哥的再版，至於男人後面的附加條件——贈予全部家產！她反倒忽略了，眼下，她並不缺錢，一個單身漂亮的女子，討一份生活並不艱難！她認為。

香港男人是個很紳士的男人，沒讓她有半分難堪，他只求回到她這裏，有一份家的溫暖，有口水喝，有碗飯吃，有件衣換……至於女人，他不缺！在香港那樣的地方，誰要說缺女人，未免過於矯情。

過了今夜，香港男人將一文不名，從他的身體狀況來看，他也熬不了多久，他說過，不想一個人冷冷清清躺在醫院的太平間，有個女人送他，清明節那天，他才能夠記得回家的路。

她一直在陽臺上坐到了黃昏，才看見香港男人孱弱的身影，男人是被別人抬上樓的。

喝了一口她熬的小米粥，他表情愈加痛苦，他拍了拍旁邊的沙發，示意她靠他坐下，她順從地坐下。他有氣無力地抬了下胳膊，意思是想擁著她，她偎過去，臉貼在他胸脯上，隔著一層單衣，她幾乎感受不了他的心跳，還有溫度。

時光就這麼一分一秒地滑過，忽然他的呼吸急促起來，眼裏亮光大熾，她聽見他一字一句地說道，小妹，你能吻吻我嗎？

話音剛落，她的紅唇迎了上去，那是怎樣冰涼的嘴唇啊！唯有落在她臉頰上的兩滴淚，是熱的！背後摟著她的那只手在她的慟哭中輕輕滑落下來，輕輕的，怕驚動了她似的。

第二天早上，她站在陽臺上，看著殯儀館的工作人員來來往往忙碌著。抬起頭，她一眼從門衛室拎出了穿著保安制服的他，不過他自始至終站得很筆挺，筆挺得連眼光半分都沒掠過她臉龐一下。

她身上只穿了件文胸，還有那條蕾絲花邊的內褲，她很想看見那個保安急匆匆跑過來，語無倫次地提醒她，小姐，請你穿上睡衣，好嗎？

可是沒有，草坪下空空的，陽臺上有風吹過，一件睡衣不知什麼時候從背後旋了過來，無巧不巧地裹住了她。

缺口

　　給生活打開一個缺口，是王竹麗步入三十歲來最夢寐以求的願望。

　　缺口，哪怕是小小的，針尖大的那麼一個缺口，像黑暗中的一線微光，就足夠了！這樣說，並不說是王竹麗就生活在水深火熱中了，相反，王竹麗的日子過得很悠閒，甚至可以用優雅一詞來肯定王竹麗的生活質量。

　　問題是，王竹麗是個有思想的人，優雅的生活並不能讓她的思想停止運動，相反的，是加劇了運動。

　　眼下的王竹麗百無聊賴地翻看著大學期間沒捨得扔掉的一本書，書中一枚楓葉的標本引起了她思維無盡的擴展，曾是怎樣蔥蘢的一片楓葉啊，暗紅的葉面，水分充盈的脈紋！歲月卻硬生生從它身上打開缺口，將它風乾成一片可以看透紋路的標本，了無一絲生氣。

　　誰將成為打開她生命缺口的那個男人呢？王竹麗望著鏡子中的自己發呆了，是丈夫，抑或是孩子，不得而知？

　　自己蔥蘢的面容將會衰敗，或者風乾成什麼樣子？王竹麗心裏打了一個冷戰，如風中飄零的落葉，還是雨中殘敗的芭蕉？王竹麗不敢往下想了！

　　丈夫是什麼時候回來的，王竹麗不知道，她只知道自己很不滿地站起身來，說了聲，明天，我也去上班，你給我安排一下，要不，我自己找事做也可以！

　　丈夫是一家公司的老總，安排一個人是沒問題的，但丈夫很奇怪，好端端的怎麼想起上班來了，那孩子誰帶？

　　孩子？王竹麗冷笑一下，孩子可不是我一個人的，我也不是孩子專職的保姆！

　　這話很嗆人，丈夫沒任何心理上的準備，丈夫怔了一下，走過來，攬住王竹麗的肩頭，怎麼啦，不舒服？

　　很舒服！王竹麗不領情地掙脫丈夫的手，只想為自己活一回，不行嗎？

　　難道你不是為自己在活嗎？丈夫愈發不理解了。

　　不是，我現在是以你為圓心，以兒子為半徑畫弧，我只不過是那根弧線而已，屬於外線作戰！王竹麗振振有詞。

　　你是說，你也想成為圓心？丈夫恍然大悟了。

　　是的，圓心！王竹麗重重點頭。

　　那很簡單！丈夫大手一揮，給你五十萬，自己做個項目試試當圓心的感受。

　　王竹麗的圓心始於她的花店，丈夫在鬧市區為她盤了一個門面，王竹麗說孩子就交給你三年了，我帶了三年，該你外線作戰了！

丈夫不用外線作戰，他安排公司的女秘書去接送孩子，他有自己的事業。

置身於鮮花叢中的王竹麗整個人都光鮮起來，逛她花店的男人也明顯多了起來，王竹麗喜歡那些男人用欣賞的眼光看自己。那眼光，有熱情奔放的，讓王竹麗能感受到玫瑰般的紅，有沉靜含蓄的，讓王竹麗想到馬蹄蓮的黃。總之，王竹麗對色彩的感覺一下子明朗起來。那天，在擺弄一束芙蓉時，王竹麗還信口來了一段，芙蓉花發滿江紅，盡道芙蓉勝妾容，昨日妾從堤上過，如何人不看芙蓉！王竹麗想，這個時候，丈夫要是來選上一束芙蓉送給自己，該是何等的浪漫啊！她一定會像新婚之夜在月光下盛開成一朵滿江紅的芙蓉的。

想到丈夫，她才回想起來，因為忙著打理花店，她半個月沒看見丈夫了。

挑了一束芙蓉，她去了丈夫公司，門衛告訴她，經理去了海南。

海南有天之涯呢！王竹麗想起來，丈夫曾一次醉酒後興致勃勃地說過，有機會一定帶自己去趟天涯海角，可惜，眼下孩子小。

託管嗎，倆人都不放心，對，孩子呢？王竹麗一念及此，去了幼稚園，孩子倒還在幼稚園，每天仍由那個女秘書接送，只不過，孩子的頭顯然三天沒洗過了，頭上有一股汗餿味。

王竹麗可是每天為孩子洗一回頭的啊！

王竹麗的淚水流了下來，那束芙蓉在她的手忙腳亂中墜落在地，碎成一攤紅泥。

丈夫是在千里之外接到王竹麗的電話的，王竹麗什麼也沒說，只是一個勁地哭泣，兒子也不說話，只是一個勁地哭著叫媽媽。

這樣的缺口，讓王竹麗的淚決了堤。

丈夫是從海南飛回來的，飛回來的丈夫只說了一句話，其實，在我心裏，你才是真正的圓心呢！瞧我，外線拉得夠長了吧，可你一個電話，我不又回到了起跑線？

王竹麗從包裹掏出花店鑰匙，那個門面，你把它轉了吧！

說了這話，王竹麗轉身去看鏡子，鏡子那張臉依然很蔥蘢，是打上底色的那種蔥蘢呢，很葳蕤的那種蔥蘢，不透一線微光的那種蔥蘢。

這蔥蘢很嚴實啊！王竹麗忽然就歎了口氣。

丟手絹

凡玉總能無巧不巧地碰上汪洋，包括她這回離婚。

一個包裹揣著離婚證的女人，是不想碰見任何人的，尤其是熟悉自己的男人，或者，自己熟悉的男人。

汪洋算不算熟悉自己呢？當然算，因為自己也熟悉他！

像小時候在路上栽了個大跟頭，鼻子不是鼻子臉不是臉地從地上爬起來，還沒來得及揮乾淨身上的灰塵呢，一抬頭，鄰家的哥哥正衝自己伸著舌頭做著鬼臉。

汪洋可不就是凡玉鄰家的哥哥？這麼一說，你就明白了，兩人從小一塊穿開襠褲長大的，可惜，沒能青梅竹馬，凡玉這時的狼狽與尷尬就可想而知了，儘管汪洋沒有做鬼臉。

離了？汪洋用眼神詢問她。

離了！凡玉點了點頭，嘴唇緊咬著。

離婚是一種覺悟呢！汪洋忽然沒頭沒腦來了這麼一句。

新鮮！凡玉瞪了一眼汪洋，這麼說你一直單身是因為你不想犯錯誤了？

汪洋的眼亮了一下。

這一亮讓凡玉想起他們小時候玩過丟手絹的遊戲來。

每次輪到汪洋丟手絹時，當小朋友們還在唱著丟啊丟啊丟手絹，輕輕地丟在小朋友的後邊，大家不要告訴她時，他已把手絹丟在了凡玉的身子後面。

差不多每次的結局都是汪洋被凡玉識破把戲，因為他的眼睛在丟下手絹的一剎那總會無端地亮一下，這一亮讓凡玉看出了其中的奧秘。

莫非，他眼裏還有什麼奧妙不成？凡玉自覺不自覺地把手探向背後，背後空空如也，兒時的手絹早已藏在了記憶的深處。

找個地方坐坐吧！汪洋說。

酒吧，怎麼樣？如果你願意陪我喝一杯的話！凡玉說。

借酒澆愁啊！汪洋笑，不怕我乘虛而入？

殘花敗柳一個！凡玉苦笑，只想麻痹一下自己的神經，愁不愁的已無人在意了，你入了又如何，也只能是入寶山而空手歸！

汪洋不說話了，默默跟在凡玉身後。

動力火車演藝酒吧內，凡玉開始一杯趕一杯往嘴裏倒啤酒，灌得暈暈乎乎的，反正，沒人在意一朵即將凋零的花兒的，她用不著孤芳自賞。

朦朦朧朧中，汪洋也不知去了哪兒，去哪兒用得著在意嗎？酒吧，本就是一個放縱自己情感的地方。

看著周圍嘈雜的人影在重金屬的打擊樂中瘋狂扭動，凡玉忽然非常懷念兒時那個丟手絹的遊戲來。

每次丟手絹，總有那麼一個女孩會成為男孩們關注的焦點，而焦點就在手背後那塊手絹，那時她的心思太淺了，淺得只能淹沒自己的腳面，為什麼不曉得把笑容舒展成汪洋眼裏那朵不勝嬌羞的水蓮呢？

那樣，婚禮上擁著自己的就該是汪洋了啊！是因為今天的巧遇，還是紮根靈魂深處的那抹潛意識，不得而知。

誰肯為自己再唱一次丟手絹呢？凡玉淚眼迷離地抬起頭，一束燈光正打在她頭上，像從歲月深處傳來的天籟，那段耳熟能詳的旋律迴響起來，丟啊丟啊丟手絹，輕輕地把它放在小朋友的後邊，大家不要告訴她……

凡玉就在這旋律中手足無措起來，條件反射般把手伸向了背後，背後是酒吧的廊柱，她的手不小心碰響了廊柱上的按鈕，燈光刷的亮了，汪洋正握著麥克風站在她面前，眼光亮得她心裏發慌。

這回，你沒識破我吧！汪洋眼裏透出一股得意。

是嗎，可我背後一無所有啊！凡玉望著汪洋，汪洋望著身邊那個女服務員，服務員手中端著一個水果拼盤。有的！汪洋指著拼盤裏一片心形的蘋果說，二十年前我就把它放在你身後，可能是被歲月埋得太深了，今天我只想把它牽扯一下！

是怎樣的一種牽扯啊！凡玉的心裏疼了起來，扯著骨頭連著筋的那種疼痛在心頭彌漫開來。

面對汪洋伸出的雙手，凡玉不說話，腦海深處迴盪的是那首丟手絹的最後一句，快點快點抓住他，快點快點抓住他！

幸福真的就一直放在我身後啊！可是，我撣乾淨身上的灰塵了嗎？這樣伸出手去，會不會倉促了點兒！沉思中，凡玉縮回了已經伸出去的那雙手。

午夜的風鈴

　　她起床，摁亮了臺燈，看看時間，正是午夜時分。光線很朦朧，但也足以把她的軀體展現在壁櫃的試衣鏡裏。她用目光把鏡子裏的自己撫摸了一遍，目光很軟，帶有愛憐的那種溫軟，這一點，自己的每一寸肌膚都感受到了。

　　她一向習慣裸睡，這習慣，是跟丈夫分居兩地後養成的，度蜜月那會，她倒是每晚要穿著睡衣才能入夢，哪怕是炎熱的苦夏。

　　眼下正是夏天，不過是初夏。想到初夏這兩個字眼，她不由得抬頭看了看鏡子裏的那張臉，才不到兩年，鏡子裏滿臉顯山露水的青春就沒了。

　　門外的風鈴響了一下，不是幻覺吧，她的心被這一響滋潤了，赤著腳穿過客廳，打開貓眼，外面空空的，那個人是不會再弄響門外的風鈴了。她苦笑了一下，思緒回到了那個初夏。

　　那時她剛嫁了人，又喬遷了新居，他是鄉下進城務工的一名油漆工。她說趁丈夫出差了，你把婚床給我換個漆，要藍色的！他怔了怔，說，紅色很喜慶的啊！

　　她咬了咬牙，居家過日子，還是多學會思考的好，就藍色了，藍色代表思考！

　　可紅色代表嚮往呢？他插了一句嘴，這話是他給咖啡屋做活時跟人學的，他還知道橙色代表浪漫，這女人咋那麼不浪漫呢，要把婚床漆成藍色。

　　女人眼睛很亮地看了他一眼，跟著又暗了，從一結婚，她就沒嚮往了。自己在婚後接過一個女孩子的電話，女孩子只說了一句話，他的愛情已被她提前收割了，你現在嚮往的，是二個，在他心裏，永遠沒有頭一個了。是的，他心裏永遠沒有頭一個了！這從他進入她身體時那絲恍惚可以感受到，她自認為是個細心的女人，她還注意到搬了兩次家了，門上的那串風鈴他始終沒捨得扔掉，毋庸置疑，他早已在別人的夢中千回百轉了！

　　按她的吩咐，他把婚床給認認真真重做了一遍油漆，可是卻沒拿到一分工錢。女人丈夫調動，提前回來了，看見婚床變了顏色，勃然大怒之下，賞了油漆工一嘴巴。鄉下人儘管本分，但打人不打臉，本分的油漆工把手中刮膩子的刮刀紮在了她丈夫手背上，然後，奪門而逃了！

　　這一點，是她回家後才曉得的，丈夫沒有報案，皮外傷而已，她只是靜靜地看了丈夫一眼，便對著那架藍色的婚床發起呆來，那一刻，她的心裏滴了血，為那個受了委屈的小漆匠。

　　門外的風鈴那天響了很久，出事時沒有起風，起風的是丈夫那顆心。她的心也有漣漪，漣漪的中心最終出現了一雙眼睛，很靦腆很無辜地望著她，是油漆工的！

油漆工叫成子，這名字是那雙眼睛盯了她好久後才想起來的。

丈夫當天就辦好手續調到了另外一個城市。她沒有送他，去了，只會讓自己尷尬，有另一個女人在那個城市等他呢！一個人在房間裏呆了半夜，風鈴居然又響了，以為是丈夫又回來了，她去開了門。

撲通一聲，那個油漆工跪在了門外，那雙無辜的眼衝她叫了一聲姐。

姐，我一天沒吃飯了，你弄我吃飽了再叫人來抓我！

她回過頭，才想起他的行李和家什還在客廳一角靜靜等人發落呢，他身上，只有一件背心和一條油漆斑斑的沙灘褲，一文錢難倒英雄漢，何況他還只是個進城討生活的民工，一般人是不會選擇自投羅網的。

她讓他進來，煮了兩碗速食麵，看他狼吞虎嚥地吃了，他的吃相粗魯得讓她心裏生出一片愛憐來。完了，她衝他點點頭，洗個熱水澡吧，休息一晚上，明早我把工錢結給你！

她是在他洗澡時走進衛生間的，她白皙豐滿的軀體讓他眸子發直，直得手足無措而不知所以。她輕車熟路地引導他進入了自己的身體，她以為他會興奮得像電視上那些男人樣嗷嗷大叫的，然而她錯了，因為他的眼淚一滴滴滑落在她的胸脯上。

姐，怎麼是這樣子的呢？這是那天晚上他進入她身體後唯一說過的一句話。應該會是什麼樣子的呢？她當時心裏恍惚了一下，莫非，他也是別人百轉千回的一個夢？一念及此，她下了床，壁櫃上的試衣鏡裏，她顯山露水的青春碰響了門外那串風鈴。

他是在天沒亮時出的門，她給他的工錢就在床頭櫃上，他一分未動。

倒是門外的風鈴，無端地少了一串。

偶爾，她會在半夜驚醒，全裸著穿過客廳，把耳朵貼在門後把眼睛貼在貓眼上作一番屏聲靜氣地凝聽。

封口

　　這是一個速食生活的年代！李文遠把即溶咖啡衝好，遞給於小菲，瞧瞧，連咖啡都是即溶的！於小菲笑笑，接過咖啡杯，用兩根蘭花指掂起來，對著光一遍又一遍地掃描，完了掃描出這麼一句話來，速食生活就一定要速食愛情麼？

　　李文遠低了頭，臉漲紅了，嘴裏囁嚅出一句話來，我說過要速食愛情麼？我只是提議，去山頂野營一回，現在不是流行野外宿營麼？

　　于小菲喜歡看李文遠的窘樣兒，有點小女生的味道，於小菲就又調侃了一句，現在還有流行感冒呢，是不是我也要感冒一回才跟上潮流了啊！

　　話沒落音，於小菲就忍不住啊啾了一聲！

　　李文遠嚇一跳，從椅子上彈起來，真感冒了啊你！

　　於小菲拿手虛空點了一下李文遠額頭，當我是紙人兒啊，風一吹就感冒？

　　李文遠狡笑了一下，是不是紙人兒我不知道，但你是紙老虎卻板上釘釘了。

　　為什麼說我紙老虎？於小菲不服氣。

　　上山野營都不敢，不是紙老虎是啥？李文遠激將說。

　　於小菲就意味深長地笑，說有進步啊李文遠！行，今天就依你，上山露營一回，看你要什麼花樣？

　　李文遠是耍不出什麼花樣的！於小菲可以武斷的肯定。

　　心裏雖說肯定了，於小菲上山時還是帶了一瓶麻醉劑，假如李文遠想速食一口怎麼辦啊，畢竟是一個未娶一個未嫁，於小菲骨子裏很傳統的。

　　這與她的職業有關。

　　於小菲是做古籍管理的，一般情況下，她管理的那些古籍全都貼了封口，幾千年的古書，翻一次就會被時光侵蝕一次，有什麼東西經得起歲月的侵蝕？只有梁祝那樣的愛情可以吧！

　　于小菲知道，梁祝的愛情在如今翻版的機會成了零，但她想，試著接近這麼純粹的愛情應該不難吧！

　　人家同窗共寢整十載都能守身如玉的，自己和李文遠就野營一回，應該能相安無事吧！兩人趕在夕陽滑下山頭時紮好了帳篷，居然是兩小頂，於小菲伸了伸舌頭，她以為李文遠會要求和自己同一頂帳篷的。

　　畢竟，兩人也談朋友一年了。

　　換別人，早就一個鍋裏吃飯，一個屋簷下進出了！

　　收拾完畢，兩人先看月亮。

　　李文遠說，月光可真厚啊！

厚？怎麼講，於小菲第一次聽人這麼用詞在月光身上。

增廣賢文不是說了嗎，古人曾見今時月，要不厚，能從古照到今？李文遠解釋。

那它應該叫薄才對！於小菲一撇嘴，古詩說它重重簾幕密遮燈的，不薄怎麼能穿透重重簾幕呢？

李文遠一下子啞了口，鬥嘴可是於小菲的強項。

於小菲就實實在在點了他一額頭，做人要厚道，不厚此薄彼才行！

李文遠委屈萬分說，我從不厚此薄彼啊！

于小菲眉眼裏全是笑，還不厚此薄彼，我看見你給我帳篷是鋪了兩層被子，而你那邊什麼也沒有！

李文遠眼裏就亮了，於小菲這是心疼他呢！剛要得意，於小菲臉色忽然一變，老實交待，是不是故意這樣下的套，半夜裏藉口冷，想暗度陳倉啊！

李文遠立馬嚇得一迭聲地辯解，哪能！哪能呢？

於小菲卻不聽解釋了，一躬身鑽進了自己的帳篷，拉上篷口的拉鏈。

其實這拉鏈於李文遠只是個擺設，他要進來是沒人能阻攔的，於小菲把那瓶麻醉劑放在枕頭下，想想，掏出一圈寬透明膠，在拉鏈四周嚴嚴實實貼了一遍。

有了這樣的封口，李文遠真有點什麼不軌她也來得及防範。

忙完這一切，於小菲心滿意得拍拍手鑽進了被子裏，夢很快彌漫了她，月光在夢裏鋪滿了一層，是怎樣的一片金黃啊，《化蝶》的旋律一波一波在月光中擴散開來。

啊啾！一個響亮的噴嚏砸進於小菲的夢中。

於小菲縮了縮肩，山裏的寒氣這麼重，這是她不曾料想的，側耳過去，李文遠的噴嚏沒了，一聲趕一聲的鼻涕聲壓抑著，顯然是李文遠怕驚擾了她的美夢。

呆子，咋就不曉得鑽過來呢？一步之遙的事啊！

於小菲摸出手機來，給李文遠發短信，一步之遙了，我聽見花蕾含苞的聲音，在枝頭綻放！

李文遠回得很快，雁正南飛，我以一枝菖浦為信物，在你的門前守望！

於小菲笑了笑，繼續發，聽人說，生活可以速食，愛情不能冷凍！

李文遠也笑了笑，繼續回，愛情是不能冷凍的，但可以貯藏！

於小菲眼裏一熱，梁祝的愛情不也是貯藏了千年之久的傳說麼？她悄悄爬起來，一圈圈撕透明膠，能貯藏的愛情不可以封口的，不然，拿什麼貯藏！

封口撕完，於小菲想起一句話，山不過來，我就過去！她知道，以李文遠的個性，凡是承諾下的事就不會改弦易轍。她抱起兩床被子，赤足就往李文遠的帳篷裏鑽，滿以為，李文遠聽見她的聲音應該悄悄抱住她輕輕給她一個吻的，沒料到，李文遠正在專心致志往嘴上貼一塊寬大的透明膠。他是想封了自己的口，不讓噴嚏聲乾擾她睡覺呢！

於小菲的淚一下子飛了出來，淚光中，兩隻蝴蝶一左一右在眼前翩躚，一隻是她於小菲，另一隻，當然是李文遠。

已婚

　　中年女人朝印章哈了口氣，認了認方向，把印章對準照片的右下角，一手按在另一手的背上，使勁按了下去。

　　其實哈氣只是一種習慣，如今的印章都是自帶印色的，很先進，哈氣不哈氣都無損於顏色的深淺。

　　丁一文的臉色深了些，是白裏透紅的那種深，印章落下來時，她的心無端地慌了一下，就這一下，她已經成為已婚婦女了。

　　已婚那一欄眼下寫得很明顯呢！出了門，丁一文忍不住自言自語地嘀咕了一句，就這麼著成已婚了？

　　還想怎麼著啊！陳雄在一邊笑，說，已婚好啊，說完還長歎了一聲。

　　他有長歎的理由，為追丁一文，他差點就心力交瘁了！

　　丁一文卻感覺不怎麼好！這一已婚吧，陳雄口氣都變了，啥叫還想怎麼著？丁一文一直是個想怎麼著就怎麼著的女人。

　　想到這兒，丁一文把已婚證往陳雄面前一推，你夢寐以求的東西，記得收藏好啊！

　　陳雄笑著攬了攬她肩頭，說，我夢寐以求的是你呢！

　　丁一文冷笑，說，是嗎？怪不得你連聲感歎說已婚好呢！

　　陳雄沒聽出丁一文笑裏的深意，信口開河說，已婚當然好啊，可以合法的使用你了！

　　丁一文眼圈就沒來由地一紅，說，已婚對你來說當然好啊，可以不對我百依百順了，當我不知道？

　　陳雄嚇一跳，說，哪能呢？

　　怎麼不能啊，已婚就如同商場的商品，出了櫃檯再退回去就得打折！丁一文撅起了嘴巴。

　　陳雄皺了一下眉頭，好端端的日子，不要無理取鬧了，行不？誰打折了？

　　丁一文不覺得自己在無理取鬧，瞧，蓋個章的工夫，前後才三分鐘，陳雄就敢指責自己了。

　　已婚，換句話來說，就是這個女人不值錢了！丁一文自己給已婚這麼下了定義。

　　下完定義，丁一文嚇了一跳，不值錢的女人？一直以來，在丁一文的印象中，只有李芬芳才是那種不值錢的女人。

　　李芬芳是她後媽。

　　嚴格來說，李芬芳這個後媽是對得起丁一文的，為了丁一文不受委屈，李芬芳一直沒有生育。

這在所有人眼裏，李芬芳的所作所為無一不在證明她是個不值錢的女人。

一個不醜不傻的女人幹嗎要這麼下賤自己呢，丁一文一直沒能想透。

沒想透也不要緊，從今往後，李芬芳將會離自己越來越遠，遠到天邊也無所謂，反正，她不是自己的親媽，親媽不也是遠了那麼多年嗎？

三歲時，丁一文的媽死於一場車禍，丁一文對媽的唯一印象是那輛車輪下血肉模糊的一張臉。

陳雄悶悶不樂跟在丁一文後面，他搞不清自己哪一點冒犯丁一文了。

領了證，按規矩得向丁一文父母彙報一下，順便把婚期定下來。

丁一文的爸媽是早有準備的，見他們回來了，一個下廚房做飯，一個給他們發喜糖。

丁一文說弄反了弄反了，爸，歸我們請您吃糖的！

爸盯了一眼陳雄，拍了拍陳雄肩膀，對丁一文說，領了證，就步入已婚的行列了呢，已婚好啊！

好什麼好，已婚的女人不值錢了，您知道不？

爸一怔，說，什麼歪理啊你這是，在別人眼裏，你或許不值錢，但在陳雄眼裏，你是無價寶，知道不？

無價寶？才不是呢！丁一文吸了一下鼻子。

你想啊，陳雄累了指望誰，餓了又指望誰，渴了還指望誰，病了能指望誰？不都是你嗎！

那我不成全職保姆了？丁一文嚇一跳。

爸說是啊，男人是家庭的支柱，不好好護理著，風侵了雨蝕了，一個家能撐多久呢！再風光的男人，在家就成了孩子，得靠老婆哄著，護著，寵著，完了拿嘴一呶廚房，就說你媽吧，這麼多年，要沒她，我們能過得那麼安適？光鮮？

其實，你媽年輕時也很光鮮的！丁一文的爸長歎一聲，說，跟了我她才不芬不芳了，要不然，多少男人排隊追她呢！

您是說，已婚對一個男人是很重要的？丁一文眼裏亮了起來。

尤其對陳雄！爸笑著拍了拍手，我得幫你媽下廚了。

丁一文咬了咬唇說，爸，我來吧，我去給媽打下手！

你，行嗎？爸一怔，有點不相信地看著她。

行的！丁一文眼圈又一紅，多少年了，她還沒叫過李芬芳一聲媽呢！

進了廚房，丁一文輕輕繫上圍裙，走上前，接過李芬芳手裏的鍋鏟說，媽，讓我來吧！

已婚好啊！媽這聲稱呼可是打李芬芳已婚後一直期待的呢！淚順著李芬芳臉龐滑落下來，有兩滴砸在丁一文手背上，很燙，很溫暖！

以前，咋對李芬芳的淚沒一點感覺呢！為爸爸和丁一文，李芬芳沒少受別人的冷言冷語，夢裏都曾哭醒過，這一點，丁一文雖說不關心，可也再清楚不過。

溫度

剛在QQ上掛上我在冬眠四個字，就有人跟我打招呼了，是一條蛇，青蛇。

青蛇問我，你也是蛇麼？

我說，不是！

那麼你一定是青蛙了！青蛇肯定地說。

女人一貫相信自己的直覺。

我笑了笑說，也不是！

那你幹嗎還冬眠？青蛇發過一個生氣的表情。

你的意思是，除了蛇和青蛙就沒什麼需要冬眠的了？我嘲諷她說。

不是嗎？青蛇反問我。

我再次嘲諷，比如說癩蛤蟆比如說刺蝟。

青蛇發過一個嘔吐的表情說，怎麼淨是讓人起雞皮疙瘩的東西啊！

我點出一個齜牙的表情，蛇會起雞皮疙瘩？

會？青蛇說，比方說見了許仙那樣的男人。

我一下子就明白了，這條蛇還在為她姐姐白蛇鳴不平。

呵呵，我說，現實中很多許仙的！

你是嗎？青蛇問。

我決定開她的玩笑，我是法海！

難怪你要冬眠？青蛇忽然笑了，像法海那樣的男人只配冬眠的。

為什麼？輪到我糊塗了。

一個把情和愛埋葬了的男人不冬眠又配幹點啥？青蛇反過來嘲諷我了。

他埋葬了情和愛嗎？我覺得她這話很值得推敲。

是的，你想啊！青蛇說，他在萬千紅塵中幹嗎偏偏盯上白蛇！

這我倒沒想過，一時語塞下來。

青蛇說，原因很簡單，他喜歡上了白蛇。

呵呵，滑天下之大稽呢，法海喜歡上白蛇？我笑。

那我問你，他若不喜歡白蛇去保和堂佈施的當天就可下手擒拿的，為什麼一拖再拖？

他是怕傷及無辜吧？我想了想回答。

一個保和堂，能有多少無辜？青蛇冷笑。

也是啊，比起後來的水漫金山，保和堂區區幾個病人，能算無辜麼？他一定是怕打草驚蛇！我說。

錯了，他正是為了驚蛇！青蛇振振有詞說，你用點腦子想想，妖也好仙也好都是有法術的，法術不就貴在一個意通心通麼？

這倒是事實！我無言以答了。

他糾纏白蛇，說到底，只是展示強者的風采而已！青蛇做出一絲不屑來。

強者的風采？我把這話複製過去，打上問號。

不是嗎，任誰都能看出許仙在法海面前的無能與懦弱啊！青蛇繼續發揮，你們男人不是喜歡以征服世界來征服女人嗎？

我啞然了，法海真的是想通過這些手段來征服白蛇？

是的！青蛇再次肯定。

他一次一次征服白蛇，糾纏白蛇，為的就是讓白蛇厭他恨他！青蛇說得咬牙切齒。

厭他恨他，沒理由啊，我說，那條白蛇只會離他越來越遠！

你到底不是真法海！青蛇歎口氣，法海要的只是這厭與恨所產生的溫度。

厭與恨能產生溫度？我奇怪這言論，產生了又如何？

當然能啊！青蛇說，產生了溫度才可以幫助他走出冬眠啊！

法海有過冬眠嗎？他那是靜坐！我反駁。

我是說法海的愛情冬眠了！青蛇有點不耐煩了，跟靜坐無關的！

那倒是，做和尚的萬念皆空，愛情不冬眠似乎說不過去，我仔細想了一下說。

所以我討厭許仙！青蛇口氣有點落寞了。

你是說，許仙明明知道法海別有用心卻置若罔聞？我邊尋思邊敲出這麼一句話。

很不男人是不是？青蛇問。

那法海也未必是真男人啊！我笑。

怎麼不是？青蛇急了，你知道的，他手裏那只缽足以將任何妖收進其中，可他單單只收了白蛇！美麗善良的白蛇。

這是個不爭的事實！我沒話可講了。

而且他還建了塔將白蛇困鎮其中！青蛇說，與金屋藏嬌異曲同工啊！

難道，女人都希望被收進缽內藏身寶塔麼？我有點莫名所以了。是的，法海要收白蛇，早就收了，為何單單要糾纏那麼久，只有一個解釋，他愛上了白蛇，或者說白蛇令他走出了冬眠。我忽然明白了，法海鎮住白蛇後為什麼要坐化在雷峰塔前，僅僅為一條蛇妖是不需要作出如此犧牲的，法海是為了能和心愛的白蛇一起經滄海桑田，歷海枯石爛。

遇上這麼一個愛我的男人，那缽就是天堂，那塔就是天上人間！青蛇幽幽打出這麼一句話後，就悄無聲息隱了身。在強勢的男人面前，再優秀的女人都希望在他懷裏開成一朵低矮的花的！這話一點也不摻假。我沒隱身，我把滑鼠點了點，眼前出現一個女人的身影，我妻子！是不是也該給她一個缽或者一座塔呢，儘管我們正在鬧離婚。

走出冬眠是需要溫度的！想起自己一貫對妻冷冰冰的態度，我的心猛地一驚。

給我一個春天

不打算見見我嗎？給我一個春天問我。

給我一個春天是我的網友中，年齡最小的一個，女性。

我笑了笑，說，正在納入議事日程呢！

呵呵，自我感覺良好啊！還納入議事日程？給我一個春天發過一個譏諷的表情。

像俺這種日理萬機的人，要見個小人物還真得忙裏偷閒的！我調侃說。這話不假，我還真的一天要理順一兩萬隻雞，我是一個養雞專業戶，見人的空閒自然少得可憐。

當然，你一定要展示風采的話，我不反對！想了想我敲出這麼一行字來。

一個主動要投懷送抱的人，能風采到哪兒呢？我一向以為女人主動多半是長得不夠自信，完了我順手懶洋洋地點開視頻。

居然，嚇了我一跳，羅敷姑娘的年紀，二十尚不足，十五頗有餘，這些也就罷了，還羅敷姑娘的相貌！

給我一個春天在視頻裏衝我吐舌頭，一股芬芳就撲面而來了，呵呵，我想像的！接著我還假模假樣地在視頻上抽了抽鼻子！

貪婪！她衝我擠了擠眼睛，似乎很得意。

漂亮女孩子大概都覺得天下男人都是應該拜倒在女人石榴裙下的。

我就笑了笑，說，怎麼沒穿石榴裙啊？

給我一個春天這回真的給了我一個春天般的笑臉，說，這麼快就想吻我的裙裾啊！

不吻裙裾能吻什麼，我又不是春風！我也給了她一個微笑，完了我們兩人哈哈大笑，《春風她吻上我的臉》是我們兩人都喜歡的歌曲。

想的美，給你一個擁抱就夠了！她在視頻上伸開雙臂空空地抱了一下！呵呵，就這麼打發恩人的？我提醒她，有點不無妒忌她懷裏的空氣，她沉吟了一下，這麼說，你是想見我的真人了？

是的！我內心忽然有了一個衝動，見她一面，很真實地享受她的擁抱！刀郎在歌裏不是唱了嗎，是你的紅唇改變季節！擁抱完了呢，啥也不說，掉頭就走！我不是那種施恩圖報的人，也不是那種得寸進尺的人，哪怕在網上，我也要做個自律的人。

認識給我一個春天純屬偶然，當時我還是一家網站的管理員，一天收到她的留言，請我刪除一張圖片，一張什麼圖片呢？一張裸照，沒有頭像的裸照，色彩和光線都還不錯，不過我沒細看，那個版塊有專人打理。

她說她是那張照片的主人，因為這張照片，她挨了無數人的罵，那張照片是她

男朋友貼的，兩人為此已經反目成仇，她的生活已經沒有了春天。

我沒能看見她的頭像，只知道有雙可憐巴巴的眼神望著我，我能給她一個春天麼？呵呵，舉手之勞而已！

刪除照片後，我給她留了言，後來就聊上了。

她說我是她的恩人，並吞吞吐吐問了我一句，對那張裸照的看法。

能有什麼看法呢？一個快四十歲的人，多少有那麼點曾經滄海難為水的感受，我就客客氣氣回了一句，當一個人的眼睛是乾淨的，他看什麼都是乾淨的！

她泣不成聲在語音裏問我，你是說，我還是乾淨的？

是的！我在語音中給了她肯定。

再以後，她就對我無話不說了。

網絡讓人坦誠，在某些時候比現實要率真得多！

如果我們碰巧生活在同一個城市就好了！我一定給你一個擁抱！她信誓旦旦在視頻裏對我承諾！

要不，我們做個遊戲？看看我們究竟是緣來緣去緣如水還是有緣千里一線牽！我笑了笑。

行啊，怎麼做？她眼裏也是一亮。

這樣吧，我們把所在城市的名字打出來，同時點發送，我說。

要在一個城市的話呢？她問。

我馬上來見你啊！我笑。

見我做什麼？給我一個春天有點緊張。

你不是欠我一個擁抱嗎？收完賬就走！我做了個擁抱的動作。

就這麼簡單？她不緊張了。

嗯！我使勁點點頭，不想讓你覺得欠我的，那樣你會很累的！

就寫，寫完了我們同時打了個OK的手勢，一起點擊發送。我一下子知道了什麼是無巧不成書，我們真的在一個城市。再一問，我離她單位相隔竟不到三站路。

我去了，因為中午喝了點酒，我表現出前所未有的果斷，她是一家醫院的護士。

病房裏空空如也，她身上有股來蘇水味兒，我說，要不要把門虛掩一下？

她臉一紅，縮到牆角，拿手捋了捋溜出護士帽下的一縷長髮，女人捋髮梢一般只有四個字可以解釋，心有所動！

我沒有遲疑，走上去，輕輕環住她的肩頭，她沒有動，垂下眼瞼，我想了想，在她面頰上輕輕吻了一下說，謝謝你！轉身就要出門。

她咬了咬紅唇，跟出來，悄聲說，酒香比來蘇水味兒好聞！

我停下腳步，歪著頭，說，記得啊，你還欠我一個擁抱！

她把腳尖在地上劃了幾圈，說，等我過二十歲生日那天吧，我加息還給你！

我沒有回答，快步逃離出來。

回家後我在網上給她留下汪國真的一段詩，讓我怎樣感謝你，當我走向你的時候，我只想收穫一縷春風，你卻給了我一個春天！

　　一個擁有春天的人，還苛求什麼呢？末了把她的名字從好友欄裡拉進黑名單，她許諾的那個擁抱，永遠欠著吧！

　　作為一個即將做父親的人，我得給自己兒子先送上一縷春風的！

提醒

我只是提醒你一下！黃玉茹用紙巾擦了擦鼻尖上的汗說，窮不能舍志，富不要癲狂！

何東健在黃玉茹的提醒下癲狂地一笑，說，謝謝你的提醒，振聾發聵啊，我在考慮要不要付你點提醒費，畢竟這是個勞心勞力的活兒！

黃玉茹就忍不住笑了起來，何東健不光有錢，更有幽默天分，這樣的男人，想不惹女人歡心都不行。

黃玉茹承認，兩人相處還算愉快，跟書上所謂的幸福指數應該相當接近了。

但也只是相當。

相當在這兒算是反過來給黃玉茹提了個醒。

提醒歸提醒，黃玉茹在和何東健認識三個月之後還是和何東健零距離了。

一個正常男人，尤其是眼下這個見面就能談上床時代的男人，三個月，實在是漫長的一種等待了，所以當何東健一件一件把黃玉茹衣服扒光時，他忍不住如釋重負的仰天長嘯了一聲。

黃玉茹覺得奇怪，說有必要如此興奮嗎？

有！何東健說當年我追前妻都沒花費這麼多心思！

顯然，在這種場面提另外一個女人是不明智的，但何東健不覺得，那時，他前妻可是黃花閨女呢，黃玉茹絕對不是！這一點何東健敢肯定，就憑黃玉茹能那麼拿捏三個月才讓他攏身這一點，黃玉茹就不該是白紙一張！

偏偏，黃玉茹還就是白紙一張！

白紙一張的黃玉茹就冷冷回了他一句，那你是嫌花在我身上這麼多心思不值得？

沉浸在興奮中的何東健沒發現黃玉茹的情緒已發生了變化，何東健順口接了一句，女人嗎，有什麼值得不值得的，找哪個都得花心思的！

也就是說，在何東健眼裏，她黃玉茹也是個泯然眾人矣的女人。

黃玉茹不想泯然眾人矣，猛然就翻了臉，跟著還翻了身。

何東健就只能草草收兵了！

這黃玉茹犯的哪門子邪呢？何東健有點不解了，以他的身家，要抓黃玉茹這樣的女人還不是像抓片樹葉那麼簡單啊！

可問題是，這片樹葉飄走了。

黃玉茹這樣的女人多，真正的黃玉茹卻只有一個！黃玉茹的特點不在於漂亮，大街上的漂亮女子比皆是，應該怎麼給黃玉茹定性呢？精緻！只有精緻這兩個字才

能配得上黃玉茹。

　　令何東健想不到的是，黃玉茹在各方面都是精緻的，包括她的思想。

　　要不是她思想精緻，能在那麼個場合還想到自己被他何東健泯然眾人矣了？

　　為了不泯然眾人矣，黃玉茹迅速隱了身，躲開了何東健的視線。她知道，以何東健的脾氣和稟性，一定會不遺餘力花大把時間和金錢來找尋她。

　　男人，一旦發現某個女人與眾不同起來，眼裏就會熠熠閃光。

　　黃玉茹不喜歡被這樣的光追逐，有被剝得一絲不掛任人宰割的感覺，黃玉茹喜歡的是另外一種光，溫情而不熾烈，有欣賞有愛憐也有包容。

　　只有這樣，她的精緻才會延伸，這是關係她幸福指數的一個有力保證。

　　黃玉茹沒給何東健找她的機會。

　　她匆匆出了國，去了那個紳士最多的國家。

　　一年後，她回來了，人更精緻了，精緻得就像穿行在陽光下的一個影子，通體的薄透！

　　何東健不計前嫌，為她接風。

　　黃玉茹是個爽快人，她向來對事對人都喜歡乾淨俐落一點，不就接個風嗎？在古時，這也是可以劃為幸福指數之列的。

　　洗塵也好接風也罷，畢竟是雅事！而雅是可以和精緻相提並論的。

　　何東健依然癲狂，說，我有心再花三個月時間來和你零距離接觸，玉茹你得有信心啊！

　　黃玉茹就很矜持地笑，說，怎麼了，比前妻花心思的女人不好找是吧！

　　何東健也笑，說，瀕臨滅絕了呢！

　　黃玉茹聽他這麼笑應該高興的，可無端端地竟心驚肉跳了一下。

　　事隔三個月，當黃玉茹再次被何東健扒光最後一件衣服時，黃玉茹驚奇地發現這一回，何東健並沒有仰天長嘯。

　　黃玉茹覺得有必要提醒他一下，黃玉茹就輕輕掐了一把何東健，說，東健你不覺得興奮嗎？

　　何東健不說話，從手指上退下一枚白金鑽戒衝黃玉茹一晃說，看見沒，這鑽戒裏圈都雕了暗花呢！

　　黃玉茹就睜大了眼睛仔細看，果然，是很瓏玲剔透的那種暗花。

　　精緻嗎？何東健問。

　　精緻！黃玉茹點點頭笑。

　　俅！何東健忽然手一揚，把鑽戒拋出了窗外，花那麼多心思雕出這麼個暗花給誰看啊！完了翻身下床，一件一件往自己身上套剛剛褪下的衣裳。

碎也是一種盛開

打小到大，天香都不顯眼。用她娘的話來說，這孩子一定是念書時跳過了一個詞，什麼詞？出類拔萃唄！女孩子，哪個不想出類拔萃啊！除非她沒半點虛榮心。

如今天香已經為人婦了，那天她給兒子檢查作業，裏面有個成語兒子不會解釋，這個成語就是出類拔萃。天香翻了翻字典，上面解釋說是指德才出眾的人。這個解釋有點含糊，非得德才出眾才叫出類拔萃嗎？那麼像自己一沒德二沒才不是一輩子出不了類也拔不了萃啊。

這麼一尋思吧，天香就或多或少受到了點打擊，難怪兒子動不動就敢跟自己叫板呢？原因很簡單，自己不夠出眾。男人雖然不是德才兼備，但男人能掙錢，當別人還為溫飽努力時，他們家已經小康了。小康好啊，男人走哪都覺得自己高人一頭似的，這跟出類拔萃應該有區別吧，但別人恭維男人時總說老兄真是出類拔萃啊！

眼下，男人拔萃到別的女人身上去了，天香不是不知道，男人算定了天香會委曲求全的，自己不一腳踹了她，已經應該像《還珠格格》裏說的是皇恩浩蕩呢，她謝主龍恩都來不及的。男人就是看這部電視劇出類到一個像小燕子的女孩身上去了！天香不由得想起馮小剛說的一句話來，藝術之美，在使人一頭霧水！演戲之美，在於煽動男女出軌！

天香上網可不是為了出軌，上網也是為了監督兒子她才學的，一個德才不出眾的人並不影響她做一個好母親吧，她得清楚兒子要死要活買台電腦究竟是幹啥，結果，兒子在她監督下還真沒幹成啥，一賭氣把電腦塞給了天香。

天香閒暇時等男人回家時就不無聊了，上網打發時光。在網上，天香也不是出類拔萃的，網名叫啥不好，居然叫俏不爭春，上網的女人可不就為爭個春色滿園。說到春色滿園，天香想起前幾天聊得很上路的一個網友來，那人還真就叫春色滿園。

春色滿園這會兒頭像黑著，俏不爭春試探發過去一張笑臉。

那邊有了反應，說，無事獻殷勤啊！

下面一句話被省略了，天香知道是非奸即盜四個字，這人，咋口沒遮攔呢？

天香就不客氣地回了一句，自己都春色滿園了，還想著出牆的紅杏？

春色滿園笑，呵呵，俺這叫趴在牆頭等紅杏，跟想是有區別的！

天香說，是嗎，桃養人，杏傷人！小心傷了自己。

那邊不笑了，說，你咋知道這句話的？下一句是杏樹底下埋死人，咒我啊！

剛才天香可不就是咒他麼？天香捂了嘴笑，說，往而不來非禮也，你生氣了？

生氣可不是我的美德！春色滿園在那邊說。

那什麼是你的美德？天香問。

做到讓每個女人欣賞是我的美德，春色滿園洋洋得意。

女人欣賞的類型多了，難道你是變色龍，天香譏諷說。

不過三種，春色滿園說，郭靖型，楊過型，韋小寶型。

那你是什麼型？天香有點好奇了。

郭靖型，不能讓女人開心的那種！

為什麼這麼說？天香來了興致。

你想啊，那麼傻的一個男人，哪個女人喜歡啊，春色滿園在那邊撇嘴。

黃蓉不是喜歡他嗎？天香不以為然。

黃蓉的喜歡讓郭靖認了一輩子錯呢，動不動說蓉兒妹妹我錯了！春色滿園發過
一張齜牙的笑臉。

男人只有認錯才能哄女人開心啊，沒准人家靖哥哥這叫大智若愚呢？不知怎
的，一向不喜歡鑽牛角尖的天香死纏亂打了起來。

女人最好不要開心！春色滿園警告說。

願聞其詳？天香不服氣。

開就是碎的意思，您想自己心碎啊！春色滿園發了一顆碎心的圖案過來。

碎也是一種盛開啊，女人如花，花可不就盼望著盛開那一天！天香也不示弱。

春色滿園「咦」一下，看不出你口齒很伶俐啊！

天香也笑，是不是有勝讀十年書的感覺！

春色滿園笑，說我這會應該拿博士學位了吧！

天香說我是不是應該恭喜你啊？

春色滿園說恭喜倒在其次，我還是先學那張君瑞跳一次粉牆吧，趴在牆頭多
年，終於叫我見著一枝紅杏。

張君瑞跳粉牆？你當《西廂記》啊！天香一撇嘴，我可不是那戲文裏的崔鶯鶯！

春色滿園忽然不笑了，說男人多把生活看成戲，像你這麼出類拔萃的女人應該
把戲看成生活的！

我，出類拔萃！天香說這話我喜歡，把戲看成生活我也喜歡！

呵呵，喜歡你的喜歡！春色滿園說喜歡是淺淺的愛呢，書上說的！

書上沒說淺淺的愛了該怎麼樣啊？天香故意裝糊塗。

書上說淺淺地愛了一個人就要示愛！春色滿園不糊塗。

天香心裏暗暗一笑，書上還說娶了一個淺淺地愛了的人就要示弱呢！

是嗎？像你這麼出類拔萃的女子在生活中會示弱嗎？春色滿園反問了一句。

呵呵，再出類拔萃也不過是塵世的一粒沙，風一起就看不見了，示弱不示弱有
區別嗎？天香苦笑。

有區別啊！春色滿園補上一句，沒有人強大得可以不需要幫助，也沒有人弱小得不能在某方面給別人幫助！

沒有人強大得可以不需要幫助，也沒有人弱小得不能在某方面給別人幫助！天香沉思起來，自己為什麼一定要在生活中示弱呢？一念及此，天香明明白白看見，滿園的春色在眼前綻放開來，那個一次也沒給自己認過錯的男人始終是趴在牆頭的，應該與自己無關了！

女人的一生，能有這麼個覺悟也應該屬於出類拔萃了！這麼想著她就把自己網名給改了，叫寧為玉碎。

碎也是一種盛開！天香覺得吧，盛開是需要土壤的，她關了QQ，開始在電腦上一個字一個字地敲起了離婚申請書。

懷春

亞麗去了趟風情萬種影樓，回來後又對著鏡子顧影自憐了好久。

顧影自憐的結果是，亞麗懷春了。

三十歲的女人了還懷春，有點讓人置疑不是？但亞麗每一根血管裏湧動的春潮告訴她，滿園春色真的關不住了！

都怪那個該死的攝影師。

本來，亞麗只打算隨便拍一套個人寫真來紀念自己三十歲的，三十歲，於女人來說，是個分水嶺呢，過了今天，青春歲月只能留在記憶中了。往後的日子，應該是花褪殘紅青杏小了。

亞麗穿著一件半透明的紗裙拍完最後一張時，攝影師忽然沒頭沒腦衝亞麗說了一句，一個女人，應該有一套屬於自己的寫真集的！

難道，我這不是寫真集？亞麗的肩頭剛褪下一半的紗裙就這麼吊在了身上。

我是說，另一種的寫真！攝影師眼神明顯恍惚了一下，才落在亞麗半裸的肩膀，那肩膀圓潤如玉般閃著細碎的微光。

亞麗腦子就呼地湧上了四個字——人體寫真？

亞麗一向對自己的身體憐愛有加的，自己雖然沒有修長性感的美腿，但圓潤的酥胸，上翹的臀部還是有的，尤其是自己的屁股蛋，渾圓略有點下垂，據說是今天的流行趨勢。

真讓青春白白流失在自己的牛仔褲裏，亞麗是不甘心的，能把青春藏在一張張時光流過的切片裏，亞麗是渴望的。猶豫了許久，亞麗拿眼往影樓上下掃了個遍，這一眼，讓攝影師看出亞麗的心思了。

看出了卻不點破，從桌子裏翻出一大堆人體寫真集來，喏，我拍的！參考參考？

一副又一副線條迷人的胴體就呈現在亞麗的面前，還都是花季少女呢！亞麗覺得自己一點也不比她們差，她們身體是含苞的，而亞麗的身體是怒放的。

怒放！想一想都足以讓任何一個女人心旌動搖的。

亞麗看寫真集的眼光明顯熾熱起來。

攝影師明顯感到了這份熾熱，俯在亞麗耳邊輕輕說了一句，來吧，不要把我當男人就行！

亞麗的心徹底被打動了，是啊，他只不過是一個機器而已，一個利用鏡頭賺錢的機器。

花有限的錢留下無限的青春，這個換算是值得的！讀高中時，亞麗的那個帥氣的數學老師動不動就說亞麗不懂得換算。

這一回，他該由衷誇亞麗幾句吧！

亞麗脫了衣服，先後在床上，窗簾邊，寫字臺，洗澡間，擺出各種各樣的造型，任攝影師從不同角度選景。

是的，亞麗發現，攝影師真沒把自己當男人，他的心思，全在攝影機上那一方天空了，男人是分很多種的！在這樣的感歎中，亞麗的羞澀感覺悄然褪了下去。

一直到最後一張拍完，亞麗穿上衣服走過來，攝影師才從鏡頭裏把眼神拽出來。

看著亞麗臉上的紅潮，攝影師覥腆地一笑，說，你的身體很美，足以誘惑任何一個男人的！

任何一個男人？不會吧！亞麗腦子一瞬間滑過了那個高中數學老師帥氣的身影。

當天晚上，亞麗輾轉反側了一宿。

輾轉反側的結果是，亞麗下了一個結論，如果寫真集拿到手，真的那麼可圈可點的話，她一定要挑幾張發到老師的信箱裏。

讓他為自己做一道算術題，這樣的換算值得不？

如果他說值得，那麼她會義無反顧地投進他的懷抱，沒有任何理由的投進去。

若真要給老師一個理由的話，那就是，亞麗懷春了！

寫真集到手的那一天，亞麗發現，就算自己是個女人，面對這樣的誘惑也難以抗拒。

精心挑了幾張，亞麗從伊妹兒裏傳了出去。

想了想，亞麗又撥通了老師的手機，手機號是前幾天偶然在大街上碰上老師得到的，當時老師看著亞麗怔了好久，末了才說出一句，醜小鴨變白天鵝了呢！

通了，老師在那邊懶洋洋問了一句，誰啊？

亞麗的心嗵嗵跳，有點口不擇言了，亞麗說，是我，醜小鴨，老師你看自己的伊妹兒吧！

老師還是懶洋洋的，是嗎，看伊妹兒啊，那好的！

亞麗被老師的懶洋洋給弄得忐忑不安起來。

天啦，自己發那樣的照片，老師會怎樣看待自己啊，淺薄還是淫賤？

淚水，嘩一下子漫了出來，為自己剛才的輕狂。

亞麗捂起了耳朵，心裏祈禱著，但願手機不要響起。

偏偏，手機還是響了，是老師！咬咬牙，亞麗摁下接聽鍵，老師在那邊，很認真地說，亞麗嗎，寫真我看了，感覺很不錯，八個字——青澀讓位，嫵媚盛開。

沒，沒覺得我淺薄什麼的吧！亞麗吞吞吐吐地問了一句。

什麼啊！老師笑了笑，在那邊接上來，應該感謝你，讓我見證了一隻醜小鴨蛻變白天鵝的歷程，我覺得吧，只要用清澈的眼光來欣賞，你的身體就是純淨的！

亞麗仿佛看見老師清澈的眼光了，亞麗就撒嬌了一句，老師，別當我是不正經的女人啊！

老師想了想，說，我只當你懷了一次春吧！

懷春，真的是一個很好的理由呢！亞麗放下手機笑了，用懷春的理由換來老師的欣賞，暗戀這麼多年，也值了！

異香

玩個速配遊戲吧！

篝火點燃時，一向最活潑的小麗提議。

光活潑，這提議未必會應者雲集，如果小麗長得比較困難的話，速配給誰誰都會覺得是件比較殘忍的事。

好在這群女孩都長得可圈可點，小麗則屬於可圈可點中的可圈可點了！

掌聲嘩一聲就響起來了，要擱盛唐時代，就得用上掌聲如潮來形容了，幸好不能如潮，不然潮水一漫，這堆篝火就滅了。

這可是在大山裏面呢！

沒火哪來的激情呢？很多時候人心就是靠熊熊燃燒的火點燃生命激情的！

小東對這樣的遊戲沒激情。

沒激情的原因很簡單，他的一條腿打生下來就帶點傷殘，你見過一個傷殘的人跟速掛上鉤的嗎？肯定沒有！

速配啊，該死的速配，可以暖玉溫香抱滿懷的速配，那玉可是香玉，那香可是異香呢！

說白了，就是做一夜露水夫妻，小東也想露水一回，問題是，沒人給他機會。

小東在低下頭的那一瞬間眼裏就有了露水。

小東，小麗喊，你負責抽籤驗號啊！

這個遊戲，小東不陌生，他在電視上看過，挑一副撲克牌，紅心對方塊，黑桃對梅花，數字抽到幾就找幾，對號入座！

但得有一人負責公證，小東適合做公證人，他腿雖然不正，但心正。

看著一對一對的男女勾肩搭背地被自己速配到一起，小東眼裏又起了露水，好在，速配中的熱男辣女們只有彼此的影子，無暇他顧了，小東的露水就失去了存在的價值。

篝火前迅速冷清下來。

小東感覺有點冷，往火堆前移了一步。

男男女女的腳步聲沒入了黑暗中，夜色張開了翅膀，小東對著火堆恍惚起來。

火苗舔著夜色，藍焰的紅焰的糾纏在一起，莫非它們也在玩速配的遊戲？

小東眼神愈發恍惚起來。

它們會閃婚麼？一定會，閃婚過後呢，留下一堆燃燒後的灰燼？

小東牙關抖了一下，大凡美麗的東西都要以燃燒為代價麼！

如果是，那麼，誰來燃燒小東？

這麼想著，小東抬頭望瞭望高遠的天空，幾顆星星眨著眼睛。

小東想到日本動漫中的一句歌詞來——星星就算睡著了，也是眨著眼睛的！

小東一想到它們睡著了，困意就襲了上來。

因為困，一向心思縝密的小東忘了那天是什麼日子。

清明節呢，正是蛇出洞求偶的季節。

山裏的蛇，冬眠時喜歡在嘴裏含上一塊土，驚蟄一過春雷一響，蛇喉嚨裏開始有唾液上湧，在漫長的蟄伏中，那塊土被蛇的口水浸潤了又浸潤，蛇是有靈氣的動物，那貯藏了一冬的靈氣就蘊在這塊土上了。

出了洞，蛇會把那塊土放在屬於自己的領地裏，讓土的異香吸引異性的族類前來求偶。

這就是春天裏，除了鳥語花香之外的又一種奇香了，這香是詭譎的，詭譎得讓男男女女情愫洞開。

小麗的速配一說多半受了這異香的誘惑，城裏的女孩子，天天被化妝品的濃香淹沒，很容易被這奇特的異香而捕獲。

取而代之的，是蛇在青草中遊走的窸窣聲。

沉浸在速配喜悅中的紅男綠女們，是不會被這點窸窣聲干擾的。

他們大多選擇了在那塊散發異香的土塊附近就座，或相擁或相吻。

縱是露水夫妻，也得營造出一種晶瑩的氛圍吧！

蛇的信子在夜晚是晶瑩的，雖說它的眼裏從沒晶瑩過，蛇不用相對無言，蛇也不會此時無聲勝有聲！蛇只喜歡糾纏，那種合二為一無休無止的糾纏。

這樣的糾纏其實也是美麗的燃燒呢！

小東的燃燒是不經意的，篝火堆猛然塌了架，小東沒來得及躲開，藍的紅的火焰迅速糾纏在小東的身上，人與火焰的速配，是黃色的舞蹈，小東在這舞蹈裏做了一回主角。

露水一滴滴從小東眼裏往外漫，如潮，最終淹滅了那堆篝火。

奇怪的是，小東身上竟然沒留下燃燒後的灰燼，那張臉上一直很乾淨，在初升的太陽下，一片晶瑩。

倒是山上叢林中那些速配中的男男女女，一個個衣著依然是光鮮的，但臉上卻不約而同呈現一片死灰，比燃燒後的灰燼還要觸目驚心！

有異香夾雜在空氣中，詭譎而略帶潮濕。

這異香是不需要誰來做公證的，都存在幾千年了的東西。

階段

　　鄧超在網上曾讀到這麼一段話，關於女人的，原話照錄如下，其實，女人沒我們想像的那麼好；當然，女人也沒我們想像的那麼壞！不用說，這是一個曾經在滄海中幾經沉浮的男人總結出來的。

　　一般在網上關注有關女人理論的男人，都是沒成家的男人，確切說是跟異性接觸比較少的男人。

　　眼下，鄧超處於把女人想像得那麼好的階段，光那麼好還說明不了問題，鄧超覺得吧，女人還應該用非常美妙來形容的。

　　這美妙是有參照物的！

　　參照物是個叫小漁的女子，當時鄧超正看電影《少女小漁》，看著看著鄧超想起剛搬到同一棟樓那個女幼師來，那女教師有著一雙小漁那樣的眼神，不管是看人還是看風景，都是那麼的清澈，讓人心裏能汪上一股清涼。

　　鄧超那一瞬間心裏浮上一個念頭，如果有一天這汪清澈的目光能把自己淹沒，哪怕只是一秒鐘，專注的一秒，也該多好啊！

　　為這專注的一秒，鄧超破天荒地為姐姐承擔了接送孩子上幼稚園的任務。

　　他從侄女口中得知那個女幼師名字剛好叫做小漁。

　　可惜，小漁的目光自始至終只專注在孩子身上，對接送的家長，她基本上是眼角餘光都不帶一下，因為，園門口有值班老師，她只是幼稚園的藝術教師。

　　難怪長那麼清澈的一雙眼睛，上升到藝術的東西不美妙也說不過去啊！鄧超癡癡抱了頭在床上想，這樣的女人，是應該有暖玉溫香般的身體的。

　　至於暖玉溫香，鄧超的想像有限，那是可以入詩入畫的境界呢！但鄧超腦海中還是出現了這樣一幅畫，女教師洗盡鉛華後，應該是白淨的鵝蛋臉，象牙般閃著碎光的脖子，精緻的鎖骨閃著讓人眩暈的膚色，那一刻，應該有槐花般的清香彌漫吧，為什麼是槐花香呢？鄧超是覺得吧，世上沒哪種花能像槐花般由淡而濃最終令人沉醉的。

　　再有小漁那般清澈的眼神那般專注的凝視下，時光是應該停止下來的。

　　鄧超那一刻忘記了，自己的呼吸悄悄停止了。

　　多麼美妙的停止啊！

　　鄧超歎口氣，起身，今天是週末，小漁的週末應該是顧盼多姿的。

　　鄧超忽發奇想，為什麼就不能跟蹤一下小漁呢。

　　這樣的跟蹤，應該是美妙的！

鄧超就飛快把自己從床上拎起來，他知道，以往這時候，小漁就該出門了，小漁出門，高跟鞋總是很清脆敲打著樓梯，一層又一層旋轉下來。

如果那敲打的旋律留在鄧超門前，相信是足以和春天裏第一聲驚雷相媲美的！

可惜，敲打聲呈下旋趨勢了！鄧超一把拉開門，躡手躡腳跟下去。

小漁走得很專注，也很投入，一點也沒注意到自己身後多了個影子。

只有沉浸在幸福中的女人才會專注，才會投入。

因為這份幸福，小漁身上散發出一股似芝似蘭的幽香，那幽香逼得鄧超快繃不住自己的腳步聲了。

鄧超停下來，喘口氣，再摸一把心跳，有點站不穩了，他倚著街邊一路燈柱，停下，點燃一根煙，看著小漁上了一輛計程車。

鄧超也伸手，攔計程車，上去了，不說話，只指一下前面那輛車，然後粗粗地喘氣。

司機開玩笑說，咋啦，追媳婦啊，兩口子吵架了？

鄧超瞪了他一眼，心想，有這麼美妙的媳婦我會吵架，疼都疼不過來呢，那樣清澈的眼神裏，能裝進婚姻生活的雜質麼？真是的！鄧超一直覺得吵架是婚姻生活的雜質，雖然他沒結婚，但這並不妨礙他對婚姻生活有自己的見解。

小漁在天上人間咖啡屋下了車，鄧超怔了一下，也是的，只有天上人間這麼個地方才配得上小漁，小漁可不就是從天上來到人間的仙子？

鄧超鼓足勇氣在小漁身影被旋轉門吞沒後，才走進了天上人間的側門。

進去了鄧超沒想到小漁真像大海裏一尾美人魚，轉眼就失了蹤跡。

鄧超對這樣的地方不陌生，他信步走進了琴吧。

鄧超不喜歡聽鋼琴，他潛意識覺得，小漁應該喜歡的，鄧超果然在琴吧裏看見了小漁。

小漁依偎在一個男人懷裏，小鳥依人的那種依偎，琴聲一波一波漫過鄧超心頭，鄧超腦海中的那汪清澈開始退潮。那男人，是鄧超公司的老總，鄧超是他的司機，記不清多少次了，鄧超在這種場合替他接送過各式各樣的漂亮女子。

鄧超悄然退了出去，他知道，過不了一個小時，老總會讓他緊急趕到這兒的。

他不能在這個時候候現了老總的眼，他還指望老總給他一碗飯吃！

電話如他所想，一小時後響了，老總說，鄧超吧，你到天上人間來一趟！

鄧超來時，老總剛好摟了小漁出來，小漁很專注看了一眼鄧超，鄧超冷著臉，小漁嬌嗔著附在老總耳邊說，瞧你這司機，眼睛要殺人似的！老總斜一眼鄧超，說，是麼，他要能殺人，當初我都被你殺死好幾回了！

人，是一階段一階段的嗎？小漁撒著嬌，人家這會兒還溫順得不行啊！

鄧超的眼裏忽然就起了霧，霧讓他的眼混濁起來，鄧超知道，他對女人想像的另一個階段就這麼悄無聲息地逼過來了，沒來得及讓他做一點過渡的準備。

蓄謀已久

趙小青起先只打算鬧一鬧的！並沒有想過要離婚，自己男人跟別的女人都在大街上摟摟抱抱了，鬧一鬧有什麼不行呢？只要鬧得男人收回心，日子也照樣能過下去？沒承想，這一鬧吧，不可收拾了！

她開始有點後悔咋就聽了許如雲的話。

當時，許如雲的話明明是別有用心的，但自己咋就聽那麼順耳了呢？

要不是許如雲，她趙小青的婚姻決不會改變方向，若干年後，趙小青一個人在酒吧裏點燃一根煙時，這麼思量著，會不會許如雲蓄謀已久想拆散他們夫妻？

要不，她會對自己的事那麼義憤填膺？

是的，許如雲是義憤填膺的！趙小青現在回過頭來，想一想，就覺得這義憤填膺有點師出無名。一個閨中密友而已，應該旁觀者清，像古人說的婚姻說合不說散才是諍友典範。怎麼一開口就是，這樣的男人，換我早就離了，即便不離，老娘也找他幾個男人睡睡，報復他一回。

趙小青很可能就是因為對這句話產生了曲解，才稀裏糊塗把弦給繃斷了，要不，他們縱然會吵會鬧會磕磕絆絆，但日子絕對不會過不下去。

因為以趙小青的個性，是絕對不會對男人有非份之想的，換而言之，如果沒有許如雲這句誘導，她也不會給任何男人以可乘之機。

僅僅是一句話，許如雲也成就不了趙小青不可收拾的婚姻，關鍵是在這句話之後，許如雲一把拽著趙小青去了小城的酒吧。

一直以來，趙小青認為，所謂酒吧，只是打著一個巧妙的幌子為男男女女提供苟合場所的地方，一個正經人家的女人，對這種地方，是不齒的！

比如眼下，趙小青就非常不齒自己，咋就頭腦發昏不經思索跟許如雲去了那地方呢？

難道真如許如雲所說，她的身體在被怒火中燒時需要好好滋潤一下？

滋潤，瞧瞧，再好的詞在許如雲的嘴裏總能引出另外一種意義來，讓人不齒的意義！

許如雲是這麼說的，去喝杯酒吧，你現在的身體，急需得到一份滋潤！生理上心理上都需要的一份滋潤，懂嗎？一個快三十歲的女人，沒有男人的滋潤，是對自身的一種傷害，是對自身極端的不負責任！

趙小青就緊繃著身體跟在許如雲身後去了。

一去，果然就負上了責任。

那天喝酒的不光是許如雲和她，還有許如雲的一個堂弟。

堂弟是跟未婚妻鬥了嘴出來的，未婚妻嫌他連房子都掙不上一間，寄未婚妻籬下的堂弟有點被掃地出門的味道，趙小青倒是有房子，可趙小青潛意識認為自己鵲巢已被鳩占。

所以，兩人就有點同病相憐；所以，兩人就有點相見恨晚！

這一恨吧，居然真的就喝得很晚了，晚到轉了鐘又凌了晨。

據說，凌晨時是一個人意志是最模糊的時候，也是意志最不堅決的時候。

要不，許如雲的堂弟跟她們一起回到許如雲的出租屋時，面對唯一的一張床，趙小青咋就沒清清白白堅堅決決要求出去開房睡呢？

要知道，趙小青包裹是裝了錢的，開總統套間睡都沒問題，而且，許如雲出租屋對面就有一家三星級酒店。

三個人對那張床只猶豫了一下，就二話沒說躺下了，許如雲睡中間，她堂弟和趙小青一人在一側。趙小青心裏這麼寬慰自己的，就當回到小時候了，小時候，姐姐弟弟經常同睡一張床的。

這麼寬慰著，趙小青就合上了眼睛，跟男人鬧已讓她筋疲力盡，再加上酒精一催眠，趙小青就沒肝沒肺地睡著了，在許如雲這對姐弟的身邊！

趙小青是在朦朧中醒過來的，醒過來是因為她有一瞬間呼吸極不暢快。

極不暢快是因為她的嘴被另一張嘴給堵上了，身體被另一個人的身體壓住了。

不用說，是許如雲的堂弟！

趙小青開始作無聲的反抗！

然而，反抗無效，酒精讓她的反抗看起來更像挑逗。

許如雲的堂弟就那麼得手了！

趙小青奇怪的是，在許如雲弟弟得手的那一刻，她的身體忽然鬆弛下來，有一種無與倫比的放鬆，酣暢淋漓的那種放鬆。

莫非，這就是許如雲嘴裏所謂的滋潤？

得到滋潤的趙小青卻沒能成功地走進許如雲堂弟的婚姻。

她落了單！

落了單的趙小青氣衝衝去找許如雲，她始終覺得這件事情的始作俑者非許如雲莫屬。

許如雲沒推卸責任的打算，許如雲只是輕描淡寫告訴她一個事實，你當時如果不是渴望得到一場蓄謀已久的滋潤，完全可以向我求援的！

我渴望，蓄謀已久的滋潤？趙小青抿下一口酒，義憤填膺起來，是渴望了已久，還是蓄謀了已久？

兩個問題的字眼被酒精一滋潤，一個個都不負責任地放大起來。

還會有餘震嗎？

電腦搖晃時，玫子的心也正搖晃著，起了漣漪的那種搖晃。

周旋在三個男人的愛情裏，心旌要不動搖怎麼也說不過去呢，請原諒我用了周旋這兩個字。

其實，周旋在這兒不是貶義！玫子的周旋是被動的，三個男人同時喜歡上玫子，只能說明，玫子是個優秀的女孩！這年頭，貌似優秀的女孩子很多，但真正優秀的不多。玫子屬於真正的優秀，要不然，這三個男人也不會苦追三年還鍥而不捨的。

在速食愛情的今天，三個月就足以搞定一場愛情，三個周就可以搞定一次婚外戀，三年，有點奢侈不是？

三年，在以車代步的今天，不敢想像一個人的愛情會走出多遠！

玫子的愛情卻沒走出多遠。

心裏晃蕩了一下的玫子在電腦上敲出一句話來，當愛情來臨的時候，你說我是應該向左還是應該向右？

QQ頭像閃了一下，愛你一萬年發話了，向前吧！

向前？玫子會意地笑了一下，笑完又左顧右盼了一眼，左邊是窗戶，有個男人在窗外吹了三年笛子；右邊是手機，被調成振動，另一個男人發了三年的短資訊！

前面這位也有恒心，QQ上聊了三年。

取捨是艱難的！玫子心軟，傷了誰都會難過，如果僅僅難過一下也可以接受，問題是誰是自己真正的白馬王子呢？她可不想一旦進入婚姻忽然發現，王子變成了青蛙！

那樣，白雪公主不就變成灰姑娘了？

向後是沒有退路的了！

那個曾讓她肩頭靠過的男人是靠不住的，婚姻要靠激情來維繫的！玫子一直這麼以為，心裏被晃得恍惚了一下的玫子想到了那次爬鴛鴦溪。

前面的人都成雙成對爬上去了，只剩玫子在後面嬌喘不止。玫子是低血糖，有山有水有激流的地方都容易暈眩，玫子心說，誰要在這會兒肯借個肩頭讓她靠一靠的話，她會讓自己靠上一輩子的！

真就在她暈眩時，一個肩膀遞了過來，很寬厚，寬厚得像玫子的兄長！

玫子當時喘息過來後吹氣如蘭低語說，你在想什麼？

那個想什麼想得一臉緋紅的男人囁嚅了一句，我想摟摟你的腰！可以嗎？

玫子默許了，她以為這是暴風雨來臨的前兆！玫子需要有這麼一場暴風雨來滋潤自己的愛情！

可惜，男人那只手只是環過她的腰，兩根指頭輕輕在她腰際觸了一下，就倏一下跳開了，蜻蜓點水式的一觸！

玫子不解，望著男人，男人眼裏惶惶的，說了聲，謝謝，我會負責的！就沒下文了。

幻想的激情戛然而止！玫子眼裏的紅暈開始退潮，打那以後，男人就退出了玫子的視野。

讓一個沒丁點激情的男人來負責自己的婚姻？玫子不置可否地笑了笑。

頭暈眩起來了！愛你一萬年繼續閃著頭像，就像露珠愛著夜晚，玻璃愛著光線，眨個眼，愛就恍惚了，你的愛讓我恍惚！

恍惚中，向左的那位又在窗下吹笛了，是那首玫子耳熟能詳的《透過開滿鮮花的月亮》——你像那天上月亮，停泊在水的中央，永遠停在我的心上；你像那天上月亮，你不會隨波流浪，永遠靠近我的身旁……

幸好，手機的震動沒響！不然玫子真要心亂如麻了，昨晚失眠造成的暈眩吧！玫子起了身，去衛生間，準備擦一把臉，讓頭腦清醒一下！

哐啷一聲響，滑鼠從桌上滑掉在地上，切！莫非你也春心動盪了？玫子站起身，明顯感覺天旋地轉了一下。

一捧涼水還沒沁上臉，衛生間的手機響了，玫子懶洋洋地摘下來，一個喂字沒出口，那邊一個急惶惶的聲音叫了起來，怎麼還在家啊，地震了，快跑！我馬上來接你！地震？地也會暈不成！玫子臉一白，跌跌撞撞地衝出衛生間，這一回她真真切切發現，飲水機裏的水蕩起波紋了！

玫子幾乎是從樓上滾下樓梯的，如果有個肩頭靠一靠，玫子是不會癱成一汪水的！

窗前那個向左的男子早沒了蹤影，一支柳笛遺棄在樓下，看來，他不光沒在地震時靠近她的身旁，反而先她一步隨波流浪了！

玫子跌跌撞撞往開闊地裏跑，身邊呼嘯而過的都是驚惶失措的面龐！

地震結束，玫子檢查手機時發現裏面沒短信提示，玫子想了想，給向右的男人發了一則短信，地震來時，怎不見你一絲振動提示？

向右的男人這次很快就有了振動提示，我手機震壞了，借別人的手機回復你的！

玫子冷笑著回過去，我聽不懂你的意思！完了把向右的男人拉了黑名單裏。

有驚無險！地震在千里之外，玫子所在的城市只是受了波及。晚上的電視新聞中，播音員說在這次地震中本市尚無一傷亡發生。玫子摸著胸口歎了口氣，剛要關掉電視，一則交通事故引起了她的注意，就在她家附近的十字路口，一名男子被輾進公汽的車輪裏。

男子很年輕，臉部特寫是一臉緋紅，一臉緋紅的男子兩根指頭伸在車輪外，像在觸摸什麼似的，是那種蜻蜓點水式的觸摸！玫子的腦海響起了那個電話，地震了，快跑！我馬上來接你！是向後的他，這算不算男人的一丁點激情？玫子眼圈紅了。

偏偏，電腦上QQ頭像又一次閃亮起來，愛你一萬年在那邊說，地震了，你沒受到波及吧？小心會有餘震啊！玫子一任眼淚砸在鍵盤上，說你以為還有餘震嗎？一滴眼淚飛濺開來，玫子心裏一疼，撕心裂肺地那種！

你不必相信

這話你也信？陳小奇不抬頭，一顆一顆往盒裏裝麻將子，陳小奇向來不摸麻將，眼下拾弄麻將子恰好說明一個問題，心虛！

柳燕子有理由這麼認定。

既然都有理由認定了，柳燕子覺得自己不是無理取鬧了，柳燕子跟著又不依不饒補了一句，全局上下都信，我為什麼不信？

文化大革命時全國人民還一起發過瘋呢！陳小奇點上一根煙，冷冷這麼回了一句。

柳燕子就沒話了，眼睜睜看著陳小奇把一盒麻將子啪一聲倒扣在桌面上，化整為零了。

零和碎向來是連在一起的，柳燕子心立馬裂碎成了幾瓣。

那袋歌莉婭套裝，冷冷站在桌面上，一副無辜的表情。

是的，無辜！

陳小奇站起身，說，你真不稀罕？

柳燕子說，我稀罕的是另一套的去向！

陳小奇不說話了，起身，拉開門，留下一個背影給她。

一定是給哪個狐狸精獻媚去了？柳燕子惡狠狠地把那套歌莉婭套裝砸在地板上。

想想，還不解氣，柳燕子從手機上拔出一串號碼，接通了，第一句話就是，你確定他買了兩套？

我可以確實肯定以及一定！話筒那邊傳來郭芙蓉式的經典臺詞，是宋小曼的！我還可以確定肯定以及一定，愛情這東西，你不必相信！

眼下，宋小曼身邊多了一個人，陳小奇！

陳小奇很有耐性，等她掛了電話，才咬牙吐出五個字來，你什麼意思？

沒什麼意思，宋小曼冷冷的，你跟我說過的，愛情這東西，你不必相信！我只是求證一下。

陳小奇沒話了，眼前浮現出一個人慘白的面孔，陳大林的。

關於愛情這東西宋小曼應該向陳大林求證的，但陳大林已經死了，死於車禍，陳小奇是肇事車主。

當時，宋小曼正和陳大林從珠寶店出來，走在去登記結婚的路上，她的手心裏下攥著一個鑽石戒指。電視上都說了，鑽石恒久遠，一顆永流傳！宋小曼沒能脫俗，一個女人需要的不正是恒久流傳的愛情嗎？偏偏陳小奇的車輪碾碎了她的永遠。

陳小奇是在和柳燕子結婚時才知道宋小曼是柳燕子的閨中密友的。

婚禮上形單影隻的宋小曼盯著柳燕子手上的鑽戒挑釁陳小奇說，看得出來你很喜歡新娘子啊！

陳小奇不置可否地點頭，用微笑掩飾自己，他猜不透宋小曼話裏引申的意義。

宋小曼和柳燕子開玩笑，說可不可以借你新郎的耳朵一用啊，完了半真半假附在陳小奇耳邊說，愛情就像一雙鞋，越是瞧起來不順眼的鞋，越有可能永遠陪在你身邊，越是喜歡的漂亮鞋子，越經常會少一隻！

陳小奇聽得一臉的心虛，剛要開口，宋小曼卻搶著又補上一句，知道嗎，陳大林就是我丟失的一隻鞋，現在我不相信有了鑽戒愛情可以天長地久了！包括你。

說完這句話，宋小曼一步一歪地走開了，像腳上真少了一隻鞋似的！

她喝醉了，事後陳小奇這麼回答柳燕子，含糊其辭說的啥我一句也沒能聽懂！

婚後，陳小奇是寵柳燕子的，這點，任誰都看得出來，柳燕子的幸福顯山露水寫在臉上。

宋小曼不幸福，宋小曼跟陳小奇提出一個要求，那就是，他送柳燕子什麼，也必須送她什麼！

這一點，陳小奇不能不答應，當年，如果不是宋小曼的寬容，沒准他們一家就毀了前途，陳小奇駕的是他父親的公車，他父親是一局之長呢。

陳小奇的想法很簡單，只要我一次又一次滿足她的要求，石頭都可以焐暖，何況人心呢。

但他忘了一點，柳燕子是宋小曼的密友，他們的幸福向外溢出一分，宋小曼的忌恨就增長十分。

宋小曼是這麼旁敲側擊的，燕子你真幸福啊！

柳燕子笑，是啊，幸福得滿溢了。

宋小曼不笑，滿了好，蕩了不好！

為什麼呢？柳燕子一怔。

蕩到別人名下就叫虧啊，月滿則盈，月盈則虧，你不懂嗎？宋小曼裝作漫不經心的樣子。

柳燕子不以為然，他那麼寵我的，你曉得！

寵和愛是兩碼事呢，宋小曼哼了一鼻子。

怎麼講，這話？柳燕子覺得宋小曼話裏有話。

寵是不需要交流的，而愛是需要交流的，燕兒，你養寵物問過它喜歡什麼嗎，還不都是你強加給它的！宋小曼慢悠悠挑起柳燕子的疑心來。

也是的，柳燕子心裏咯噔了一下，陳小奇買任何禮物從沒徵詢過她的意見，她哪知道，這都是宋小曼刻意要陳小奇做的，她每次都很善解人意提醒陳小奇，某天和燕子聊天，她說想買什麼香水，某日和燕子通電話說看上什麼手袋。

這一次的歌莉婭她是處心積慮宣揚得全城風雨，柳燕子自然要質問一番了。

　　面對陳小奇的無言，宋小曼又加上一句話，我得出結果了！見陳小奇一臉茫然，宋小曼說，柳燕子愛你，但並不妨礙她也會傷害你，所以說，愛情這東西，不光我不必相信，你也不必相信！

　　陳小奇不錯眼盯著宋小曼。陳小奇沒能吭出聲，「愛情這東西，你不必相信！」這話，在當年車禍發生後年少輕狂的他，拍出一大筆錢時曾對宋小曼說過的，那時他錯誤的以為宋小曼之所以尋死覓活是為了多得一筆賠償金！

攢勁

經理是這麼訓話的，幹什麼活，都得攢著點勁兒，別要死不得活的樣子！

一旁圍著的小姐妹們全都攢著勁兒笑了起來，她們笑是因為經理訓話的那副假正經樣，正經得鼻子上那塊扁平疣一閃一閃地發著亮。

可見經理訓話是攢了勁的！

妹喜沒攢勁笑，或者說她根本沒笑的打算，她一個廁所裏的保潔員，攢再大的勁兒，也沒人多看她一眼。人家那些男人上廁所都可以對她忽略不計了，她還能攢得起勁兒？

別的小姐妹，要麼是站包房的，要麼是門口迎賓的，要麼是陪酒的，也有KTV陪歌的，天天侍候人的事，誰愛攢著勁去幹，除非是天生的賤命。

當然，有小費時可以酌情考慮一下，那勁攢得有價值，這年月，不就講究個體現人生價值嗎？

經理在笑聲中攢了勁繼續發揮說，五一了，勞動人民自己的節日，咱得對得起自己，在節日上整出點名堂！

能整出點什麼名堂呢？妹喜心說，不就是大家聚一起出去晃一天嗎，偏偏，這一回，不是一起出去晃一天了，是全市餐飲娛樂業互相交流。

這交流，說到底，就是你到我這兒學習，我到你那兒參觀，大家互相侍候一通。

記住，這侍候可不是讓你們白白享受的，是要從自身找不足的！經理把最後攢著的話可著勁兒砸了出來。

狗日的老闆們，連個國家法定節假日都要攢著勁謀劃了一番！妹喜在心裏暗暗罵，罵完瞥一眼姐妹們臉色，猜測出大家都一樣用不恭敬的語言在肚子裏問候經理的爸媽。

問候歸問候，經理爸媽不理這個茬，人家早就埋到土裏了。

人，一天不埋到土裏，一天就得受人的氣！這是妹喜對生活的理解，當然，也有不受氣的時候，那是妹喜跟吳成在一起的時候。

在別人眼裏，吳成天生就是那種一事無成的男人，但妹喜不覺得，妹喜覺得吧，男人，只要曉得疼女人，就是一生有成了！

過了這個五一，下個五一，她和吳成就要成家了，成了家妹喜就不用為別的男人洗廁所了，她會專門為吳成洗廁所，而吳成也絕不會把她忽略不計的，吳成會擁了她的肩頭對她說一聲辛苦的！

要知道，吳成也是一直在侍候別人，能被別人侍候，可是吳成夢寐以求的呢！

吳成眼下在另一家酒店當傳菜員，好菜一盤盤從他手裏過，卻從沒機會下一回

口，不用想也知道，那日子過得不攢勁。

妹喜沒跟吳成說自己是洗廁所的，妹喜說自己幹的是一份相當衛生的職業，有單獨的工作間，在餐飲娛樂行業，能有單獨的工作間基本是領班之流，而領班的職工多數跟經理非親即故。

吳成自然就死心塌地地愛上了貌不驚人的妹喜。

妹喜沒想到，今天，她們迎的第一撥客人竟然是吳成他們酒店的！

吳成夾在一大幫人的後面拘拘束束進了包廂，做為傳菜員，他們通常在包廂門口就停了腳，連探頭望一眼就會受到領班訓斥，包廂門口有漂亮的小姐專門服務往裏送菜。

所以能進包廂享受一次服務於吳成來說有點異想天開，那可是有身份的人才夠資格享受的呢。

眼下，天開了！

吳成他們一幫傳菜員在酒過三巡後，一個個找到了上帝的感覺，在一片鶯歌燕語聲中，酒興上來的吳成明顯覺得自己的身份是不尊也貴了。

尊了貴了架勢就放開了，架勢放開了的吳成酒醉飯飽之際忽然想到一件事來，他聽說，上了一定檔次的酒店，上廁所時還專門有女服務員幫忙客人拉褲子拉鏈。

記得當時他聽後目瞪口呆了半晌，心說，要是自己也有那麼一天，可是死也值得了！

想一想都是可以從死裏笑活的美事啊，自己大大咧咧站那兒，有嬌嬌嫩嫩的小手為你解開拉鏈，等你酣暢淋漓尿上一通，人家又溫溫柔柔會為你鎖上拉鏈，做皇帝也不過如此吧！

吳成就醉眼蒙矓上了洗手間。

穿著白衣大褂，戴著大口罩的妹喜，是在拖衛生間的地時被吳成喝住的！

大著舌頭的吳成斜睨著眼站在抽水馬桶邊含糊不清說，過，過來！

妹喜認出是吳成，沒敢吭聲，耷下頭疑疑惑惑走過來，吳成一指褲子拉鏈，給，給老子，解開，開，老子，要尿！尿！

妹喜怔了一下，吳成惱了，怎麼，不，不願意，為，老子，服，服務！

妹喜把口罩往上提了提，別過臉，輕輕為吳成解開褲子拉鏈。她怕惹急了吳成鬧起來領班一進來就瞞不住自己的身份了，孰重孰輕她還是曉得的！

經理恰好就是在這會進來的。

經理很滿意，表揚妹喜說，嗯，為客人服務，就得攢著點勁兒，妹喜，回頭我給你漲工資！

經理滿以為妹喜會喜不自勝表示感激的，孰料妹喜一轉身，哭哭啼啼跑了出去。

吳成沒聽清妹喜的名字，吳成還很氣派往馬桶裏尿著，邊尿邊做出鄙夷不屑的樣子說，不，不就漲點工，工資麼，攢著勁兒，哭，哭啼個什麼事兒呢？

他以為這個在廁所裏上班的保潔員是喜極而泣了！

做一隻溫順的羔羊

張海亮小時候看電影少林寺，看出一個潑天大願來。

當然，這潑天大願擱別人眼裏是很可笑的，張海亮卻不這麼認為，別人看了少林寺的願望大都是要成為覺遠那樣一身俠義行走江湖的豪客，張海亮呢，他的潑天大願居然是……

呵呵，先允許我先竊笑一回吧，他的潑天大願居然是要做女主角白無瑕懷裏那隻溫順的小羔羊，可笑之極吧！

但張海亮不覺得可笑，他臉紅脖子粗地為這潑天大願跟夥伴們爭執說，龜孫才不願做那隻溫順的小羔羊呢，任牧羊姑娘的鞭子輕輕敲打在自己肩背上。

那是怎樣溫柔的一種敲打啊！

這麼一說，你肯定明白了，張海亮這孩子早熟。

然而早熟的張海亮卻沒能早點瓜熟蒂落，他的蒂一直頑強地牽扯在娘的那頭，直到三十也沒而立的意思，張海亮所在的小城，男人的而立，最重要的一環就是成家。

張海亮的這種牽扯讓娘有點心煩了，娘不是真煩張海亮，娘是煩自己沒孫子抱。

這麼煩了幾回，張海亮惱了，心說我出家當和尚去行不？完了就真的不管不顧出了門，直往少林寺那方向奔去，心病得要心藥醫！

偏偏，今時不同往日，少林寺輕易不收弟子，百無聊賴的張海亮就有點不知所措了，寺裏一和尚告訴他，難得來一趟，看看少林禪宗音樂大典也不錯。

張海亮很奇怪，禪宗音樂是可以看的麼？

這一奇怪，張海亮才曉得，少林禪宗音樂是一場實景演出，以禪為主題，感受禪與自然的主題，展示生命與輪迴的意境。

末了，和尚還念了一段偈語送給他，說春有百花秋有月，夏有涼風冬有雪，若無閒事心中掛，四季都是好時節！

張海亮心中顯然是掛了閒事的，沒准沉浸在禪意中，真的心就空靈了呢？

看一看，也算不枉此行了！張海亮就那麼著去了，一念間的事兒。

演出是在夜間開始的，一絲絲的涼風不經意襲上身，張海亮不由自主地抱了抱膀子。

居然，又讓他看見了兒時在銀幕上的場景，一個牧羊姑娘抱著小羔羊在山水間嬉戲著，張海亮喃喃自語了一聲，感慨說，做一隻溫順的羔羊，多幸福！

沉浸在劇情中的張海亮甚至情不自禁地把身子一側，躺了下來，仿佛牧羊姑娘正張開懷抱等著他這隻羔羊的投入呢。

要是再有牧羊姑娘的輕輕敲打，那他張海亮應該是不虛此生了，人這一生又有幾個人能實現自己的潑天大願呢？張海亮閉上眼，被催眠般進入半混沌狀態。

　　居然，真有敲打輕輕落在他的背上，在這個空山新雨後的夜晚，張海亮看見一雙裸足在眼前輕柔的翹動著，很有規律地翹動呢！

　　張海亮驀地一驚，糟了，自己一時情不自禁竟躺在一個女人的懷裏了。

　　似乎是感受到張海亮的不安，背上那隻手輕輕停下敲打，一個聲音俯在耳邊，吹氣如蘭說，幸福只在一剎那間，懂嗎？

　　張海亮就在一剎那間靜止下來，任明月松間照，任清泉石上流。

　　一剎那到底有多長久？張海亮在恍恍惚惚中，聽見木魚聲輕輕響起，有偈語再次隨風潛入耳中，一剎那為一念，二十念為一瞬，二十瞬為一彈指，一彈指六十剎那，一剎那九百生滅。張海亮就在這九百生滅中做了決定，娶回這個給了他一剎那幸福的女人。

　　事情居然也水到渠成了！

　　張海亮的潑天大願就這麼輕而易舉地實現了，現在他只要願意，每時每刻他都可以做一隻溫順的羔羊。

　　女人的敲打是溫柔的！這點張海亮沒半分質疑。

　　就這麼幸福下去，也沒什麼不妥的！張海亮有時候會咧開嘴巴這麼傻笑一下，就一下，又閉上了，閉上是因為他眼前出現了白無暇的影子。

　　自己女人的敲打跟銀幕上那個白無暇的敲打肯定是有區別的，或者也可以這麼理解，自己女人與別的女人的敲打是有區別的。

　　張海亮在而立之後又有了一個願望，不過絕不是什麼潑天大願，他只是想體會一下別的女人敲打跟自己女人敲打有什麼不同。

　　實現這願望不難，張海亮在一次酒後信步走進了一家踩背城，進去時他眼前晃動著一雙裸足，是他女人的，腳踩在背上跟手敲打背上的感覺，哪個會更好？他這麼恍惚著躺進了踩背城的按摩床上。

　　女人是在電視新聞的掃黃行動中看見張海亮的，鏡頭上的按摩女郎正一絲不掛和張海亮蹲在角落邊。

　　張海亮那一刻，真的是一隻溫順的羔羊呢，不過這隻羔羊眼中寫滿了張惶。

　　幸福真的只是一剎那的事呢！

　　女人沒坐穩，從沙發上歪倒下來，一剎那間，九百生滅了！

回首婚姻

……一個人的一生應該這樣度過，當他回首往事的時候，不因虛度年華而悔恨，也不因碌碌無為而羞恥……

劉成舉這會兒就正在回首往事，只是劉成舉的一生才走了不到一半，因而他能回首的往事就十分有限，那麼，退而求其次，回首一下他的婚姻吧。

婚姻畢竟是人生歷程中的重中之重，哪怕你只走了不到一半，因為重，劉成舉回首時就多了幾份嚴肅，多了幾份思考，當然，也多了幾份投入。

投入前他先透過陽臺上的窗戶望了進去，很好，媳婦李小雨正在看那種無聊的韓劇，一般這時候，她是心無旁騖的，很好，這種情況下很適合劉成舉來做一會兒思考。

思考前，他先點了一根煙思考，這樣顯得莊重一些！劉成舉不是什麼舉足輕重的人物，很難莊重一回，這樣一莊重吧讓他多少有了點成就感。

其實說到成就感，劉成舉在婚姻之前還是有一點的，那就得追溯到和李小雨的戀愛時光。

不知是哪個水貨哲學家說的，戀愛開始時，男人喜歡扮演救世主的角色，戀愛結束時，女人喜歡扮演受害者的角色。

是的，在當年和李小雨戀愛時，連下一場毛毛雨李小雨都會可憐巴巴抱著肩膀期望劉成舉從天而降，為她撐一把遮風擋雨的傘，更不用說在一隻蟑螂突然躥出來襲擊一下了，那時候往往一聲尖叫未完，劉成舉已手疾眼快把她摟在懷裏了。

劉成舉的救世主角色扮演得是成功的，有次，李小雨明明看見那隻蟑螂很紳士地走了，劉成舉還很不紳士地摟住她不放，不放也就算了，劉成舉竟然還恬不知恥附在李小雨耳邊說，讓我多摟一會吧！說這話時，李小雨還沒答應劉成舉的求婚，李小雨羞紅了臉說，以後有你抱的日子！

劉成舉被這句話助長了體內某些瘋長的氣焰，當天把李小雨抱著直接拖進了自己的婚姻。

這樣的婚姻究竟有什麼值得回首的呢？劉成舉把那根香煙快吸完了，還沒回首出什麼可圈可點的地方。難怪世界上那麼多童話故事，只講灰公主嫁給王子過上了幸福生活就結束了。

至於進入婚姻生活的王子和公主過得幸福不幸福，並沒一個人往下寫，可見，婚姻生活是不幸的！

劉成舉自然就聯想到了自己的不幸。

有一次，劉成舉陪著李小雨去逛街，目光游離李小雨的時候多了一些，出現這種情況，當然是大自街上有了貌雖不至傾城也足可傾眾的女子。

攔戀愛那會兒，李小雨肯定會說，看吧，看吧，有比較才有區別！李小雨一直長得比較自信，而且還比較淑女風範。她的主張是，美的東西總歸是讓人欣賞的，欣賞是可以提升愛情的。

要不欣賞自己，劉成舉也不會死纏爛打和自己結婚啊！

但眼下不同了，李小雨一點也不淑女地表達觀點了，而是不無鄙夷地白他一眼說，成舉啊，通過婚前婚後我對你的瞭解，發現男人分兩種！

哦！說來聽聽！劉成舉目光並沒離開那女人順口中接了一句。

一種是好色！李小雨輕描淡寫說，見劉成舉目光受了驚一般縮回來，李小雨笑笑補上一句，不過你不屬於這一種！

劉成舉暗自慶倖鬆口氣問道，還有一種呢？

還有一種吧，是……李小雨一字一頓吐出四個字來，十分好色！

劉成舉受了奚落，臉上顏面掛不住了，劉成舉就奮起還擊說，通過婚前婚後對你的瞭解，我發現女人也分兩種！

哦，願聞其詳！李小雨把手從他胳膊上抽出來，一臉警惕望著他。

劉成舉笑了笑，說一種是偽裝不淑女！當然這種女人跟你不相干。

另一種呢？李小雨咬了咬嘴唇。

劉成舉不看李小雨了，沉吟了一會說，另一種嗎？是偽裝淑女！說完劉成舉拍拍屁股揚長而去。

果不其然，身後傳來李小雨一點也不淑女的跺腳叫罵聲。

原形畢露了不是？劉成舉想到這兒苦笑一下，再一次透過窗戶望進去，客廳裏，李小雨腳丫子翹在茶几上，滿嘴的瓜子殼兒正天女散花般飛向地板，怎麼不淑女的一個人啊！劉成舉的痛苦像煙霧一般在五臟六腑中擴散。

唉，一段不堪回首的婚姻！而不堪回首的婚姻是一切悲劇發生的源頭。劉成舉總結出這段話後抱著頭俯身在陽臺上一臉悲憫地看著芸芸眾生，街上如織的行人中，一男一女的面孔逐漸清晰起來。

很淑女的一個女孩正挽著男孩的手走在大街上，如同當年他和李小雨的再版。

男孩的目光游離著，漸漸定格在另外一個女人身上，女孩很淑女地把頭擱在男孩肩上私語著，一定也是那句欣賞可以提升愛情吧！

劉成舉忽然覺得自己有必要提醒男孩一句，劉成舉就衝男孩悄悄揮手示意，明目張膽地提醒會引來女孩的反感的，劉成舉想把事情做得含蓄點委婉點。

但男孩清晰的面孔卻對他視而不見。

劉成舉急了，使勁一傾斜身子，想俯耳過去給男孩私語一句，私語什麼呢，當然是女人分兩種了，一種是偽裝淑女，一種是不偽裝淑女！

男孩身邊的，可不正是偽裝淑女的那種？

劉成舉傾斜的幅度比較大，大得像一架失事的飛機一樣傾斜了下去。

事後，小城人對這個離奇的跳樓案有一個共同的認定，那就是，這個男人的婚姻生活一定遭受到某種不幸，因為單位正打算對他進行考核提升。

收手

李一鳴在進酒吧前，腳步還是遲疑了一下，腳步遲疑是因為他腦子遲疑了一下。

李一鳴腦子遲疑是緣於他做了一個決定，這個決定很簡單，如果今晚他和黃玉梅還沒有戲的話，那他就此收手。

事不過三，一個男人，不可能永遠在女人面前低三下四的，尤其像他這樣一個未婚的男人在一個已婚的女人面前。不及時收手，他會一輩子沒臉抬頭做人的，儘管這事就他們兩人知道，可自尊心只一個人需要啊！

之所以遲疑還有一個原因，真要收手李一鳴還是心有不甘的，他這麼決定只是有點賭氣行為而已。

其實，認識黃玉梅何嘗又不是賭氣行為呢。

李一鳴是那種不善交際的人，千萬別錯誤地認為不善交際的人不懂道理，李一鳴就相當懂道理，是過了頭的那種懂。

他從學校畢業一找到工作就隔絕了與人來往，當然這隔絕是指下班時間，他用隔絕時間看了大量的閒書，懂得了大量不為人知的閒理，比如說他剛剛懂得的一個閒理就是——女人喜歡被挑逗。

挑逗能讓女人有成就感，有了成就感的女人當然就會回報挑逗方，如同眼下流行的招商引資一樣。當然不光眼下，就連我們的老祖宗在這方面也早有定論，投之以桃，報之以李！

李一鳴還沒來得及投桃呢，門被拍響了，是他娘！娘拿手揉了一下眼，這已經成了娘的經典動作，一揉，眼就紅紅的，有血滲出的模樣。

李一鳴就知道，娘又來逼婚了。

李一鳴不等娘開口，沒好氣說了一句，找女人也得先研究女人心理啊，我這不正查資料嗎？

娘一撇嘴，關在屋裏你就是寫一本關於女人的書又怎麼樣，還是撈不著女人的邊！

這話讓李一鳴很受打擊，李一鳴就賭氣說，那我就撈一個你看看！完了一扔書本，轉身出了門。

他出門並不是真想找女人的，他只是借此躲開他娘。偏偏一出街角，一個女人嫋嫋婷婷的身影撞進了他的眼睛，李一鳴被女人的身影一撞想起那個閒理來，女人真的都喜歡挑逗嗎，要不要就此印證一下？

李一鳴思索再三，從口袋裏摸出手機，他打算冒昧一回給女人拍張照片，儲存

在自己手機裏。說幹就幹，李一鳴三兩步趕上女人，對女人說，美女，麻煩你看我一秒鐘，行嗎？

女人被他的話弄得莫名其妙的，盯了他足足不下於十秒，夠了！李一鳴飛速舉起手機，按下了拍攝鍵。

女人說，你幹嗎啊！

李一鳴這才發現，女人的眼睛比她臉蛋更誘人，水葡萄似的黑眼珠藏在斜挑著的眼角下，問他話時一挑一飛，像燹光光的桃花水直往外飛濺。

李一鳴靦腆地一笑說，不幹嗎，想定格一下美好時光唄！

這話說得很有情調，女人就嬌嗔地一笑，說定格美好時光也不用這麼唐突襲擊人家啊！

李一鳴這才發現自己失態在大庭廣眾之下，幸好他看書多反應也快，立馬伶牙俐齒接上一句，沒辦法，是你的美麗讓我勇往直前了！

美麗不是女人的錯，勇往直前也不是李一鳴的錯。

挑逗就順理成章進入主題了。

那一次，兩人聊著走完大半個小城的街道，有點相見恨晚的意思。

我先前說過，招商引資是很自然的事。第二次見面自然就是蓄了意的，在相同的地點相同的時間兩人又偶遇上了。

李一鳴就投石問路了，問的結果是兩人問到了天上人間酒吧一個包間裏，路自然出來了，女人成了家！男人是個計程車司機，經常把女人一人放在家裏，李一鳴想到另外一個閑理，女人是最空虛不得的動物，李一鳴想，自己為什麼不乘虛而入呢？

黃玉梅是虛的，那天，陳一鳴的手剛攬上她的肩頭，黃玉梅就虛虛地倒進了他懷裏，李一鳴第一次發現，女人的唇會開成一個小花骨朵，豔豔的紅，濕濕的熱，李一鳴在這份濕熱與灼紅下正要把手探向黃玉梅的胸脯時，黃玉梅忽然掙脫開來，說，我希望你能做得更優雅一些，更從容一些。

李一鳴訕訕住了手，他想不出來怎麼樣才能做得優雅而從容，氣氛自然就冷了一半！

這一冷吧，讓李一鳴想起關於喝茶的一個閑理，二道茶味再好，也沒頭道茶味濃！李一鳴喜歡濃濃的挑逗。

兩人分手時，黃玉梅附在他耳邊說，下次吧，我還沒做好紅杏出牆的準備呢！這理由讓李一鳴納悶，出牆需要準備嗎，李一鳴不知道，黃玉梅的準備是要和男人離了婚再嫁給他。

那樣的出牆是理直氣壯的，甚至可以是紅杏牆頭春意鬧的，想一想那才是可以定格的美好時光呢！

因為遲疑，李一鳴的反應有點遲鈍，口袋裏手機響了幾次他都沒有聽見，等他做好決定正要抬腳時，才聽見手機固執的呼叫。

摸出手機，李一鳴看了一下號碼，是黃玉梅的，會不會臨時有事，來不成了？李一鳴急忙摁下接聽鍵，往後退了三步，退步是因為酒吧門口太過於嘈雜，影響通話質量。

李一鳴退得有點倉促，一點也沒發現身後有輛計程車正飛駛過來。砰一聲響，李一鳴身子彈了出去，接著彈起的還有黃玉梅的嬌嗔，一鳴啊，你快來，我做好出牆的準備了！

肇事車主是個男人，男人失魂落魄趴在方向盤上，手裏還捏著一份離婚證，證上的女人眼角斜挑著，汪著兩顆黑亮亮的水葡萄。

感覺良好

陳新建對著鏡子捋了捋幾根並未越位的髮絲，自我感覺非常良好。

剛要邁步，想想，又在鏡子面前背過身子，把頭扭到側邊，用眼角餘光掃了一眼鏡子裏的自己後頸窩。

離婚前，老婆動不動就罵陳新建後頸窩的頭髮弄得像個鴨子屁股，可那是陳新建的錯嗎？應該歸咎於老婆才對，老話講了的，後頸窩的頭髮，抓起來一把，看不見一根，誰能看見身子後面的事呢，就譬如他們後來的離婚，老婆能看見嗎？切！

離婚就意味著獨立！

獨立好啊！陳新建感歎萬分地用手拂了一下後頸窩，一絲不苟的一叢短髮呢。獨立的好處就是，即使愛情消失了，你也能活出個瀟灑的姿態來！

因為這點瀟灑，陳新建邁步出門的感覺良好得不行，有這種姿態的男人，眼下並不多，大多數男人正被婚姻生活壓得喘不過氣來，腦海裏早遮罩了瀟灑這兩個字。

陳新建是去赴約的，這基本成了一個離婚男人必須重新走過的歷程，像紅軍當年的二萬五千里長征。

陳新建今天，重走長征路的第一步呢，所以他走得很慎重。

地點選擇在一茶樓。

茶樓好，茶自峰生味更圓，泉從石出情亦冽！陳新建以為，好女人就是一道茶，一道男人品了還想再品的茶。

果然是個好女人，眉目生煙，端坐那兒，既有蓮的端莊，又有蘭的淡雅。見到陳新建，女人起身致意，風卷旗袍出，白玉翻飛，陳新建眼神恍惚了一下。

不帶觀點地說，儘管女人是離了婚的，但女人還是精緻的！

就喝茶！

一口下肚，陳新建笑了笑，問，怎麼離的？

之所以這麼問，是陳新建覺得吧，這麼精緻的女人，換了他是不會離的，放在身邊怎麼說也是一道景致呢！陳新建一直認為，女人就該是男人的景致。

女人抿了口茶，是我不要他的！

這話有點對陳新建味口，也是的，找個被人拋棄的女人，怎麼著也有拾人牙慧之嫌。

陳新建就敲著指頭猜測，他有了外遇？

女人笑，你認為會嗎？

陳新建又仔細打量一下女人，認為不會！以陳新建的思維邏輯推理，男人若找外遇，必須得比自己老婆強，男人都有從眾心理，找個不如自己老婆的女人，純屬自降消費水平。

那是因為什麼？陳新建咽了一下口水，他不喜歡太強勢的女人，現在，他有理由懷疑女人因為太強勢，忍受不了自己有個窩囊男人。

因為他不顧家！女人再抿一口茶。

怎麼樣的男人叫顧家？陳新建暗自慶倖，這個精緻女人與強勢無關。

不享受婚姻生活啊！女人停住手，作為男人，你們更有理由明白這一點的，走進婚姻不是為了享受，而是建設！建設，懂麼？

這觀點陳新建懂，陳新建就認真點了點頭，表示認同。

離得徹底麼？陳新建又問，他是個把婚離得很徹底的人，潛意識希望對方也是。

不徹底，又複過一次！女人毫不忌諱他這一問，隨口答了過來。

又複過一次？輪到陳新建不解了，好馬不吃回頭草的呢！

女人笑，你以為我是為男人啊，大錯特錯了不是，我是為了孩子！見陳新建還猶如木雞呆而不解，女人又啜一口茶，說，我得給孩子一份完整的愛，你明白了？

明白了！陳新建再次點頭，不過疑惑又浮上來，那幹嗎不完整愛下去呢？

女人皺皺眉，我是有這個打算，但這一回，是他不幹了！

他為什麼不幹？失而復得也好，破鏡重圓也罷，於男人都是有百利而無一害的啊！何況，因了這點變故，男人還可以高高在上一回的，最起碼掌握了主動權不是？陳新建有點不明白了。

望著陳新建張大的嘴，女人眉毛眨了幾眨，眨出幾分憂戚來，女人抿一下唇，他說他獨立慣了，不想再受哪個女人的使喚！

那你可以讓他使喚啊！陳新建想了想這麼接了一句。

女人忽然把那幾分憂戚收了回去，敢情你們男人都以為天下女人是這麼賤啊！

陳新建心說，你都被男人拋棄了，不賤你還找男人幹啥？

女人不言語了，搖搖頭，十分莊重地把茶杯遞到自己眼前，仔細看一眼，拿嘴吹一下，再看一眼，再吹一下，忽然沒來由衝陳新建說了一句風馬牛不相及的話來，這茶，是兌了水的剩茶，你不要喝了罷！

是嗎，兌了水的剩茶你都能品出來？陳新建一怔。

是的，能品出來，倒了吧！女人手腕一翻，那杯茶就倒在了垃圾桶裏。

既然是兌了水的剩茶，陳新建也不覺得可惜，跟著往垃圾桶裏倒，倒完，他打了響指，示意服務員再換一杯，孰料女人旗袍一展起了身，伸出手婉婉轉轉說，再見吧！

再見？陳新建滿臉狐疑望著女人，萬裏長征不是才剛起步嗎？是的，陳新建認為，這個女人目前應該極其想得到一份感情施捨的，而自己恰好又貯存了大量可供

施捨的感情，怎麼就急著說再見呢？

對了！女人走到茶房門口時，冷不丁回過頭展顏一笑說，也該問你一句話，你愛人跟你說再見時，一定不是居高臨下的吧！

居高臨下，她可以嗎？陳新建輕蔑地一撇嘴，撇完後才覺得不對勁，剛才女人倒茶的姿勢很有點居高臨下啊！

陳新建嗓子眼被狠狠堵了一下，他乾咳兩聲，咳出一肚子剩茶的味道來！

那感覺不好極了，他明明白白只喝了一口的啊！

狹路

穿過前面這條狹窄的小巷，就到家了，可兒放慢車速了，一是小巷太暗，她眼神不好，二是自行車車況不好，除了鈴鐺不響全身都響。

夜深，她不想讓喱嘟喱嘟的聲響吵醒別人的好夢，在快節奏生活的都市，做個好夢有時也是一種奢侈！

眼下，屬於可兒的好夢是結束了！

明天，她又該買一大堆晚報早報什麼的，在中縫上逐字逐句尋找適合自己的用工資訊了。

昨天，夜總會的一個部門負責人找到她，只說了一句，明天，你把賬結了，我們這兒要作人事調整呢。

一個在夜總會包房門口兜售香煙口香糖的編外人員也需要做人事調整？呵呵，事後回想起來，可兒的眼淚都差點笑了出來。

只是這笑，太過苦澀了一些。

良子把頭盔輕輕取下，減了速，慢慢向前面的女孩靠過去。頭盔上的玻璃讓他視線不良，兩米寬的狹巷，得拿捏好分寸，良子是飛車一族，對付單身女子他有十成的把握。

女孩身上的坤包鼓鼓的，當然，女孩的胸脯也鼓鼓的，良子只劫財，劫色，他良子犯不著，良子打小有女人緣。

三米，兩米，一米，良子猛然把車燈打亮，女孩下意識地抬左手去遮眼睛，坤包的背帶順勢晃離了身體，良子的右手一探，女孩肩上的背帶就到了手上。

女孩的反應夠快的，雙手同時脫離車把，攥緊了坤包的背帶，自行車龍頭一歪，喱嘟一聲倒下來。

良子的腳趕忙一點地，左手穩住車把，右手一使勁，嗓子裏低吼一聲，放！

女孩倒在地上，雙手卻沒放的意思。

良子火了，一加油門，我拖死你！

摩托車一聲轟鳴，躥了個老高，卻沒躥出去，橫在地上的自行車把良子從摩托車上巔翻下來。

車燈下，良子氣急敗壞的臉一下子暴露出來。

良子慌了神，車轉身就跑，街道上已有聯防隊員的手電筒往小巷裏射進來。

可兒就在一片燈光中暈了過去，暈過去前，可兒還記住了車燈下，一張因氣急敗壞而惶恐不安的臉。

可兒花了一上午時間去找單位應聘，下午，該看弟弟了！她把自己盡力整理得清爽一些，看起來不那麼潦倒，她要讓弟弟在裏面知道，自已有能力讓爹媽過得很好！

可兒是在探望弟弟出來時碰見的良子。

可兒原本是低著頭的，來這個地方的人，沒幾個人揚著頭。

但良子的聲音讓可兒抬起了頭，可兒明明白白聽見一個似曾熟識的聲音說，麻煩一下，我來探望成剛，成剛是可兒的弟弟呢！

可兒就抬起頭，非常專注地衝這個聲音望過去，一張驚慌失措的臉立馬呈現在眼前。

良子的腳步往後趔趄了一步，不過他沒敢撒開腿跑。

可兒不說話，在門外長椅上坐下來。

良子遲疑半刻，進去了，再出來時，頭紮得低低的，心虛地看著周圍荷槍的武警。

回去吧！可兒揉揉昨天被摔得發青的大腿，衝良子說，拖我回去啊！

可兒看見良子又換了輛摩托車。

良子很溫順，拖上可兒往回走。

在哪兒牽的羊，可兒拍拍座下的摩托車，她知道賊不喜歡說偷，把弄上手的東西叫順來的。

良子不說話。

可兒頓了頓說，以後你不用來看成剛了，成剛沒你這樣的朋友！

良子喊了聲姐。「我就良子一個朋友呢！」可兒隱隱約約聽弟弟說他出事，是為一個朋友抱打不平時失的手！

可兒說別喊我姐，我弟傷人，是失誤，而你搶劫，是蓄意！

良子說有什麼不對嗎，不都是犯罪！

可兒一字一頓說，當然有區別，你走的是狹路，狹路是越走越窄的，最後就沒有了路！

良子回想起來，還真是的呢，自己每次下手，都選的是狹路。可除了狹路，自己還有路嗎？

良子就回過頭，看可兒，可兒眼裏很清澈，清澈地顯現出一條通天大路。

通天的路，我能走嗎？良子怔怔地望著可兒。

能走，只要你肯回頭！可兒笑了笑，不過，回頭是要有勇氣的！

第二天，可兒在晚報上讀用工資訊時發現頭版有個醒目的標題，浪子回頭，飛車賊要走通天路！下麵是良子投案自首的圖片特寫，特寫中良子眼神前所未有的清澈。

可兒在這片清澈中加快了腳步，找工作要緊呢，以後的日子裏，她又多了一個要去探望的弟弟，這樣的探望，對一個女孩子來說，同樣是需要一定勇氣的！

擔待

跟想像中有區別！

依李浩以往看過的A片和地攤雜誌上的情節，女人應該一進出租屋，就三把兩把扯下自己身上的衣服，一絲不掛地斜躺在床上，叉開雙腿，用十分淫蕩的口吻對他說，寶貝，來吧！

做這種職業的女人，一般把時間看得很緊，接一個客就多一份收入，用分秒必爭都不為過。

然而，想像總經不住事實的推敲。

女人進了屋，卻沒急著扒掉衣服，而是慢條斯理從茶壺裏倒了一杯茶，衝李浩微微一笑，走那麼遠，渴了吧？

李浩的喉嚨在女人的笑容中乾乾地響了一聲，嘶嘶地，像蛇在喉嚨裏吐著信子，李浩眼下不光口裏渴，身體上更渴！

不渴才怪呢，結婚不到半個月就出來打工，像貪吃的孩子，剛剛在宴席上品嘗了兩個配碟，主菜沒上就被強行趕下席位，心中的那份嚮往可想而知。

眼下，李浩不嚮往任何美食，他嚮往的是一汪春水，這汪春水正在面前這個女人身上蕩漾著！

女人是水，誰說的呢，誰說的都不重要，重要的是李浩想融化這汪柔水裏。

李浩在融化之前，甚至為他的荒唐之舉想到了很有情調的四個字——露水夫妻！

也就是說，李浩沒簡簡單單把這個女人當成那種賣皮肉的野雞。

李浩接過茶來，鼻尖上有了汗，說了一聲，謝謝大妹子！謝謝？女人驚奇地打量了李浩一眼問，第一次在外面找女人？

李浩局促不安地笑了笑，沒說是，也不說不是，怎麼說他都怕被女人看輕自己。

女人忽然垂下了頭，我也是！完了怕李浩不明白似的補上一句，第一次接客，做得不好的地方，大哥多擔待！

李浩被這聲擔待喚出一絲溫暖，擔待是他老家的方言，難怪自己會糊裏糊塗地跟女人走到出租屋裏來呢！李浩就慌慌張張掏口袋，摸出那張被他在太陽下照了一遍又一遍的五十元錢，錢的紋路裏有他的汗水呢！

不急的！女人推了過來，說我想點上一對紅燭，喜慶點，好不？

點紅燭？李浩有點不解了，望著女人。

是這樣的，露水夫妻也是夫妻啊，以後回想起來，也有點意思！女人紅了臉。

能有什麼意思呢？李浩呆呆地把眼落在女人的粉頸上，女人的皮膚很好，比臉上要光潔，又不是洞房花燭！李浩想。

由她吧！

女人點了紅燭，滅了電燈，走近床前，挨李浩坐下，大哥，你不想說點啥？

說啥呢？李浩心裏說，一個嫖客，說啥也都顯著假，透著虛！

李浩就啥也沒說，猛一扳女人肩頭，把女人壓在了身下，新婚之夜，他也是這麼做的。

女人沒掙紮，小聲說了句，輕點，隔壁孩子剛睡著！

李浩管不上隔壁孩子了，李浩眼下就是個孩子，他笨手笨腳去撕扯女人衣服，撲哧一聲，女人胸前的扣子蹦飛了兩顆，半截酥胸露了出來，像沒娘的孩子，李浩把臉埋了上去，貪婪地吮吸著。

女人一把抱住李浩的頭，呻吟說，乖，別動！

像著了魔怔，在奶香的襲擊下，李浩真的一動不動了。

怎麼想到做這種事？李浩在奶香中抬起頭，悶頭悶腦問了一句。

孩子沒奶粉了，我的奶水苦，孩子不願吃！女人歎了口氣。

苦奶子，是鄉下的說法，其實，再苦的奶子，男人也應該吃的！李浩在心裏苦笑了一下，他打小就沒吃過奶，娘是難產死的，把他單獨留在了世上。

就為掙袋奶粉錢？他爸呢！李浩不解了。

他沒爸！女人閉上雙眼，眼角卻亮晶晶的。

打工女被騙失身做單親媽媽的故事在這座城裏屢見不鮮！李浩心裏暗了一下。

不打算回鄉下？李浩又問。

回鄉下，這孩子咋辦？女人眼一紅，大哥，別耽擱時間了，我還得出去的，今晚開局好，我想多接一個客！

李浩鼻子裏一酸，身子骨就軟了，李浩輕輕從女人身上滑了下來，滑下來的李浩不說話，開始翻鞋底，鞋底還墊有四百元錢，以防萬一的，明天他就要離開這座城市了。

李浩掏出錢來，擱桌上，說，大妹子你擔待點，哥我就這點家當，拿去吧，做點小生意，往前走一步，給孩子找個爹吧！

女人沒拿錢，望著李浩，你是黑王寨的人？李浩這次點了頭，點完頭李浩又補上一句，我們可以活得不像個人，但孩不能活得不像人吧！

孩子像聽懂了李浩的話，在隔壁房間哇一聲叫了起來。

女人衝過去，抱起孩子，孩子的眉眼很清秀，清秀得令李浩不敢去對視。

那裏有一汪清泉呢！

李浩整了整衣衫，出門。天還沒黑透，露水還沒起來，但李浩的步子卻灌了水般的沉重。

媳婦在電話裏說，他們的孩子就在這幾天出世，掙不上錢不要緊，但不能讓孩子睜開眼看不見做爹的影子。

讓孩子多擔待自己吧！那些錢他是準備給孩子帶點禮物的。李浩邁步走回工地，工地的行李中，還夾著路費，有回頭的路費，還怕看不見未來的日子？

哈拉子

張文錦是被酒精燒醒的，口乾，乾得連哈拉子都流不出一滴，張文錦伸出手在床頭櫃上摸索了幾下，啪！燈就開了，床頭櫃上有醒酒茶，張文錦咕咕咕灌了一氣，茶從喉嚨一直涼到胃，總算滋潤了。

被滋潤的感覺讓張文錦記起老婆的好來，張文錦就扭過頭，去看老婆。老婆睡得很熟，張文錦留意到熟睡中的老婆好像還有輕微的鼾聲響起。張文錦皺了一下眉，像老婆這麼精緻的女人怎麼會打鼾呢？張文錦一直認為，打鼾是男人們的事，女人要是打起鼾來，可就大煞風景了。張文錦的目光就在老婆臉上多停留了一會，這一停留吧，居然！我之所以用居然還加了感歎，是張文錦發現了比煞風景更敗興的事。

一串哈拉子順著老婆嘴角往外漫了出來。

曾經多麼精緻的女人，連眉毛都修得一絲不苟的女人，竟然任哈拉子掛在嘴角。

張文錦心裏堵了一下，一句網上流傳的話迅速躍上腦際，欣賞可以提升愛情，容忍可以維持婚姻！

張文錦容忍著把目光從老婆臉往下移，因為是夏天，因為老婆喜歡裸睡，老婆就在張文錦眼裏一覽無餘了。

下垂的乳房，交錯的妊娠斑，鬆弛的小腹，這樣一個女人自己以前怎麼就稀裏糊塗欣賞上了？而且還同床共枕了八年。

八年，是可以讓小日本鬼子宣佈無條件投降的時間呢，張文錦苦笑了一下，莫非，自己也向婚姻無條件投降了不成，太不甘了！張文錦點上一根煙，起來，走進電腦房，他太需要找個人聊聊了。

電腦打開時，張文錦看了一眼顯示幕，零點了，會有人在線上嗎？

偏偏就有人在線上，是一個張文錦一直很少聊過的女網友，那天加她時剛好也在零點，女網友有個奇怪的網名叫零點尖叫。

張文錦一向以為，這不過是女人嘩眾取寵的一種手段罷了，哪個女人會天天在零點上網呢，稍微有點愛惜自己的女人都知道，夜晚十點到凌晨三點是女人最佳睡眠期，這期間有個高質量的睡眠相當於變相的美容。

這種美容的功效可是花多少錢都換不了的。

咋就有這麼不珍惜自己的女人呢？張文錦心想。

見到張文錦上線，零點尖叫發過來一張笑臉，說這下我信了，守株是可以待到兔的！

張文錦說我是狡兔，守到也沒用的！

狡兔有三窟，怎麼，對婚姻有點失望了，想找第二個窟？零點尖叫笑。

憑什麼說我對婚姻失望？張文錦見不得自以為是的女人。

零點尖叫得意洋洋地說，大凡男人這會兒上網，肯定是婚姻不對勁！

張文錦不服氣，說那麼請問你，大凡女人這會上網，又該肯定婚姻怎麼了呢，不會也是不對勁吧！

肯定女人沒有婚姻啊，瞧你，犯邏輯性思維錯誤了吧！零點尖叫才思倒挺敏捷，一下子就回擊過來。

張文錦沒對女人示弱的習慣，立馬敲出一句話反攻，怎麼，像你這麼才思敏捷的人還不能讓男人安定下來？

零點尖叫發出一個疑惑的表情來，此話怎講？

張文錦賣弄地謅出一段文字說，女人並不是因為安定了才想要結婚，而是無法與某人安定下來，所以才想到結婚！

零點尖叫沉默了幾秒，忽然說，持有這麼見地的男人一定很優秀吧！

怎麼，想瞻仰瞻仰？張文錦也覺得自己這段話實在很優秀。

於是雙方不約而同點開了視頻。這一回，尖叫的不是女人，是張文錦。這文錦沒想到女人穿那麼少，吊帶小睡裙小得像露臍裝。

女人笑著虛空點了一下張文錦，不許有非分之想喲！

張文錦也虛空回應一下說，許你坐懷，不許我亂啊！

女人就笑，就這麼點定力？

對美的東西要持欣賞的眼光才對的，不然美就失去存在的意義了！張文錦巧妙的誇了女人一句。

女人不糊塗，說更美的東西是藏著掖著的！

張文錦趁熱打鐵說，我覺得還是展示出來才具魅力！

女人沉吟了一下，你能保證你是以審美的眼光來欣賞，而不是以猥瑣的目光來褻玩？

我能！張文錦故意挺了挺身子，做出一副正人君子相。

女人把吊帶裙放下半邊，渾圓的肩頭下，半邊乳房在蕾絲花邊中有如蓓蕾綻放，那該是怎樣豐盈的一枚果實啊，張文錦情不自禁把臉貼近顯示幕，作了一次悠長的深呼吸。

有幽香襲來呢！張文錦情不自禁地張開嘴。

沒來由的，對面的女人尖叫了一聲，玻璃破碎的聲音一下子撞擊在張文錦的耳脈裏。

女人的尖叫分成八個音節，哈——拉——子，太——煞——風——景——了！

像給女人作證似的，一串哈拉子掉在電腦桌上，張文錦還沒反應過來，女人已飛快轉過身子關了視頻。張文錦閉上眼睛，不管不顧地回憶女人剛才的背影，手中的滑鼠失去方向，漫無目的點出這麼一行話來，一個有著優美背影女人的最佳動作就是轉身離去，而回憶就是這樣的一種女人。

在張文錦的回憶中，老婆婚前那張嬌羞可人的臉逐漸生動起來，一點一點把張文錦的眼角滋潤。

零距離

女人把眼色抬了一下說，靠近我點！

男人靦腆地一笑，已經零距離了啊！

女人說，零距離是最大的奢侈，懂嗎？

男人不懂了，搖頭。

女人說，摟著我！

男人猶豫了一下，四處探望一眼，手就環在了女人腰上，很柔荑的小蠻腰，男人忽然就明白為什麼會有「楚王好細腰，宮中多餓死」一說了。

女人把嘴附上男人耳朵，有芝蘭之氣襲上來，女人聲音婉婉轉轉的，閉上眼！

男人臉就紅了，韓劇中的熱吻鏡頭清晰再版在腦海中！

一臉期待的男人閉上了眼。

偏偏，卻是耳垂上輕輕一酥，女人的兩片紅唇抿住了男人耳朵。

像蜻蜓點水一般迅捷，男人一擰身，把女人擁進懷，啥叫小鳥依人？

女人這會就是小鳥依人了！

男人用下巴在女人頭髮上蹭來蹭去，女人閉上眼，不說話，一任男人的吻在頭髮上滑過，漸至眼瞼，臉頰，鎖骨，女人低低地呻吟了一聲。

男人的舌尖收了回去，喉嚨深處也呻吟了一聲，跟著就兩手用力，緊緊擁著女人，像要把女人定格在時光中，一任自己的眼神來雕琢。

這很應景，他們所在的酒吧，就叫雕琢時光。

其實任誰都知道，時光是經不起雕琢的！

他們兩人更知道，因為一小時後，女人乘坐的航班就要起飛了。

會記得我嗎？女人抬起頭，淚眼迷離地問了一聲。

男人使勁點頭，拿手刮了一下女人鼻子，當我記性這麼差啊！

女人的淚忽然就砸下來了，哭得肩膀一抽一抽的，男人的手滑過女人肩頭，女人的肩是瘦的，柔若無骨的那種瘦！男人輕拍女人肩頭，說妖精還會哭啊！

女人就破涕為笑了，在電話裏，男人常喊女人小妖精的。

女人用紙巾擦乾淚，說人家哭是因為開心嘛！

男人顯出一副輕鬆表情來，我還以為是我欺負你了呢！

欺負妖精？你以為你是法海啊！女人使勁把頭往男人懷裏拱。

男人知道自己做不了法海，要做也只能做許仙，生生世世與妖精纏繞的那個書生。

只是，這份纏繞也是奢侈的，畢竟雙方都入了圍城。

想到這，男人輕輕歎了口氣。

女人很敏感，捕捉到這一資訊，女人撅起紅唇撒嬌說，不願意接受這份愛啊！

男人隨口吟出一句詩來，不是不去愛，不是不想愛，怕只怕，愛也是一種傷害！

吟完男人心裏流淚了。

女人眼裏再次紅了，不過這次女人控制得很好，女人從男人懷裏站起來，說，再這樣我們都走不出酒吧大門了，別人會以為我們是生離死別呢！

男人也起了身，幫女人理了理雲鬢，雙手再次環定女人的纖腰。女人閉上眼，滿以為男人會吻上自己紅唇的，孰料，男人的舌尖也停在了自己耳垂上，兩片寬厚的唇恰到好處地抿在一起，男人輕聲呢喃說，把更美好的東西留在心中吧，這樣的期待會更醇美一些！

女人是上了飛機才淚雨滂沱的，以至那天，本來晴好的天氣竟下起了太陽雨。

女人手裏有本雜誌，雜誌上有這麼一句話，被女人認真地打上了紅線——我不知道我見了你，是該開心得大哭，還是該幸福得流淚……

應該是幸福得流淚吧！女人私底下這麼以為。

當天晚上，男人去了一家網吧，女人走時有個約定，晚上在網吧用視頻見面，畢竟兩人這次見面不到兩個小時，許多話還沒說完呢！

看到女人上線，男人點開了視頻。

男人在語音中問她，還好嗎，小妖精？

不好！女人壞笑著說，丟貴重東西了。

男人緊張起來，丟什麼了？

心啊！我的傻哥哥！女人在那邊捂了嘴笑。

男人也笑，說就知道你捨不得我。

女人調侃，見過臉皮厚的，沒見你這麼臉皮厚的，誰捨不得你啊！

男人加以糾正，應該這麼說，見過自信的，沒見過你這麼自信的！

女人不調侃了，端坐了身子說，聖經上有這麼一段話，不知你讀過沒有？

男人也端坐身子說，願聞其詳！

女人一字一句打了過來，其實，我們每個人都有四位愛人相伴，小老婆代表軀體，無論花費多少精力去裝扮她，終究會棄你而去；三老婆代表金錢地位，終究不能隨身同行；二老婆代表親人，可以帶來快樂，也只能送你最後一程；至於大老婆，她是我們的靈魂，當我們沉迷於金錢感官享受時，她常常被遺忘，結果她才是唯一與我們終生相伴的！

男人說我懂你的意思了！

女人眼裏一亮，說來聽聽！

男人也打出一行字來，愛是不能忘記的，因為她在靈魂裏！

女人眼裏有晶亮的東西滑落，女人說，哥哥，如果有下一輩子，你一定記得過奈何橋時不要喝孟婆手裏那碗湯啊！

下輩子？恩，我記著！男人眼裏也有亮亮的東西滑落，是啊，上輩子和下輩子，不就是生與死的距離嗎？

女人點頭，不遠的！生與死之間不就是零距離嗎？

可零距離真的是最大的奢侈呢！男人在心裏苦笑了一下，不再說話，對著視頻慢慢閉上眼睛，眼下，他需要一個深長的睡眠。

書上說過，死亡是睡眠的延續，男人想把零距離在睡眠中來個格式化，相信，小妖精已經猜到他的心思！

假以時日

跟我回酒店吧！我拍了拍女孩的臉蛋，戴上眼鏡往回走。

我知道女孩會跟上來，果不其然，女孩連猶豫一下的意思都沒有，一扭腰肢，款款跟了上來。

女孩的腰肢，屬於還沒完全發育成熟的那種，也就是說，假以時日，她的身體應該有一個更美妙的成熟空間。

我只是在這個空間成熟前做一次催化劑，有哪個女人不是由男人催化成熟的呢？所以我並不為自己的行為感到有多少羞恥。

女孩會不會對自己的行為而感到羞恥呢？我側過頭打量了一下，得出的結論是不會，因為女孩走得很輕盈，像一隻穿花繞柳的蝴蝶，不過這隻蝴蝶的翅膀是斂著的，她可能還沒學會太張揚地展示自己。

就這麼著，女孩抱著膀子不離不棄地跟在我身後，好像她的身體不夠溫暖似的。

不要緊，到了酒店，我就可以給她溫暖了！書上習慣把做愛叫做取暖運動，我不知道，假以時日這項運動會不會成為一種體育項目堂而皇之出現在國際賽場上。能夠假以時日的設想實在太多，我想還是有必要回過頭來，設想一下我們即將發生的故事吧！

應該是迫不及待的那種纏綿，一般來說，做不正當職業的女孩都很講究職業操守！她們所謂的操守就是竭盡全力滿足客人，完了沒心沒肺地大睡一通，做這一行，體力透支是難免的，所以她們都有倒頭便睡的天分，或者叫習慣。

我沒有這天分，我應該會饒有興趣地欣賞這個與自己有過夫妻之實的女孩淺淺的睡姿。

是的，淺淺的，她睡夢深處的內容我不會探詢，萍水相逢而已，我沒有理由也沒有義務探詢。

那是很費心神的事兒，而我，恰好又是個過於簡單的人。

取出房卡，我打開門，做了個請的手勢，女孩聳聳肩，無所謂把坤包往肩後一揚，進去了。

進去了就蹬掉腳上的鞋子，赤足爬上床，然後去解自己衣服，她努力使自己看起來很精於此道的模樣。但她的眼神出賣了她，那裏面，時不時滑過一絲驚惶。

我帶上門進去，倒出一杯茶，遞給她說，你是不是應該先洗一個澡？

女孩疑惑地望了我一眼，說做完了不是還得要洗嗎？你不急？

我慢條斯理坐下來，笑了笑說，我一點兒也不急的！

女孩裝出見多識廣的樣子說，我經歷了那麼多男人，像你這麼斯文的倒是第一個！

我搖了搖頭說，我不斯文，這一點你錯了，我只是想把愛做得從容一點！

從容一點？女孩顯然沒悟過來。

是的，從容！我一直以為，做愛是一種投入，彼此身心相交融的一種投入，絕非生理上的苟合！你懂嗎？

女孩不可能懂的，但假以時日，她或許會明白。

女孩裝出懂的樣子，乖乖去了洗澡間，這一點，我喜歡，乖一點有什麼不好呢！

嘩嘩的水聲在裏面響了起來，我想了想，從包裹抽出一條嶄新的毛巾，去敲洗澡間的門，門，居然是虛掩著的，一敲，居然開了！

女孩被突如其來的光亮嚇了一跳，雙手很自然去捂胸，我撇撇嘴，把毛巾丟過去，女孩像被我的嘲弄所激怒，不捂胸了，放開身軀，很挑逗地望著我。

她的身軀應該算得上曼妙，青春期女孩的身體都是曼妙的，這點你毋庸置疑。

我就毋庸置疑地一把抱起女孩，把她丟在了房間的床上，床單是白的，女孩的身軀也是白的。

我在這炫目的白色中閉上眼睛，躺在女孩身邊。

女孩說，我身上還是濕的呢！

我沒做聲，拿手一寸一寸滑過她的肌膚。

女孩的身子先是硬了一下，有點燙，跟著慢慢變柔和，一寸一寸地戰慄起來。

就這麼著，女孩身上的水珠一點一點移到了我的身上，女孩說，你很緊張？

我還是躺著沒動，緊張嗎？是的，緊張！

女孩咪咪笑了起來，說我沒看錯吧，你就是那種斯文人！

我這回沒笑，一滴淚珠掛在眼角，我說你知道嗎，三年前，我一點兒也不斯文！

三年前？女孩撇撇嘴，顯然她沒有興趣。

是的，三年前，也是在這兒，我帶回了一個女孩，我一點也不斯文地進入了她的身體！當時她的身上是濕漉漉的，事後她身上依然是濕漉漉的，不同的是，先前濕漉漉的是水珠，後來濕漉漉的是淚珠，那女孩是我的女朋友。

記得她當時哭哭啼啼說了這麼一句，你怎麼一點也不斯文？我當時一點也沒注意她的情緒，反而嬉皮笑臉說了一句，假以時日，我會極盡纏綿，極盡斯文的！

偏偏，那一晚上在回家途中，她因為神思恍惚被一輛狂飆著的小車撞飛起來。我呢，沒有半點良心地在她流過淚珠的床單上呼呼大睡了。

慢條斯理回憶完這段往事，女孩早已進入夢鄉。那滴淚悄悄落下來，碎在女孩的身體上，女孩仍是沒心沒肺地呼呼大睡著。假以時日，她若知道這張床上發生的故事，她還會無動於衷嗎，還會嘲笑我的斯文麼？

洗底

「距離」比「纏綿」更能抓住一個男人！宋正飛看到這句話時，心底猛地顫了一下，只一下，門就被恰到好處地推開了，跟著闖進眼簾的，是李曉芸恰到好處的身材。

一個能把職業裝都穿到恰到好處的女人，身材是絕對經得住推敲的！

宋正飛的心接著會顫上幾顫就在情理之中了。

像一滴露珠落在草葉上，這樣心律的顫動有多久沒經歷過了？宋正飛把過去的日子一一打撈起來，一張一張清洗過去！逝去歲月的底色就清晰明瞭起來。

居然，不曾有過！

也就是說，他宋正飛是個無底可洗的男人，這個結論一得出來，宋正飛心底的羞愧就爬到了臉上。

有底可洗的男人，一般來說可以跟成功人士打等號的！人家洗底，是不想自己鍍了金的形象冒出有損光輝的陰影來。

可他宋正飛呢，連感情上都沒底可洗，更別說事業上了，是不是枉披了一張男人皮呢！

這麼一尋思，宋正飛就很男人氣概地作出了一個決定，把四平八穩的日子打破，力爭做一回有底可洗的男人！

當然，這底最好洗到沒有難度。

所以，李曉芸應該是上上之選了！一直以來，宋正飛都覺得，李曉芸是他手中的一張能讓他感受到溫暖的底牌，她的一舉手一回眸總能給他無限的遐想。

當然，僅限於遐想，倆人一直保持著很好的距離。

記得李曉芸初進公司時，一時適應不了外企的辦事頻率，為此，她挨了頂頭上司的幾頓不留情面的呵斥。

作為李曉芸上司的上司，宋正飛是知道那些事件的來龍去脈的。

可大家都端著外國人的飯碗，宋正飛就有點愛莫能助的意思了，當然，也絕不是一點都不能助，施捨一下同情，他宋正飛還是有權利的！

宋正飛的同情，嚴格來說，是沒有半絲邪念的，他只是覺得吧，有必要讓這個女孩子儘快進入角色，那樣他自己的工作也會得心應手一些。

宋正飛就在一個中午找李曉芸談了話，他是這麼談的，我們都是這麼走過來的，不要覺得自己有多麼委屈！

李曉芸抽了抽肩頭，顯然委屈還在她的身體裏蟄伏著。

宋正飛就笑，說不要埋怨令你跑得很累的人，恰恰是他，才能使你跑得很快！

真的嗎？李曉芸拿一雙梨花帶雨的眼神盯住宋正飛。

宋正飛這麼說時一點也沒做大的意思，他比李曉芸大十多歲呢，而且外企也有嚴格的規定，不許越級處理事務。

打那以後，李曉芸巧妙的學會了越級，她總是把手頭的工作先悄悄請宋正飛過目，宋正飛點頭OK了，再送到上司那兒轉呈宋正飛。

有點多此一舉的意思了！但宋正飛不這麼認為，他喜歡看李曉芸很得體地敲門進來，很有分寸地半低著身子，他的眼光，如果瞟低點，就能看見半抹酥胸在李曉芸的職業裝裏探出來，是炫目的白！

彼此都有點心照不宣的意思。

宋正飛也就默默地享受著這份不可為外人道的曖昧，是的！一種恰當距離的曖昧，眼下，宋正飛想把這份曖昧變成一種炙手可熱的溫暖。

所以他就很溫暖地衝李曉芸笑了笑說，晚上有時間嗎，借你的青春用一用！

李曉芸像是期待許久似的，點點頭說，能讓青春撞一下主任的腰，是小女子的福分呢！

那就OK！

恩，OK！

兩人心有靈犀地對視一眼才分開，這個分開的過程是微妙的，微妙到李曉芸走進包房時，宋正飛還在品味著李曉芸身上那份能抓住男人的「距離」，現在他想的是另外兩個字——纏綿。

不纏綿，又何來的有底可洗？

酒顯然是增進纏綿的催化劑，一瓶乾紅下肚，兩人心律加快心跳加速，身體開始了摩擦，蜻蜓點水的那種摩擦！這種摩擦是暗含試探的，雙方都在試探，試探的結果是，當宋正飛借碰杯之機有意無意蹭了一下李曉芸圓潤的酥胸後，李曉芸並沒向後退縮的樣子，相反，還更嬌嗔地往前迎了一下！

這迎顯然是帶有某種暗示的！宋正飛在這種暗示下和李曉芸勾肩搭背上了計程車，其間宋正飛就把手那麼搭在李曉芸肩頭，做出不勝酒力的樣子。

李曉芸的家很快到了，礙於宋正飛的不勝酒力，李曉芸作出熱情邀請，上我家喝杯醒酒茶吧！因為有司機在前面，李曉芸的邀請就多了份矜持。

宋正飛打個呵欠，做出極嚮往那杯醒酒茶的樣子下了車，嘴裏卻飄出一句不相干的話來，哦，改日吧！他之所以這麼說是因為他看見計程車司機嘴角見怪不怪的暗笑了一下，當他們男盜女娼啊！

李曉芸沒想到他會這麼回答，詫異之際拿眼看著他，咬了咬唇遲疑了一下說，那樣啊，也行的！完了就嫋嫋婷婷往臺階上走，走幾步又回過頭說，三樓那個窗臺上有吊蘭的就是我的宿舍。

宋正飛的心自自然然被吊上了三樓。

　　宋正飛點燃一根煙，把個頭仰著，一直到吊蘭的窗戶被打開，李曉芸在上面衝他揮了揮手，是示意他回去呢，還是鼓勵他上去？

　　宋正飛一時拿不定主意。就在這時，電話響了，他看了看來電顯示，是妻子的！

　　妻子二字躥進腦海時，多年前的一張底片突然清晰起來，也是在一幢居民樓的窗戶前，還不是妻子的女朋友在一盆吊蘭前衝他揮了揮手！

　　宋正飛心裏忽然激靈了一下，他宋正飛原來也是有底可洗的！正是那一夜，他心律加快心跳加速將曾經的女朋友變成了現在的妻子！

你怎麼不狡辯

金玉以為，對偷情這種事，男人怎麼也該找個藉口狡辯一下的，但男人沒有。

換而言之，也就是說男人已經沒了同她說話的欲望，狡辯是要頗費口舌的！

金玉忽然心裏就躥上了一股無名之火，不是恨男人，而是恨自己多嘴的姐姐，怎麼著今天也是他們的結婚紀念日，你就不能換個日子挑明這件事？

姐姐自打和姐夫離婚後，就高舉著討伐男人的大旗向金玉喋喋不休地灌輸天底下沒有不偷腥的貓這一顛撲不滅的真理。

這一回，姐姐更是像焦點訪談欄目那樣用事實說話了！

金玉的男人，那個一貫脾氣溫順對金玉百般依從的男人也出牆了，有照片為證！

出牆就出牆唄，問題是不能在金玉的結婚紀念日上讓她知道這事啊！

殘忍呢，這是！

金玉心裏的疼就無法用文字來形容來描述了，也許他是迫不得已的呢！金玉在疼著時心裏還沒忘記為男人這麼辯解了一句。

如果男人能給金玉一個合情合理的解釋，金玉可以假想成這事並沒發生過。

男人卻沒狡辯的意思，也就是說，男人不但不是迫不得已，簡直是心嚮往之了！

無論如何得讓男人辯解一回，以彰顯自己存在的價值，金玉這麼想時看了男人一眼。

男人居然沒心沒肺地打起了呼嚕。

一個跟自己同床共枕了八年的男人，可以無恥到這種地步嗎？金玉這麼問自己時心裏就恍惚了一下，你怎麼就不狡辯一下呢？

狡辯不是讓金玉相信什麼，而是要讓金玉覺得你出牆是有苦衷的，是受了誘惑的！

人，誰能沒點苦衷呢，誰能不受點誘惑呢？

比如說金玉自己，也是有苦衷的！

金玉的苦衷在哪兒呢？金玉就回過頭來審視自己，一審視，苦衷就出來了，金玉的苦衷在於她有個二杆子姐姐。

姐姐沒讀多少書，心窩子就淺，好話壞話就藏不住。

比如說金玉剛結婚那會，姐姐動不動就面授機宜給她，男人有錢就變壞，看緊你男人身上的錢，他想壞也沒機會了！

金玉當時就開了句玩笑，假如碰上女人願意倒貼的呢！

金玉姐姐立馬恨鐵不成鋼地點了她一額頭，倒貼，只有你這樣的傻女人才會倒貼的！

這話有所指，金玉嫁給男人真的是倒貼，男人自始至終就沒為她花過一分錢。

金玉不想做俗人，錢算什麼，錢能跟好男人相提並論嗎？

好男人老公被金玉姐姐弄得很沒面子，因為，這話她是沒避著他說的。

男人就淡淡笑了一下，說，女人太精了男人未必會喜歡的！

金玉姐姐聽出他話裏暗諷她霸道的意思來，喜歡就能把日子過得風生水起啊！難為她還曉得用了風生水起四個字來反駁。

打那以後，金玉姐姐兩口子還真把日子過得風生水起的，一直到波濤洶湧地離了婚她都還風不平浪不靜下來。為使妹妹不重蹈覆轍，她開始跟蹤金玉男人，居然，就讓她拔出了草尋出了蛇！

風是姐姐生的，水是男人起的。

姐姐的討伐旗幟還沒亮起來，男人已經淨身出了門。

姐姐有點意猶未盡，就這麼便宜他了？

金玉看一眼姐姐，你還能把他怎麼的？

是啊，男人出門歸出了門，孩子的生活費，家裏的日常開支還依然在出，連戶口都在金玉一家人的戶口名簿上。金玉暗裏尋思過，也許，男人只是出去嘗個鮮，日子一久，不就回來了？

男人是管不住自己的好奇心的！

這麼想著，金玉也就坦然了，等他回頭時再聽他的狡辯吧，那時候自己是可以這麼拿捏他一回的。

男人有口才，狡辯起來一定很出彩，不像姐夫，笨嘴笨舌的，離個婚吧，被姐姐罵了個狗血淋頭不說還連頭都不敢抬一下。

過後，金玉在大街上碰見姐夫，金玉說，你怎麼不狡辯一下呢？狡辯一下，姐心一軟，就離不成婚了！

姐夫說你姐給了我狡辯的機會了嗎？

金玉可是給了男人狡辯的機會的！

然而，一年過去了，金玉再次見到男人時，卻是在法庭的被告席上。

男人被告犯了重婚罪！

那個令男人心嚮往之的女人一把鼻涕一泡淚哭訴著男人怎麼霸佔了她的身體與青春，末了女人和她丈夫開出了一個條件來，如果男人把公司轉給他們，他們可以撤訴。

顯然，這是蓄謀已久的！

金玉滿以為男人會拍案而起滔滔不絕為自己狡辯的，然而，男人只看了一眼金玉，竟淡淡衝法官說，重婚罪我認了，判多少年都行，公司的法人代表是我妻子，我沒權利給任何人！

金玉是在一周後探的監，男人隔著電視螢幕衝她慘然一笑，金玉忽然就哭了，你為什麼不狡辯呢，那公司明明是你的啊！金玉不知道，男人早在淨身出門時悄悄把公司轉到了她的名下了！

歸位

　　我在包廂門口停下，閉上眼，作了一回深呼吸，覺得還不夠，又用手把胸口輕輕拍了幾下，似乎那顆心有點不安分，不拍幾下不能歸位似的。

　　然後我又努力做出氣定神閑的樣子，去敲包廂的門，門卻是虛掩著的，我的這一敲，似乎有點多此一舉。沒辦法，人一輩子，總是喜歡幹一些多此一舉的事。

　　比如我眼下，就是！

　　幹嗎想起要和初戀的女友見面呢！

　　當初直接娶了她，可以天天朝夕相對的，她又不是不願意，何必要等幾年之後，花老大心思幾經輾轉才能見上一面呢？

　　而且這一面，代價有點昂貴，是和老婆冷戰了一年才爭取到的！

　　不激動得心臟移位似乎也說不過去，為這次見面，老婆可是心臟氣得移位了幾次，並且，把身子也從床上移位了。也就是說，我們分床而居了。

　　事情源於去年冬天的一次酒後，我不知道別的男人喝了酒什麼樣子，反正我一喝酒吧，就嫌馬路不夠寬，回到家，當然也嫌床不夠寬了！

　　四仰八叉倒在床上，我就呼哧呼哧睡著了，半夜裏，酒勁過了，忽然感到冷，原來酒精作燒時我把被子蹬到了地上。

　　我縮了下脖子，感覺身子軟綿綿的，翻不下床，我就衝外面喊了一聲，說，老婆，快給我把被子撿起來！

　　老婆可能也縮在被子裏，老婆就嘟嚷了一句，你自己沒長手啊！

　　那一刻我忘記自己長手了，只記得自己長了嘴，我口不擇言說了一句，要是張小佳在，她一定會在床頭守我一夜的！張小佳就是我的初戀女友。

　　是嗎？老婆的睡意全無了，嫌我不好了是吧，行，你把張小佳找來，我騰位子！

　　張小佳人沒找來，老婆倒把床位給騰出來了，我睡覺有喜歡摟人的習慣，往往一覺醒來，卻摟個空！在漫長的冬夜裏，我就想起張小佳的好來。

　　張小佳喜歡鑽在我懷裏睡覺，越冷的天貼的越緊，有時我胳膊摟得累了，想換個方式側著身子睡，張小佳可不怕寒冷爬出被窩，從另一邊再鑽進我懷裏。

　　那時懷裏摟著一團溫柔的火呢，想一想那溫暖都從毛孔往外漫的！

　　我有點嚮往這種溫暖了。

　　老婆以前給過這溫暖沒，我忘了，自打學會喝酒後我忘了很多東西。

　　包廂的燈是橙黃的，比較適合我和張小佳這種身份的人見面，看起來不會那麼尷尬，最起碼！

我說小佳真是你嗎？

張小佳笑，你托人幾經輾轉找到我就為問這句話嗎？

我就不說話了，上去，擁住張小佳的肩頭。

張小佳輕輕把我的手拿開，說，這樣不合適的！

我心中剛升起的火苗被張小佳的一句不合適壓了下來，難道你不愛我了，小佳？我有點洩氣了。

張小佳抬起頭，以前愛過，現在，她欲言又止。

現在怎麼了，我還是我啊！我覺得奇怪。

現在我只愛我的婚姻！張小佳咬咬唇說。

愛婚姻？什麼邏輯？我有點糊塗了。

成了家的女人，都會愛她的婚姻的！張小佳拿起我的手拍了拍說，包括你的愛人！

她？我笑，她愛婚姻就不會跟我分床而睡！

你錯了，她只是給你一個歸位的空間而已！張小佳說，不然你不可能找到我的，是她出面求我見你的！

她求你，那不是引狼入室嗎？我笑。

錯了，張小佳很嚴肅地抬起頭來，女人對愛情可能會要求很高，但對婚姻會要求很嚴。

高和嚴，有區別嗎？我點燃一根煙。

有區別，高是需要仰視的，嚴是需要平視的，平視才能發現問題及時補救，你能發現太陽自身有黑子嗎？

我想了想說，我只能看見太陽的萬丈光芒！

這就對了！張小佳點點頭，挎上坤包，說，回去吧，有些東西移位久了，再歸位就不能嚴絲合縫的！

張小佳走後，我開始大口大口喝酒，直到喝得張小佳和老婆的身影在我面前重疊交替，我才搖搖晃晃起身，走出酒吧的大門。

門外，落雪了！

怎麼回的家，我忘了，四仰八叉倒在床上，我呼哧呼哧睡了過去。

這一回，我沒凍醒，是被尿漲醒的，準備下床呢，腳抽了抽，居然沒抽動，在老婆懷裏捂著，我的腳一到冬天愛上凍。

被子捂得嚴絲合縫的，我想起張小佳的話來，婚姻是要平視的！我就坐起身子，一寸一寸把自己移到老婆身邊，再悄悄摟進懷裏，那泡尿我沒去撒，因為有淚一點一點從我眼裏滲出來。老婆肩頭明顯抖了一下，但她沒移動位置，保持著一團火的溫暖，繼續暖著我。

記性

　　小玉的手實在纏不過男人的手了，就放棄了糾纏，讓男人的手在自己的胸前摸了幾下，沒辦法，這是躲不過的事！小玉收了從那手裏遞過來的賣啤酒的錢，轉身出了包房門。

　　出一個包房再進另一個包房，如同出一個吧台再到另一個吧台一樣，沒區別的！區別就是包房裏男人手不老實，吧臺上男人眼不老實！不是小玉不長記性，而是小玉覺得吧，是男人的手和眼不長記性，見了女人胸脯就想摸摸看，摸完了看完了酒一醒，也就忘了剛才摸的看的是個什麼形狀，這形狀不光是指女人的胸，也包括女人的臉。

　　在夜總會做啤酒小姐這種營生的，可不都長著一樣的臉蛋，化著一樣的濃妝，穿著一樣的短裙？

　　生活的要求就是這樣的，小玉在網上見過這樣一句話，女子存在的意義，不是為世界助長雄風，而是為生活注入柔情。

　　想想也是對的，沒小玉她們這群啤酒妹子注入的柔情，啤酒哪能那麼好銷呢？

　　但眼下，小玉的柔情有點心不在焉的意思，她得抓緊時間陪完這個吧台的客人，回去睡個好覺，明天小玉的爹娘要從鄉下進城治病呢！

　　這個吧台的客人看起來挺斯文，斯文人在這種地方是容易受欺負的。

　　小玉沒欺負他的意思，小玉說，先生怎麼個喝法？男人伸出指頭說，一比二，我二你一，怎麼樣？

　　小玉看男人臉色像是不沾酒氣的那種，小玉就笑，說今天妹子心情好，一比一吧！

　　要換別的啤酒妹子，一準會撒嬌貼上去說，不嘛，一比三才公平，做男人哪能不一個賽三呢？

　　一比三，是啤酒妹子的底線，客人喝三杯，自己喝一杯，那樣才有利潤可賺，那樣才能積攢酒量多陪幾個客人。

　　男人抬了下眼，扶了扶眼鏡，說，一比一，不怕我欺負你啊！

　　小玉笑，說先生是斯文人，就算欺負人也是動口不動手的那種吧！

　　男人眼就沒來由地紅了一下，說，喝酒吧！完了一仰頭，一杯酒就下了喉嚨。

　　小玉喝酒，是輕啜的那種，不歇氣地輕啜，一杯酒在她嘴裏能喝出情趣的那種輕啜。

　　男人就有點呆了，想不到眼前這個啤酒妹子能把啤酒喝出情調來。

第二杯，男人也換成輕啜，不歇氣地輕啜。

小玉搖搖頭，笑，笑完一仰脖，這回是一飲而盡。

男人就有點不得其解了。

小玉拿手搖著玻璃杯，說，先生你這種喝酒容易傷胃的！

男人說是酒都傷胃啊！

小玉說，但你得讓腸胃有個適應過程啊，頭一杯輕啜，腸胃能充分吸收融合，像你那麼猛灌下去，就是涼水也傷胃呢！

男人苦笑一聲，我傷心都不怕，還怕傷胃？

小玉就知道，男人遇上煩心事了，小玉說，先生如果是傷了心，這酒我不賣了！

男人拍出一逕錢來，說為什麼不賣，你也嫌我沒錢？

小玉把錢推回去，說今天我請先生喝酒，這錢您收回去！

在男人有如木雞呆而不解的目光中，小玉去總台結了賬，總台的徐姐說小玉你有必要嗎？替客人買單，這幫臭男人，出了這個門，誰還記得你啊！

小玉說男人有淚不輕彈呢，我也不指望他能長什麼記性，但起碼，他會少罵女人幾聲不是！

男人果然沒罵女人了，進酒吧前，男人是發了毒誓的，不光以後要罵女人，還要想著法子蹂躪能上手的女人！因為就在今天，他的女人嫌他掙錢掙得少，跟人跑了。男人決定喝了這頓壯膽酒，從明天起就開始收紅包，男人是個醫生。

小玉是在車站接到爹娘的，小玉沒想到，爹會胃疼得那樣厲害，身子彎成了一張弓，頭快觸到地上了，那疼痛卻不能壓住半分。

醫院掛急診的醫生就一個。

小玉去時，醫生正面無表情地坐在那兒一臉的家仇國恨，小玉打聽過，這個醫生是這家醫院唯一一個不收紅包的醫生。所以找他的人就特別多，多得他來不及給臉換一副表情，好在白帽白大褂一罩真有什麼表情人也未必能辨認出來！巧的是，小玉爹竟然是第一個，其實，也不是什麼大病，醫生在檢查完小玉爹後面無表情說，傷了胃而已！飲酒過量造成的！

那怎麼辦呢？小玉從候診室門外擠進去發問，她知道爹是逢酒必飲，每飲必醉，自己能做啤酒妹子，酒量上多少有爹的遺傳。

醫生正在開藥方，要擱平時誰這時擠進門問他，准得碰一鼻子灰，但戴白帽穿白大褂醫生只看了看小玉，沒吭聲，沒吭聲是小玉借問話時悄悄塞了一個紅包到了醫生胳膊下面的抽屜裏。

多煲點湯！醫生側過頭衝小玉爹說，飯前一口湯，腸胃不受傷！這病是飲食沒規律，生的硬的冷的吃多了造成的，得慢慢調養，還要有記性，酒是萬萬碰不得的！說到酒時醫生特意拿眼瞟了瞟小玉，嗯，這個我曉得，不光酒傷胃，涼水也傷的！小玉點頭說。

小玉是在扶了爹下樓時被醫生趕上的，醫生衝小玉說，你忘了一樣東西，跟著把一個紅包亮在了小玉面前。

　　小玉急忙分辯說，不是我的，真不是！

　　白帽下的男人忽然笑了笑，很斯文的那種，男人說，不是所有男人都不長記性的！酒喝了會傷胃你懂，但是紅包收了會傷心你卻不懂！

失散

　　林春陽看電視，看一個百無聊賴的肥皂劇，看著看著忍不住笑了一下。

　　打離婚以後，林春陽很久都沒笑過了，何況還是笑出眼淚的那種笑。

　　不用說，這個肥皂劇是關於愛情的，不用說，讓林春陽笑出眼淚的肯定是一句傻乎乎的情話。

　　是的！一句傻乎乎的情話，五個字，你還愛我嗎？

　　林春陽點燃一根煙，開始回想這五個字跟自己的關係，似乎，很遙遠了！

　　記得自己第一次和女朋友接吻未遂時，自己小心翼翼問過她；記得自己第一次和未婚妻撫摸未遂時，誠惶誠恐問過她；還記得自己第一次訂了婚後和妻子上床未遂時，戰戰兢兢問過她。

　　打那以後，這五個字就沒跟自己再扯上任何關係，很徹底地遠離了自己，或者，換句很文學的話來說，叫這五個字跟自己失散了。

　　那麼，前妻該不該也劃為失散一詞呢？林春陽苦笑了一下，想起同事甯小雨的一句話來，婚姻如同磁場，男人出軌受外界吸引，女人出軌是受內力排斥，他排斥前妻了嗎？沒有！

　　這麼一想他有點鬱鬱寡歡了，也就是說，他不是一個成功的男人，只有成功男人才有資格排斥女人。

　　忽然就有了喝酒的欲望，林春陽立起身，按滅煙，出門下樓，他覺得，一個大男人，窩在家裏看電視是跟成功男人相距甚遠的。做不了成功男人不要緊，接近成功男人總可以吧！

　　古話咋說的，近朱者赤啊！

　　林春陽就毫不猶豫踱進了小城最大的一家酒吧，這家酒吧進出的可全是成功男人。

　　沒想到，甯小雨居然也在！

　　甯小雨衝他招了招手，他猶豫了下，過去了，坐下來之前還不忘左顧右盼了一下。

　　甯小雨不屑了，說做賊啊你？

　　林春陽笑笑，沒解釋，同事這麼久，解釋似乎有點多餘，甯小雨眼神有點落寞，說還想著你前妻？

　　林春陽嘴角牽了一下，想了嗎？不覺得啊！

　　甯小雨就補上一句，在一個女人面前想另外一個女人，是不是很不君子啊！

137

林春陽立即很君子風範地端正身子，認真打量甯小雨起來。居然，一直以來熟視無睹的甯小雨是漂亮的！雪白的脖頸，飽滿而細巧的身軀，迷醉而幽香的氣息，他一瞬間有點局促不安了。

甯小雨拿眼神碰了碰他，說，喝酒吧！看什麼看？

嗯，喝酒，很好的掩飾呢！他很乖地大口大口吞下幾杯啤酒，在迷幻的燈光下眼神飄忽起來，如果和甯小雨這樣漂亮的女人做愛，他的動作是否會瘋狂？甯小雨的表情是否會迷醉？他的氣息是否會急促？甯小雨的身體是否會戰慄？

呵呵，跑題了！他自嘲地笑笑，又想到前妻身上了，當初他也和她纏綿繾綣地做過無數次愛的呢，結果呢，她連一句你還愛我嗎都沒問就棄他而去了。

失敗再一次襲上來，林春陽又是幾杯酒下肚，斑斕的酒吧間，酒精帶來的美妙感覺令他不知不覺摟住甯小雨肩頭，他的舌頭滑過甯小雨的臉頰，含糊不清地說，你還愛我嗎？

甯小雨也大著舌頭說，愛，當然愛！

那我們還不回房間去？林春陽歪歪斜斜攬著甯小雨，由吧台服務員領著進了一間客房。

久違的幸福感讓林春陽帶著一種無法言說的奇妙感覺進入了夢鄉，夢裏是一片金黃！

林春陽在這片金黃裏聽見甯小雨的夢囈聲，甯小雨半夢半醒夢囈著，誰說出軌是租一個人的心啊，出軌是租一個人的身體才對！完了，甯小雨在夢裏去抓她的小坤包，小坤包裏有大把大把的鈔票，她是要出租他的身體嗎？

林春陽一激靈，酒醒了大半。

甯小雨的婚姻莫非受到內力的排斥？

他默不作聲爬起來，穿上衣服，剛要走，甯小雨忽然翻身抱住他，喃喃自語說，老公，你還愛我嗎？

你還愛我嗎？這五個字在失散了許久後再一次擊中了林春陽，他記得女朋友在第一次和自己接吻時小心翼翼問過自己，還記得未婚妻在第一次被自己撫摸時誠惶誠恐問過自己，更記得前妻在第一次和自己上床後戰戰兢兢問過自己。

莫非，這也是甯小雨失散後第一次？

林春陽忽然全身難以抑制地痙攣起來，沒有緣由地！

尋找受害者

有個女人，胖胖的，趿著鞋，下巴上有顆痣，痣上長了一根毫毛，黑的，很顯眼的，你見過嗎？我攔住一個又一個過往的行人，繪聲繪色地描述著。

行人大多漠然搖一下頭走開，也有不走開的拿一雙憐憫的眼睛看著我。

我，需要憐憫嗎？真是的！昨天，我還是一個施暴者呢！

我有點沮喪地坐下來，開始喘氣，開始回憶昨天晚上發生的事，都怪狗日的那瓶洋酒，我一向是滴酒不沾的。

昨天下午吧，我給一家小區送水，申明一下，送水是我的第二職業，我的正當職業是修下水道的，也就是說，我是那種專幹髒活苦活累活的人。這樣的人，一般都是四肢發達，頭腦簡單的人。

這點，我承認！

我就這麼甩著發達的四肢把那桶水扛進了八樓一家住戶，主人是個女的，之所以這麼說是我發現這戶人家裏基本上沒男人的東西，也就是說，這是一個沒有男人可供驅使的女人，我的同情心就上來了，給她裝好水後多了句嘴說，還有什麼地方需要幫忙嗎？

女人需要幫忙的事情肯定很多，但她矜持地搖了搖頭，意思是沒有了。

我說借用你衛生間用用方便嗎？

女人呶了呶嘴，向衛生間的方向挑了一下眉，意思是方便得很。

我就進去了，我只想洗一下手，我看出女人有專用的洗漱間，但我覺得那是一個很私密的空間，自己貿然插足進去似乎不太合適。

狗日的，你說怪不？我這麼頭腦簡單的人咋就想到插足這兩個字呢，想到也就算了，身體居然還起了反應！

女人在我出來時順嘴問了一句，會不會修下水道？我笑笑，拿眼盯著女人，開玩笑說修下水道可是我的強項呢！我那話估計說得比較曖昧，女人有意無意間看見了我身體的反應，女人就紅了臉，說那就麻煩你給修修啊！

為這麼漂亮的女人修下水道，哪能叫麻煩呢，我可是寧願天天渴望被她麻煩的呢。

下水道只是小堵而已，女人見我三下五除二就搞定了，衝我嫵媚地一笑，說喝口水或者飲料吧！

我搖搖頭，在心裏琢磨女人要長期沒個男人驅使，身上的下水道是不是也會犯堵呢？

女人見我不說話，就追問了句，水不喝，飲料也不喝，不成是想喝酒吧？這麼問時女人眼裏明明白白亮了一下。

我急忙表白說，我不沾酒的！

洋酒，沒多大勁的！女人眉毛斜著飛了一下，轉身就從櫃裏拎出一瓶洋酒來打開，琥珀色的液體，一下子從瓶口漾了出來。

本來我打算走人的，可洋酒兩個字把我釘住了，我說過我是個頭腦簡單的人，頭腦簡單的人一般也是意志薄弱的人，有洋酒喝可是八輩子修來的福分呢！

我就順水推舟從女人手裏接過杯子，一仰脖子灌了下去。

味道怪怪的，我急忙又喝了一杯去壓那怪味，頭一下子暈乎起來，手腳全軟了，連身子也軟綿綿的了。

朦朧中，聽那女人罵了一句，咋這點出息呢，啥也幹不成了，可惜了我的洋酒！跟著女人一腳把我踹了出來，我暈暈乎乎扶著牆就走，下了樓又扶著大街上的欄杆走，最後就走到了天橋下面。

天橋下風很大，吹得我簡單的頭腦有點複雜起來，我尋思，女人好端端幹嗎請我喝洋酒，會不會想借酒失身來著，嗯，一定是這麼回事！

我腦海中一下子浮出女人幽怨的目光來，她一定是想驅使我一回！

對，驅使我一回！一念及此，我立馬轉身又扶著欄杆往回走。

這回上樓，我四肢沒能甩開走，幾乎是攀著樓梯扶手往上挪的，狗日的洋酒，比女人還纏人呢！

門沒關，我跌跌撞撞撲了進去，洗澡間裏傳來嘩嘩的水聲，她一定迫不及待，知道我要回來洗得香噴噴等我吧！

這麼一想，我就勇敢地扒開門，衝裏面那個白花花的人影撲了上去。

奇怪，一轉眼工夫，女人就這麼胖了，而且下巴上還長了痣，痣上還生了毛！

鬼啊！我一聲尖叫就往外躥，後腦勺上挨了一下什麼也不記得了！

奪門而出的我是在小區門口碰見女主人了，她正拎著那半瓶洋酒百無聊賴地望著月亮歎氣呢，歎一聲，抿一口，樣子很有點騷情！

我腦子炸了一下，天啦，我剛才騷情到一個素不相識的女人身上了。不行，我得向人家賠個不是，怎麼著人家也是受害者啊！受害者這三個字一襲上頭，我就眼前一黑倒在了地上，多麼嚴重的事情啊，可以讓人判刑的呢。不行，我一定得向她解釋清楚！

有個男人，壯壯的，身上有一股洋酒味，你見過嗎？一個胖胖的女人在小城另一個方向攔住一個又一個過往的行人繪聲繪色描述說，我那天做鐘點工，借女主人的洗澡間衝涼，女主人的男朋友來了，誤抱了我一把，被我打得大腦失憶，再也沒有回來過，我偷偷打聽過，女主人天天借酒對著月亮消愁呢，天，瞧我幹的傻事，那個受害者跑哪了呢？

溫暖

表哥的手一直是冷的！

這不奇怪，他一直都是個冷血的人，從小到大都是！

好在，他對我還算不冷不熱，這點很難得，有點像晉朝竹林七賢中那個叫阮籍的人，能青眼看你一下，就是你莫大的榮幸呢。

我一直生活在這份榮幸中，該知足了。

眼下，我就很知足，表哥為我謀到一份差事，儘管他給我說這事時口氣冷冷的，但我還是感到了一絲絲的熱正從電話那端通過無線電波漫天蓋地將我包裹起來。

表哥可是去了偉人在南方劃了一個圈的那個城市打工，也就是說，我也可以到那個圈裏蹦躂了，在深圳的大街上撒野，感覺一定很不錯的！我有理由這麼想。

但理由往往站不住腳，一下車，我就懵了，沒想到這個圈裏撒野的男男女女太多。表哥只能算是滄海中的一滴水，我呢，頂多算一絲水蒸氣，幸好有表哥接納我，不然我就被蒸發了。

是表哥為我接的風，同去的還有一個女的，長相屬於難以一夜成名的那種。

席間，表哥不冷不熱衝我說，她叫玉兒。

哪個玉兒，甯為玉碎的玉？我開了一句玩笑。

啪！頭上挨了一下子，是表哥賞我的，用這種方式為我接風？我很委屈，對表哥的好感蕩然無存了。

那個叫玉兒的女的，沒看我也沒看表哥，她看桌子上的菜，自顧自地吃，還自顧自地喝，完了一揚身子，走了，走得一瘸一拐的。

果然是塊碎玉！我把舌頭往回縮。

未來的表嫂？我問表哥。

扯淡，是個女人就跟我有關係啊！表哥臉一冷，也自顧自地吃，自顧自地喝了，這個圈裏人咋有點六親不認呢！

認不認親不管他了，我先得認了這頓接風酒。

我也紮下頭，自顧自地吃，自顧自地喝起來。

我開始跟著表哥工作，這工作我都不好意思叫工作，你見過醫托，見過藥托，見過飯托，一定沒見過治安托，對了，我們就是做治安聯防隊的托。

深圳這邊不是治安不好管理嗎，外來人口多，為口吃的啥缺德事都有人做，真要抓個現行吧，卻又是大海裏撈針。為配合嚴打掃黃打非等行動，分局派出所就會給治安聯防隊下指標，我們就根據聯防隊下的指標假裝案犯，當然僅限於小偷小摸

賣賣光碟辦辦假證之類的小治安案件，抓進去關幾天，再放出來，一天付我們一百元錢。這錢其實出得不冤，完不成任務上面罰款數目可都不小的，有的聯防隊員會因此丟掉飯碗。表哥和我的劣跡就是這麼一次一次累計上來的，要擱我們老家，是很沒臉見人的，但這是深圳啊，深圳可不待見一個窮小子的臉，一張佈滿菜色的臉。

玉兒，到現在我才知道，玉兒也是我們的同事，她一般假裝賣盜版光碟的。有一次，抓娼妓，聯防隊員跟她商量半天，她不願意，聯防隊員火了，說扮一下娼妓又不是真的讓人嫖你，錢可以多掙一倍的，你裝個啥清純？

玉兒也火了，不是錢不錢的問題，這人總得要臉吧！

玉兒沒給聯防隊員的臉，聯防隊員也就沒給玉兒的臉，在那一次追抓賣盜版光碟活動中，那個聯防隊員上去踹了玉兒一腳，玉兒就成了跛子，這些我也是從表哥嘴裏知道的。

表哥說這話時臉上沒半點表情，目光冷冷地穿過街道，那天我和表哥扮演撬下水道井蓋的，玉兒就在對面天橋上，她還是扮賣盜版光碟的。

真的是寧為玉碎呢！我說，說完我驚異地發現哥哥臉裏亮了一下。

聯防隊員行動是從午夜開始的，行動之前那個踹玉兒的傢夥還給表哥發了短信。

一般這種情況下，我們只需要在他們到來前像模像樣弓著腰去撬井蓋就成，而他們也都喝得酩酊大醉從酒店出來，一人跟著一個目標走過去帶回聯防隊就可以了。多數情況下還有記者跟著一起行動，拍攝一些能上鏡頭的畫面在新聞中播出。

我被分配到玉兒旁邊裝盜自行車的，那輛破自行車都被我盜了不下於十二次，走之前我發現表哥正撅著屁股拼命撬一個井蓋，我說表哥你工作很認真啊！

表哥沒理我，撬開一個井蓋又去撬下一個，他有點進入角色了我想。

這麼想時我還衝玉兒打了聲呼哨。

玉兒沒理我，她跟表哥一樣冷血，從沒見她笑過。

那天不知怎的，街燈忽然就滅了，滅了好，古書上說了的，月黑風高夜，殺人放火天！

我們不殺人放火，但我們做賊，賊得借夜色掩護不成？不這樣又如何顯示聯防隊員深夜為保一方平安而廢寢忘食工作呢。

我是在聽見啊呀一聲慘叫，才知道出了事的，抓表哥那個聯防隊員大大咧咧地掉進了下水道，折一條腿。

事情自然就鬧大了，表哥被上面督查的人帶回了所裏，因為造成聯防隊員受到重傷，表哥被關進了號子，怎麼發落尚待進一步審理。

我挑了個日子去看他，玉兒也在，玉兒說你這是何苦呢？

表哥不看玉兒，說這事與你無關，你管我苦不苦！

玉兒走了，顛著碎步走的！表哥的淚忽然砸下來，表哥拉著我的手，說，當初要不是我給聯防隊員出主意，讓他們找玉兒扮暗娼，玉兒就不會殘了！

我沒說話，看表哥，表哥一巴掌甩在自己嘴上，說我只是想玉兒能多掙點錢，你曉得啵！

　　我說我曉得，我說我還曉得你的眼淚很溫暖。

　　那玉兒曉得不？表哥不哭了，有點緊張地望著我。應該曉得的！我使勁點頭，因為玉兒的碎步下踩著一串串淚窩。

1
4
3

吃虧

破帽子常戴，吃虧人常在！

張小文不怕吃虧，就是因為這句古話。

張小文不怕戴破帽子，卻不是因為這句古話。

是因為老婆杜豔麗，名字取得豔麗，人卻跟豔麗扯不上一絲乾係，扯不上也就罷了，問題是，杜豔麗那眉眼，通俗到大街上打掃衛生的老大媽們的程度上。

這樣一個老婆，要想給張小文弄頂破帽，得處心積慮不說，還得有諸葛亮借東風那樣的智謀，更得既占天時又得地利才行，難度係數應該是五星級的。

張小文自然不怕了。

男人一旦有了這兩樣不怕，走出去差不多是可以昂著頭挺著胸凸著肚的。

但問題跟著又來了，一個下崗職工，憑什麼昂頭？又憑什麼挺胸？至於凸肚，幾乎是不可能的，張小文根本就沒肚子可凸，整個身子瘦得像個搓衣板，一排一排的排骨支撐著。

兩樣都不怕的張小文日子就過得有點窩囊。

窩囊得一個星期從一數到七只能咪上一頓酒，張小文是有點酒癮的，沒下崗時，雖不至於一日三餐地咪上一口，但起碼每晚上一杯是免不了的，然後嘴一抹，洗洗漱漱上床，就著酒勁和老婆鬧上一回。

醜妻近地家中寶！這點張小文深諳其味，老婆跟他這麼多年，沒丁點的閒話上身，攔眼下這年頭，多難得的事啊，完全可以上書的呢！

可最近，老婆不讓他鬧了，老婆說，有那閒心找份事做，光在這事上花力氣你吃虧不吃虧啊！

張小文想想也對，既然做這事花力氣吃虧，那每晚上一杯酒下肚了沒處鬧，不也在吃虧之列嗎，心裏這麼一尋思吧，就免了這個程式，改為每週一杯了。

日子也還照樣能過，沒覺得有什麼不合適的。

只是再走出去，免不了讓酒友哂笑一番。

張小文人雖上不了臺面，卻有個酒友上得了臺面，酒友名叫陳小龍，跑業務的，基本是泡在酒裏過日子。

每有飯局，便拉了張小文去陪客，說是陪客，其實是變相讓張小文過過酒癮，早先張小文沒下崗時，效益挺好，常隔三岔五邀陳小龍上自家喝一杯，那時陳小友還沒結婚，有人請吃請喝自然樂得兩個肩膀扛張嘴來。

一來二去，感情就在酒裏了。

當時請陳小龍喝酒，張小文也沒指望人家日後發達，更沒指望還能搭幫著喝上

洋酒。

那次是個大客戶，開了洋酒後陳小龍心裏盤算了一下，這張小文只怕還沒開過洋葷吧，就一個電話呼了來，張小文那天喝得有點沒分寸，結果讓陳小龍生意差點黃了。事後，陳小龍媳婦埋怨陳小龍的話七傳八不傳的傳到張小文耳朵裏，那話很難聽，瞧他那樣子，八百年沒喝過酒似的！

張小文耳朵當時熱了下，跟著臉也熱了，比喝多了酒衝了頭還熱。

打那以後，陳小龍再有邀請，張小文總是臨時就有了事，很忙的事，忙得拿不開腳的事。

一推二推三推下來，陳小龍就不怎麼找張小文了。

這一不找吧，張小文又覺得日子有點鬱鬱寡歡起來。

老婆眉眼長得通俗，心眼也就通俗，老婆說，不就一頓酒麼，你喝吧，天天喝！全中國就咱是八百年沒喝過酒嗎？

張小文卻不改初衷，依舊每週從一數到七就那麼一杯，也挺好的，洋酒又怎樣，喝的不都是個量乎嗎？張小文就量乎著把日子一天一天往前趕。

只是，像陳小龍那樣的酒場再沒有了，為女人一句話頂真，張小文忽然覺得有點吃虧，要知道那是很值得懷念的時光呢，一幫人大大咧咧跨進包間，人五人六往靠背椅上那麼一蹺二郎腿，又是叫茶又是叫煙，把那些穿旗袍的小姑娘支溜得團團轉。

在家裏喝不出那種感覺的，老婆再是寶也不會為你提高酒興而團團轉！

張小文就感歎，哪天再和陳小龍喝頓洋酒就好了！

感歎歸感歎，張小文丟不下臉面。

扳著指頭數一數，有多少日子沒見陳小龍了，怕有一年了吧。

張小文忽然覺得愧疚。

陳小龍請他，可是真心實意的，至於他媳婦嘴裏的話，就當風過耳罷了，怎麼的也得給人有個話吧，哪怕是一句簡短的問候也行啊！

這麼一愧疚，張小文就摸起了電話，是在周日的晚上摸的，桌上擺了兩杯酒，電話是打給陳小龍的，電話通了，一個女的接的，是陳小龍媳婦。

張小文說弟妹啊，我找小龍，讓他過來喝杯酒！

那邊沒認他這個大哥的意思，那邊說找小龍喝酒啊，到天堂去找酒場吧，口氣很不友好。

天堂去找酒場，啥意思？張小文怔了一下，腦筋沒轉過彎。

死了，酒精中毒，肝硬化，就這意思，懂了嗎？那邊啪一聲，掛了電話。

張小文呆呆握著話筒，好端端的人咋說不在就不在了呢，張小文咂了一下嘴巴，按以前，這時候應該有口酒很香地咪進了嘴巴。

酒只有香了嘴巴，張小文才覺得不吃虧的，稀裏糊塗喝個什麼勁呢？但這一回，他還沒喝就稀裏糊塗的了，自言自語端起杯子衝著電話說，小龍，來，咱們乾一杯！

親密接觸

李小玉是我女朋友。

陳小東是我男朋友。

我呢，除了和李小玉親密接觸之外就是和陳小東接觸親密了。

就是這個之外的陳小東竟讓我跟李小玉的婚禮足足推遲了一年，為此李小玉有足足一個月沒和陳小東說話。當然李小玉並沒因為推遲婚禮而讓我們的同居生活擱淺，從這點上來推斷，李小玉是絕對可以成為一個好妻子的，我就一臉幸福感地繼續保持著和李小玉的親密接觸。

寫到這兒，該交代一下我們的生活狀況了。

我和陳小東都是工地上的民工，經常上腳手架的那種，李小玉不上腳手架，她只是工地上煮飯的。

早先我並沒打算一輩子吃她煮的飯，天天蘿蔔白菜頓頓冬瓜茄子，不把人吃成一臉的蔬菜相啊？記得當時我和陳小東開玩笑說，誰娶了李小玉，誰的頭髮都能長成綠色植物的根鬚。

陳小東說那也好，說明李小玉環保啊！

我敲了陳小東一下說，環保個俅，我指戴綠帽子你知道不？

我這話只是說說而已，沒承想李小玉會成我女朋友，更沒承想李小玉真給我戴綠帽子。

擱別人給我戴我也認了，但陳小東就太不應該了，我可是為你把婚期推遲了一年啊，難道就是為了在這一年內讓你有機會給我戴綠帽子不成？

該死的親密接觸！

那天，記得我喝了點酒，睡了，不是很實沉的那種睡。陳小東來了，來幹什麼我懶得理他，迷迷糊糊聽李小玉跟他打了招呼，這就夠了，我側了下身子，繼續睡。

陳小東不是來找我的，不然他會死命把我從床上整醒的。

事後我才回想起來，我咋會那麼大意呢？小學時數學老師就教過我等量代換的，陳小東跟我接觸親密，我又跟李小玉親密接觸，眼下我缺了空，他們不正好等量代換啊！

親密接觸的結果是，我醒來時，發現陳小東正拎著李小玉的內褲在比劃著什麼，而李小玉則一臉緋紅地望著他。

狗日的一臉緋紅，被愛情滋潤過的女人才會一臉緋紅呢，莫非她和陳小東？

是可忍孰不可忍！我的拳頭一下子和陳小東鼻子來了個親密接觸。

陳小東自然落荒而逃了，可氣的是他逃得那麼狼狽，手上還死死攥著那條內褲，歐的芬牌的，那可是我戒了半個月煙才給李小玉買的一條呢。

李小玉穿上它，要多嫵媚有多嫵媚，那可是只屬於我一個人的嫵媚啊，只有我可以親密接觸的嫵媚啊！

眼下，這嫵媚被陳小東親密接觸了！

我沒聽李小玉的解釋，一咬牙，住進了工棚的大通鋪。

男人，別的可以不要，但面子一定得要！

陳小東不是個要面子的人，天天低眉順眼跟在我身邊，乞求我的諒解。

我橫眉冷對，用瓦刀拼命砍磚，砍得陳小東心驚肉跳的，再也不敢和我親密接觸。

李小玉把那條歐的芬內衣洗淨了，托人還給了我，連同她的嫵媚！打那以後，我依然吃她煮的大鍋飯，但她的笑容如同我和她的愛情一樣一去不復返了。

我想起書上的一句話來，兩隻擠在一起過冬的刺蝟，保持一定距離可以互相取暖，太近則容易傷害對方，是的，太近的他們傷害了我！

傷害歸傷害，我萬分無奈地發現，陳小東也好，李小玉她好，只要有他們氣息的地方，總能讓我生出無限留戀。

畢竟，我們親密接觸過。

那一次，樓盤到了收尾，我和陳小東被安排在一起拆腳手架，陳小東嘴張了張，欲言又止的樣子。

我點燃一根煙，說，有屁儘管放！

陳小東也點燃一根煙，說，你錯怪小玉了。

我說錯怪了也應該由她跟我說的！

陳小東乾笑一聲，你以為她會解釋嗎？當初你推遲婚期向她解釋過沒？

我怔了一下，是的，我沒解釋，她也沒問。是陳小東自己說的，陳小東有個妹妹，殘了一條腿，好不容易找了婆家，人家卻要一萬元的嫁妝，陳小東借了我結婚的錢給妹妹置辦了嫁妝，說好了一年後就辦喜事的。

等等，容我想想！當時他拿著李小玉歐的芬內衣的日子好像正是他妹妹的婚期那幾天呢。

陳小東又吸一口煙，我只想借李小玉內褲作個樣品，給妹妹買一條，你知道的，我妹夫不大喜歡我妹妹，我想讓他看見，我妹妹雖然殘了，可也有嫵媚的一面啊！

陳小東蹲下身子，開始捂著臉哭，我以為我們都那麼親密接觸在一起，找李小玉借內褲你不會介意的！

我的大腦一下子給擊懵了，咋就錯誤地以為李小玉的一臉緋紅是被愛情滋潤過呢？

我狠狠跺了一下腳，不行，我得找李小玉去！

　　不要！正蹲在木板上的陳小東忽然衝我撲了上來，一拳頭砸在我鼻子上，這一拳比我當初打他一拳接觸得還要親密！我整個人往後一仰，倒在後面的腳手架上，腳下忽然一空，我聽見陳小東的尖叫聲伴著一聲唏嚓落下了地面。

　　剛才我和他站著的那塊木塊被我狠狠一腳跺斷了！

　　陳小東整個人跟地面來了個親密接觸！

　　等我跌跌撞撞從腳手架上爬到地面，陳小東已經沒了呼吸，我跪在地上一言不發，任憑鼻血成串的往下淌，親密地淌在陳小東的臉上。

積慮

人一輩子，哪能不處心積慮做一回事呢？

尤其作為女人，更應該！

這不稀奇，但凡是女人，心思都重，處心積慮一回就在情理之中了。

張小佳處心積慮想知道的是，丈夫臉上顯山露水的幸福究竟屬於哪一種。

張小佳聽人說過，一生只談一次戀愛的人是幸福的，就像一個沒吃過蘋果的人，吃了一個不知道味道有多好的蘋果；而一生談了很多次戀愛的人也是幸福的，就像是吃過了很多蘋果的人，終於知道了哪一個蘋果最適合自己的口味。

毋庸置疑，張小佳是適合丈夫李西早的口味的。

只是這口味需要追溯一下源頭，是屬於只吃過一個蘋果的人感覺味道不知道有多好的口味呢？還是吃了許多蘋果後才挑到了適合自己感覺的口味呢？

也就是說，張小佳想通過某種途徑找到答案。

張小佳明白，這途徑必須得曲，古人不是說了嗎，曲徑才能通幽的！

幽在李西早的心靈深處，張小佳自然得頗費周折了。

張小佳把時間選在一個黃昏，那是一個有著斜陽的黃昏，早春二月的天氣，在這個南方小城，已經是楊柳依依草色青了。

張小佳把捂了一冬的身體掏出來，淋漓盡致地洗了個澡，然後換上一件半透明的睡衣進了廚房。

十年前，張小佳也是在這樣一個天氣，這樣一個時辰，這樣一身打扮進的廚房，也就是說，她想再版一下十年前的春光。

唯一不能再版的，是她那時還是剛滿二十的大姑娘。

依稀記得，一腳邁進屋門的李西早眼睛狠狠亮了一下，是的，狠狠亮了一下，事後張小佳開玩笑說，李西早，你的眼光能殺人呢！

為了能不忽略李西早眼裏的光亮，張小佳想了想，走出廚房，啪一聲摁滅了客廳的燈光。

那樣，當端著託盤走出廚房的張小佳就會襯著背光款款出現在李西早眼裏，有點像舞臺上的打光設備做出的效果。

她是想求證一下，秀色和美食在如今的李西早眼裏，哪一種更可餐一些。

門外傳來撬開門鎖的輕響，張小佳迅速調整狀態，在李西早腳步探進客廳的一剎那站在了在廚房門口，身後橘黃的燈光讓她有那麼點如夢似幻的感覺，想那敦煌飛天也不過如此吧！張小佳腦海裏甚至還響起了《飛天》中的一句歌詞，煙花煙花

滿天飛，你為誰嫵媚……

李西早的反應是愕然的，眼睛卻沒殺人般地亮起來，而是十分狐疑地走到張小佳身邊，上上下下掃描一番，又把眼光探進廚房掃描一番，末了，搖搖頭在沙發上躺下，順手摸起茶几上的電視遙控器。

失望掛在張小佳的臉上，從她砰一聲把托盤放在餐桌上可以想得到，有幾滴蛋湯助威似的跳了出來，當然，也有幾滴眼淚不失時宜跳了進去。

李西早被這聲砰響嚇了一跳，遙控器怔在半空中，他把臉調向張小佳，在腦子裏劃了個問號，這麼透明的睡衣，張小佳有七八年沒穿過了吧，是的，自打孩子出生後，張小佳就把這件睡衣藏進了衣櫥裏。

如今，孩子在學校寄讀著，張小佳想做什麼呢？李西早懵懵懂懂覺得，張小佳是在向他傳遞什麼資訊。

資訊傳遞得有點突然，突然得讓李西早自責起來，怎麼就不能跟張小佳心有靈犀呢？

李西早放下遙控器，開始專注張小佳的反應，想從她臉上讀出點什麼來，然而張小佳臉上像冰凍的湖面，霜一樣覆蓋著不滿。

李西早有點束手無策了。

他撓了撓頭皮，走過去，從後面環住張小佳的腰，問，寶貝，你怎麼了？

張小佳能怎麼呢？李西早的幽處無法到達讓她元氣大傷，默默推開李西早，張小佳興味索然地說，我有點累，先去睡了！

李西早顯然也是累的，他重重地歎口氣，放開張小佳，坐下，開始大口吞咽美食。

張小佳的啜泣聲水波紋一圈一圈擴散開來，當年李西早可不是這樣的，他一把抱起張小佳跑進了臥室，一任那幾盤色香味齊全的美食冷落在餐桌上，事畢李西早還撫著她的肚皮說，寶貝，我終於知道為什麼古人要弄出個秀色可餐的成語了。

眼下，秀色還在，可餐她的人卻在擄案大嚼幾盤並不豐盛的食物。

啜泣聲讓李西早皺了一下眉，他放下碗筷，走進臥室，看見張小佳睡衣下淺紫的三角褲上一朵玫瑰正怒放著，李西早的喉嚨就響了一下。

這一響，讓張小佳又回到了十年前的時光，那時他也這麼響的，響過之後是更大的聲響，把床都折騰得要散架的那種聲響。

但這一回，響過之後李西早卻退出去了，退出去了居然有十分鐘之久！張小佳徹底絕望了，他一定是在回味另一個蘋果的口味了，一定的！

張小佳惡狠狠一把扯掉睡衣，剛把被子蒙上頭，一隻手探了進來，跟著一條腿壓了上來，是李西早的！

張小佳使勁掙紮著說，當初你不是這樣的！

李西早使勁嗅了嗅自己，說，你不是說不洗澡不准碰你身子嗎？我已經洗得乾乾淨淨的了！

張小佳下意識地抽了一下鼻子，果然有淡淡的沐浴露香襲上來，張小佳眼裏一下子亮起來，十年前李西早說完那個秀色可餐的成語後，她曾嬌嗔地掐了李西早一把說，以後，不洗澡不許碰我啊！

　　不過，令張小佳奇怪的是，在淡淡的沐浴香中，仍有一股汗酸的氣味幽幽地鑽進了自己鼻子。

　　這氣味，積慮得咋這麼深呢？張小佳不動聲色的攤開身子，作了一次處心而又悠長的呼吸。

找個憂鬱的女孩兒

請問你憂鬱嗎？

關你什麼事？

啪！電話掛了。

李響不氣餒，衝自己好脾氣的笑笑，坐下來，喝茶，順便思考一下，明天這個電話應該再往哪兒打。

陳慧在一邊沒心沒肺地笑，笑完還不忘調侃一句，林妹妹是從天上掉下來的，眼下這世道，及時行樂都來不及，誰還憂鬱啊！

輪到李響憂鬱了。

李響說我只想找個憂鬱的女孩兒，咋就這麼難呢？完了李響就望著空白的畫板發呆。

李響是個畫家，陳慧是她的准媳婦。

但沒領證的那種，這無關緊要。

都屬於事實婚姻了！所以在這一點上陳慧一點也不在乎。她只是想，兩個人過日子，只要開心就行。

李響之所以要找一個憂鬱的女孩，是源於兩人間的一次對話，跟一個電視談話欄目有關的對話。

那個談話扯到一個老詞，憂鬱。

嘉賓是一位大師，大師說，憂鬱是一種文化傾向，是一種走向瀕危的文化傾向！

主持人反對，說現代人難道不憂鬱嗎？

大師當時輕蔑地一撇嘴，那頂多叫憂愁，憂鬱是有深度的，是知性的，是古典的，睜大眼睛看看，滿世界還找得到像林黛玉那樣葬花的人嗎？

當然找不到，你要扛著柄鋤頭哭哭啼啼去葬花試試，滿大街的唾沫會先葬了你！

李響眼裏瞬間滑過一雙憂鬱的眼神，落寞，無助，有種不可為外人道的孤寂。

李響心裏就疼了一下。

這樣的女人，如果有，首先得用弱不禁風來形容吧，這樣想時，李響還和陳慧開了句玩笑，你咋就沒弱不禁風呢？

陳慧是劇團搞音樂的。

搞音樂的都敏感，陳慧就陰陽怪氣地笑，笑完補上一句，你咋不說我弱得沒深度呢？

李響一下子啞口無言了。

陳慧拍拍李響腦袋，街上十四億人，找個憂鬱的女人應該不難的！

阿慧這句沒心沒肺的揶揄讓李響起了氣，李響嗖一下站起來，我就不信這憂鬱還真滅絕了。

陳慧啪啪地鼓掌說，向拯救瀕危文化的勇士致敬！

李響這就知道啥叫箭在弦上了。

請問你憂鬱嗎？

有病啊你！

啪！合上電話的聲音。

請問你憂鬱嗎？

關你什麼事？

啪！再一次合上電話的聲音。

一版二版再版的聲音讓陳慧捧腹大笑，因為快樂，那一段陳慧的嘴裏冒出來的音符都明快了許多。

像看貓追尾巴咬的遊戲，一次新鮮二次稀奇三次好笑，第四次就了無生氣了。

可李響卻沒有收手的意思。

近似於患了癔症，陳慧在李響又一次被人掛了電話的歎息聲中擔起心來，李響究竟要幹什麼呢？自從有了找個憂鬱的女孩兒想法後，李響有三個月沒碰過她的身體了。

三個月，是婚姻有了七年之癢的夫妻才有的現象呢，他們同居才一年啊！

找個憂鬱的女孩有這麼重要麼？

陳慧暗暗留上了心，那天，居然真讓李響找著了，請問你憂鬱嗎？李響問。

是的，非常憂鬱！電話第一次破天荒響起一個年輕女人蒼白的口氣。

那你一定有著弱不禁風的身體！李響說。

對方輕咳了一聲，是的，秋風起了，花褪殘紅呢，我想請個人和我一同葬花去！女孩在那邊捧著心說。

如果你認為我有那份榮幸的話，我可以考慮和你一起完成，李響試探說。

那你準備一柄鋤頭吧！女人在那邊頷首，算是同意了。

李響開始滿城去找一柄精緻的花鋤。

顯然是無功而返。

李響第一次點上香煙，目光空洞地在屋裏打轉，陳慧什麼時候走出去的他都不知道。

陳慧回來時，李響已躺在沙發上睡著了。

陳慧心疼地摸了一把李響的臉，李響臉上濕漉漉的，這一回，陳慧沒有沒心沒肺地笑，她把一把精緻的花鋤放在茶几上。

李響應該記得的，陳慧在劇團搞音樂，跟許多演出公司熟，找一把花鋤應該不難。

偏偏，李響沒能在關鍵的時候想起陳慧來，都熟視無睹了呢，這是！

　　陳慧被熟視無睹這個詞一下子擊碎了。良久，她輕輕歎了口氣，帶上門，捧著這顆被擊碎的心走了出去。秋風瑟瑟呢，門外，陳慧把衣服裹緊了一些，還沒邁步，就是一個踉蹌，啥時候，自己也弱不禁風了？

　　陳慧輕輕晃了一下頭，孤寂而無助地望著大街上一片在街燈下翻飛的落葉。一個男人走過來，停住，先看落葉，再看陳慧，一股欣喜爬上眼裏。男人自言自語了一聲，不是說憂鬱是一種瀕危的文化傾向麼？這話大師說的也不絕對正確啊。

　　說這話的人正是那個訪談欄目的節目主持人。

能借你點啥

　　男人點燃一根煙，透過嬝嬝上升的煙霧，先看路燈，再看星星，看得很吃力，城市的夜晚是很難看見星星的。

　　男人之所以這麼認真，是因為男人眼下很無聊。

　　百無聊賴的那種無聊！

　　女人就是在這時候靠攏過來的，來了卻不說話，前三步後三步左三步右三步地圍著男人轉，直到把男人轉出一臉的迷惑來。

　　你，做什麼？男人問。

　　女人又盯一眼男人，咬了咬牙說，借你點東西，行不？

　　男人把煙屁股吐出去，哈哈笑，說借你點啥呢，我這會一無所有，要借你借我人吧！

　　男人因為壓抑，就開了這句玩笑。

　　沒承想，女人眼睛一亮，別說，我還真就要想借你的人用用！

　　男人哈哈笑著的嘴一下子被肺裏殘存的煙圈撐住似的，合不攏了，借他用用？他可是百無一用的窮酸書生一個。

　　女人說很好笑是不？先申明一下，我沒病！

　　男人還是覺得女人有病，病得不輕，好端端借什麼不好，借男人，要知道這年月天底下啥都缺，可唯獨不缺男人！

　　女人似乎看出男人的疑惑來，女人笑，天底下是不缺男人，可缺有那麼點書生意氣的男人。

　　這倒不假，男人要沒點書生意氣，絕不至於混到如此落魄的境地。

　　有必要交代一下男人了，畢竟他是這個故事發生中間必要的鋪墊。男人本來是在一家公司做文案的，做得得心應手的，也順風順水的，問題是，女老闆太賞識他，以至於動了心思要把他做成自己日常生活起居的文案，男人面對女老闆的咄咄逼人，選擇了拂袖而去。

　　這年頭，吃軟飯的男人不是沒有！問題是，男人自認為一個念過聖賢書的人，傲氣不能有，但傲骨不能沒有。因了這點之乎者也的書生意氣，他面帶傲氣走出了女老闆帶有小套間的豪華辦公室。

　　生活卻不欣賞他的傲骨，在一次一次碰壁之後，女友棄他而去，他覺得很可笑，自己守清白之身為的正是女友，偏偏女友卻把他的寧為玉碎看成一種無能。

　　所以他選擇了在這樣一個夜晚出來看星星，記得日本有個動畫片中歌詞說，星

1
5
5

星哪怕是睡著了，也還是眨著眼睛的！眼下他不知道女人是不是睡著了夢遊，才這麼說話的，因為女人也眨著眼睛。

女人忽然不眨眼睛了，女人端正了臉龐，這樣吧，借你用一天，參加一個同學會，就說你是我男朋友。

同學會，很重要麼？男人問。

是的，很重要，我只念過初中，而那幫同學都上了大學！女人說。

明白了！男人忽然笑，你是覺得自己雖然沒念過大學，但找個男朋友是念過大學的也不錯！

你不會笑我的虛榮心作怪吧，女人沒有否認。

那你怎麼肯定我念過大學？男人很奇怪。

你身上的憂鬱啊！女人點燃一根煙，笑道，一個沒讀過大學的女人未必就不能閱人無數啊。

閱人無數的女人！應該是個什麼樣的女人？他怔在那兒。

女人說反正你百無聊賴來著，只當做了一場遊戲，再說，我不白借你！

男人就動心了，不是為女人所說的錢，而是，他自打走出校園就沒做遊戲的心情了。

把遊戲當工作來做，應該是很別致的一天吧，他點了點頭，算是同意。

女人第二天是開著轎車來接他的。擁有轎車的女人！他心裏略微有點隱忍的不快，他擔心她會咄咄逼人，坐上車的一剎那，男人自覺不自覺挺直了一下脊樑。

放心，沒人壓彎你的腰的！女人從方向盤上方的回視鏡斜了他一眼，斜歸斜，臉上卻帶著淺淺的笑。

男人心裏暖了一下，溫軟的感覺襲上後背，脊樑很自然地鬆弛下來。

其實女人的同學，也沒幾個社會精英，最出趨的也不過嫁了些科長之流的人物。

男人身上的那股書生意氣就有那麼點鶴立雞群了，鶴的驕傲不在於它同雞們嘰嘰喳喳什麼，而在於它的矜持，男人沒打算矜持，男人只是覺得無話可說，當然，男人還是禮貌的。

他的沉默與他的得體，讓女人的同學們目光充滿了豔羨，豔羨什麼呢，豔羨一個天生我才無處應用的書生？想到這，他自嘲地一笑。

女人看見了，挽了他的手，說要告辭了，男人公司有會！

一句簡單的公司有會就把那幫人晾在那兒，眾目睽睽之下，她買了單，然後兩人親親熱熱走出了酒店。

路上，男人忍了很久，忍不住，問女人，你究竟做什麼的啊？這麼會演戲！

女人笑了笑，看不出來啊？

男人搖頭，看不出來！

女人不笑了，說會演戲當然是逢場作戲的女人啊！

男人也不笑了，男人說應該說是為生活所迫的女人吧！

　　女人把車停下，頭伏在方向盤上說，謝謝你的理解，到底是有書生意氣的人！

　　男人說不用謝，因為我也是個為生活所迫的男人！

　　女人冷不丁挺起身子，飛快在男人額頭啄了一下，淺嘗輒止的那種。完了女人說，還能借你點東西嗎？

　　男人一怔，還能借你點啥？

　　女人說，微笑！女人說我好久沒見一個男人對我真心笑一回了。

　　不就一個微笑吧，簡單！男人就挺直了身子調動臉上肌肉竭盡全力去笑，沒承想，竟笑出一臉的淚來。

生煙

趙小青天生一雙狐媚眼。

怎麼樣一個狐媚法呢？我一說你就能想像得到，趙小青的眼，能夠生煙。

那可不是人間煙火的那種煙，那煙，生得迷離而又夢幻，讓你探不到底，因為你探不到底吧，就更容易引起人要一探到底的欲望。

這樣的人，多為不安份的男人。

男人有理由探，誰叫那雙眼讓人迷離呢！

只聽說過亂花迷人的，沒聽說生煙迷人的，但事實往往喜歡糾正一些道聽塗說的東西，比如趙小青的眼，就糾正了小城語文教師方小冬的亂花迷人一說。

方小冬是一中的老師。

這樣說有點委屈方小冬了，應該這樣注解一下，方小冬是整個一中最有才氣最帥的青年教師。

這樣，故事就有說頭了。

嚴格地說，方小冬和趙小青兩人是不搭界的。

趙小青，一個在一中門口擺攤的女子，弄的什麼營生呢？麻辣燙！

這樣的場面，你一定見過，男男女女圍在燙鍋邊，湯水活色生鮮的突突跳著，很容易勾起人的食欲，男男女女在突突跳著的湯水中，或燙串藕片，或燙串貓魚，或燙紅腸或燙螃蟹，也有燙串青菜的，總之，能吃出一臉突突的幸福時光來。

為啥呢，少年心事唄！多情而又懷春的心事連帶著一起燙了，日子就欣欣向榮起來。

趙小青這時候往往就會走神，一團一團的煙從眼裏生出來，雲山霧海的縹緲，她一定是想起了自己的青蔥時光。

眼下的趙小青已經不青蔥了，三十歲的女人，在小城有個說法，叫人過三十天過晌。其實，不知道趙小青年齡的人，是願意把趙小青劃為青蔥之列的。

方小冬就是。

方小冬第一次調到一中時，被朋友拉去吃麻辣燙，方小冬是怕辣的，吃一口，就哈著嘴，跑到電扇跟前拿手拼命往嘴裏扇風，舌頭伸出老長，想舔風扇似的。

趙小青第一次見人這麼怕辣，也第一次見人舌頭伸這麼老長，趙小青臉唰地就紅了。

她的臉紅引起方小冬的好奇，什麼年代了，還有臉紅的女人？方小冬就不哈氣了，拿眼專注地看了一下趙小青。

趙小青眼神躲了一下，沒躲開，眼裏就起了煙。

方小冬心裏咯噔了一下，有火蔓延。

就一下，方小冬回過了頭，他是大城市出來的人，有著大城市人的矜持。

趙小青把煙收回去，繼續為他們添加食物，不過在遞方小冬那一份時，她適當把辣味給衝淡了幾分。

方小冬的味蕾是敏感的，心同樣也是敏感的，眼下，這麼善解人意的女子是不多的，因為不多，他格外留意起趙小青來。

居然，她是結了婚的！

每天早上，就有一輛三輪車把趙小青送過來，連同她的攤位。男人是那種很普通的男人，也是那種很細心的男人。

下了車，他會幫趙小青理順額前每一絲被風吹起的亂髮，還會撣掉趙小青身上並不在肉眼中存在的灰塵，然後一切擺放停當，再悄悄離開。

方小冬留意的結果是，兩人居然還算恩愛。

應該說，以趙小青的狐媚，是應該有故事發生的，方小冬在一個春日的午後再度走近了趙小青，這一回他是單身來的。

春日慵懶，方小冬是想看一看趙小青慵懶的狐媚相，應該是亂花迷人的吧，他暗裏揣摩。

他去時，趙小青正打著盹，說攤位，實際就一個很窄的門簾兒裏面，能放下兩張小圓桌的那種，燙鍋在門口，裏門隔一小屏風，趙小青正歪著頭伏在小桌上。

那雙狐媚眼閉著，小巧的鼻翼掀動著暖暖的氣流，細長而白皙的脖子閃著一圈暈黃的碎光，是光線透過屏風上的玻璃照進來映射的回光。

方小冬坐下來，靜靜打量著趙小青。

趙小青夢囈了一聲，眼睫毛撲閃著，方小冬就在這聲夢囈中走上前，在趙小青耳垂邊輕輕吻了下去。

這一吻不是輕薄的！在方小冬認為他只是對美妙的東西情不自禁了一下。

是的，情不自禁！

趙小青在那一吻中驚醒過來，眼裏有煙散開，嫋嫋婷婷地散開，一直遮住了她的眼。

方小冬忽然有了個大膽的設想，在這樣一個慵懶的春日，趙小青應該是渴望發生點什麼的。

方小冬就壯著膽子，把嘴移向趙小青的紅唇。

趙小青好看的狐媚眼驚了一下，迅速側過頭，方小冬的嘴唇落了空。

為什麼，方小冬的雙手從後面環上趙小青的腰。

啪，一記耳光回了過來。

趙小青眼裏的狐媚沒了，我可以原諒你的情不自禁，但不能容忍你的輕浮薄幸！

我輕薄了嗎？方小冬喃喃自語著把雙手捂上臉，指縫中，他看見趙小青眼裏再一次生滿了煙，只是，那煙裏盈滿了潮潮的春水。潮歸潮，但很透明，沒一絲雜質的透明！

欲望

欲望到來的時候，人是沒有尊嚴的！

比如說，在饑餓面前。當然，如今這年頭，饑餓離人們的回憶也是那麼遙遠了。

但方小羽認為，他或多或少應該需要那麼一點點尊嚴來維繫自己的身份，方小羽一直放不下的一個身份就是，他曾經做過寧小紅的班長。

也就是說，方小羽和寧小紅在成為夫妻關係前，還有另一種社會關係，同學。

由同學做到夫妻上的，並不鮮見。

但由夫妻做到同學上的，就難得一見了。

方小羽和寧小紅難得一見的關係又一次證明黑格爾的先見之明，存在就是合理的！

兩人把夫妻做到同學這一層面，硬是做得順其自然，怎麼樣，算個人物吧！

至於這人物算在誰身上，姑且不論。

反正，方小羽覺得這麼過日子吧，沒什麼不對的，因為沒覺得有什麼不對，方小羽在使喚寧小紅時就有那麼點頤指氣使的傾向。

傾向往往帶著觀點，觀點鮮明，寧小紅就潛意識的覺得不對勁，她敏感地意識到應該及時將方小羽的大男子主義扼殺在萌芽狀態中。

這是個週末，一般情況下，週末是容易發生點故事的，方小羽賴在被窩裏還沒起來，能賴被窩的週末，多半也屬於冬天的週末。

寧小紅一人在衛生間裏拆洗被褥，難得一個大晴天，洗洗曬曬基本成了女人過週末最重要的事，重要到沒幾個女人能輕而易舉地跳過去，或者忽略不計。

寧小紅拆洗的是昨天剛撤下的一套被褥，就著響晴的天洗淨曬乾，把太陽氣息吸進去，哪天要用時從櫃子裏翻出來蓋就被陽光氣息溫暖著呢！

多好！女人是需要時時溫暖著的！因為沉醉在太陽的氣息中，寧小紅就把活幹得有條不紊，洗了，清了，甩乾了，晾曬卻不是她一個人能輕鬆完成的。床單也好，被面也好，得兩人牽直了攤開了，弄得伸伸展展晾著，不然，怎麼迎風招展，怎樣大面積吸收陽光？

寧小紅就在她幻想中的陽光氣息裏回頭衝方小羽喊說，還不過來搭把手！

方小羽假裝在睡回籠覺，不吭不哈的。

寧小紅就捧了捧手上的水珠，進屋，老實不客氣地把手從被窩下猛一把抄進去。

方小羽被冰手一撩，撲一聲跳了起來。

幹啥呀你，想冰死我？

喲，我還以為天底就我一人曉得冰呢！寧小紅撇一下嘴，你的手是手，我的手就不是手了？

方小羽驕傲伸出自己的手晃了晃，我這不叫手，叫未經琢磨的玉！你忘了班主任說的？

那是兩人上初中時，班主任選班長，當時呼聲最高的兩人正好是方小羽和寧小紅。

班主任是女的，偏愛男生多一點。

就點了方小羽的名，寧小紅不服，下課時拽了班主任衣服下擺說，為什麼不選我當班長！

班主任向來討厭學生拉扯她的衣服，加上那天又是一件剛上身的衣服，被寧小紅手上的墨水沾了點黑印，班主任臉就拉了下來，就憑你這雙手，也不配當班長！

寧小紅的手胖乎乎的，完全可以用珠圓玉潤來形容，方小羽的手除了長的細點有什麼好呢？見寧小紅拿眼去看方小羽的手，班主任就補了一句，那是一雙未經雕琢的玉，懂嗎？

他山之石，可以攻玉！甯小紅就對方小羽這塊玉動上了心思，直到據為己有了，她還沒看出這塊玉該如何雕琢出來。

眼下，寧小紅失去了雕琢的耐心，面對方小羽的居高臨下，寧小紅說，那好吧，你就一個人好好雕琢你的玉吧，從今天起！

寧小紅說完就出了臥室，開始在另一個臥室裏忙碌起來。

當晚，兩人分了床，方小羽是玉，當然就要做塊寧為玉碎的玉了，怎麼可以為一片瓦輕易低頭呢！

這個冬天並不漫長，春天說來就來了。

在冬天，方小羽的情感向來處於冬眠狀態，然而春天就不同了，大街上那些姣好身材的女人撞進方小羽的眼裏，方小羽的呼吸開始急促起來。

畢竟，這是種下石頭都能開花的季節呢。

晚上，寧小紅穿了睡衣在客廳裏看電視，方小羽不懷好意擠過去。

這一擠，竟發現寧小紅身上有那麼絲恬靜乾爽的氣息，方小羽抽抽鼻子，什麼氣息？

陽光氣息唄！寧小紅撇撇嘴，有點不屑。

方小羽就攔腰抱起寧小紅，往臥室裏搬。

寧小紅沒拒絕，但也沒迎合。

方小羽長驅直入了，過後，方小羽發現有著陽光氣息的寧小紅身子居然是冰涼的，再仔細一回味吧，連愛也做得很冰涼。

愛是很溫暖的字眼啊！

方小羽打那以後就有點魂不守舍了，只有沒有愛的女人才是冰涼的啊，寧小紅

不是有自己愛著嗎？

是暗示什麼？還是寧小紅有意向自己挑釁呢？方小羽捉摸不透了。

方小羽心說你覺得沒人愛是吧，那我就做出很愛你的樣子，不信你不俯首稱臣。

方小羽忘了一件事，人一生中饑餓的方式有多種，性饑餓也是一種。

方小羽往往在晚上就會低眉眼去敲寧小紅的門，寧小紅開了門就把自己摔在床上，一任方小羽折騰。

方小羽總在發洩完了後惡狠狠地在心裏說，媽的，從明天起，老子堅決不碰你了，老子不是那種沒臉沒皮的人！

可一個明天又一個明天來臨時，方小羽欲望一上來，就會搓著那雙未經雕琢的玉手腆著臉走進寧小紅的臥房裏。

放生

前面有座橋，橋有名字，放生橋！

寧小玉趴在欄杆上，往下看，看見一尾尾的紅鯉魚被一些老太太老大媽或者老大嫂捧在手中小心翼翼往河裏放。

寧小玉就笑，說放了逮，逮了放，不嫌麻煩啊！

寧小玉眼神好，又得了居高臨下的勢，自然能看見下游河邊有許多人正布網設鉤。

陳小奇眼神不好，屬於書讀得比較深的那種人，書讀深了，心就瓷實，只曉得書本裏的東西，書本以外的，則知之甚少了。

陳小奇愛憐地撫了一下寧小玉的背，說這也算魚的一個輪回吧！

輪回？寧小玉笑，魚也有輪回？

有啊！陳小奇瞪大眼，孩子氣地辯駁說，魚上了岸不就是輪回麼？跟人入了土沒區別的！

寧小玉說，那照你說，魚遲早要輪回的，幹嗎人還要放生？

這叫修緣啊！陳小奇很居士的口氣說。

修緣？還濟公呢！寧小玉抿了嘴笑，她剛看過濟公新傳這部電視劇，知道濟公有個俗名叫李修緣。

對啊，不修今生修來生，不修自身修兒孫！陳小奇一絲不苟地說，完了一牽寧小玉的手，說我們也去放生吧！

寧小玉心裏熱了一下，她的手是第二次被男人這麼溫柔地牽呢！第一次是陳小奇，第二次還是陳小奇，其他的男人只想攢著她的手！

陳小奇和寧小玉是在這個江南小鎮偶遇上的，如果僅僅是他鄉遇故知也就罷了，問題是，兩人曾經有段刻骨銘心的戀情。

男人是非常渴望公休的，成家的男人不，陳小奇是那種成了家又非常渴望公休的男人，他的工作性質和家庭決定了，他需要一個公休出來走一走。陳小奇是名檢察官，這年月貪官多，案子就多，天天跟那些貪官動腦筋，陳小奇頭都大了，所以公休一到，他就迫不及待出了門，套用他老婆刻薄的說法叫比放了生的魚兒遊得還歡！

眼下，遇上寧小玉，陳小奇更歡實了。歡實的陳小奇不知道，為這次偶遇，寧小玉苦等了三年，陳小奇的歡實是因為，寧小玉是那種溫柔聰慧的女孩子，老婆與之相去甚遠，出門旅遊，有她相伴一定值得回味一生。

這麼臆想，並不等於證明陳小奇打算和寧小玉之間發生點什麼，當然，真有什麼發生陳小奇也未必拒絕得了。

不是說陳小奇對婚姻不夠嚴肅，而是陳小奇覺得嗎，婚姻也好，戀愛也罷，需要的不是嚴肅，認真即可。

眼下，他只想認真牽了寧小玉的手去放一回生。

河下游是年輕人的世界，確切說是半大小子的世界，一尾尾紅鯉魚在空中被絲線牽著劃著圓弧甩上岸，陳小奇連聲跑過去勸說道，輕點甩嗎，輕點甩嗎？可是卻沒人理他。

寧小玉笑他的迂腐，說魚又不知道疼！

陳小奇很奇怪地望她一眼，魚怎麼不知道疼，你看它疼得在岸上拼命蹦躂呢！

寧小玉一撇嘴，知道疼它還會一次又一次上鉤？誠然，這下游的魚中不少是剛從上游放生下來的。

陳小奇歎口氣，說這正如人生沒有永遠的疼一樣，除非你天天提醒自己記得它！

陳小奇說這話時眼神很憐憫，他的腳下正好有一條甩得奄奄一息的紅鯉魚。

寧小玉蹲下身子，拿根小棍撥了撥魚的身子。

紅鯉魚的尾巴彈了一下，就一下，不動了，可能生命進入倒計時了。

釣上這條魚的男孩走過來，拿腳碰了碰，說，不值錢了，熬湯喝喝還差不多！

陳小奇忽然悶頭悶腦地蹦出三個字，賣給我！

男孩很奇怪，說這條魚放不活的呢！他以為陳小奇和寧小玉是夫妻，經常有夫妻為求一男半女來買魚在放生橋下放生的，據說靈驗得很！

寧小玉臉紅了一下，偷眼看陳小奇，陳小奇臉也紅了。這樣的傳說到處都是，與他們並不陌生。

但紅歸紅，陳小奇心思沒跑遠，一本正經從口袋裏掏出錢來，買下了那條奄奄一息的魚，然後小心翼翼拿手捧上往上游走。

有救嗎？寧小玉小心翼翼地問了一句。

不試怎麼知道呢？陳小奇說。

春日的陽光還是那樣的明媚，寧小玉心裏卻沒來由地燙了一下，是啊，不試怎麼知道呢？她這次製造偶遇不就是為了求個結果嗎？

魚下了水，在河裏晃了幾下，肚皮朝上，艱難地吐著水泡。

像他這麼死心眼的人，只怕跟魚一樣，上鉤也很容易的！寧小玉暗自揣測著把身子遞了過去。

陳小奇沒拒絕，頭一歪靠在寧小玉身邊，拿手攪動著河水，希望用這種方式給魚增氧。

甯小玉把手環上陳小奇的脖子，說，小奇你娶了我吧！

陳小奇停止攪水，說我已經結婚了，怎麼娶？早三年你這麼說，我一定要你！

可我聽說，你的婚姻並不幸福！寧小玉咬了下紅唇說，而且聽說她是個刻薄的女人！

刻薄嗎，是的！陳小奇把眼神抬向天空，說小玉你應該知道的，婚姻好比琢玉，比的不是誰的玉好，而是誰的雕工獨到！比如這條魚吧，本來要死了，但用點心增氧也不是沒復活的可能啊！陳小奇一碰寧小玉，說你看啊小玉，是不是這樣的！寧小玉就低了頭，看那尾紅鯉魚，居然，在陳小奇的增氧下，那魚的呼吸順暢起來後身子也活泛起來，尾一擺，遊到了水草深處。

人生沒有永遠的疼，除非你天天提醒自己記得它！陳小奇的聲音再一次在耳邊響起。

是不是也該給自己放一回生呢？甯小玉支著下額陷入了沉思。她一直以為，自己離開了陳小奇會活不下去，可三年了，一千零九十五個日日夜夜，不也艱難呼吸著扛過來了？

貓女

貓女，顧名思義就是貓一般溫順的女子了。

當然，時尚一點也可理解為走貓步的女子。

占了這兩樣的女子毋庸置疑是優雅的，貓女自然就是優雅的女子了，不優雅也不會在那幫模特中脫穎而出。

陳浩然把貓女擁在懷裏，用一根手指在她光潔的額頭上劃來劃去，感受古戲文中所說的那種肌膚之親。

貓女頑皮地拿手撓了一下陳浩然的肚子，撒嬌，你說劃了這麼多天，把我皺紋都劃出來了！

陳浩然停下手，不劃了，把嘴唇咬上貓女耳朵，一遍遍地蹭，貓女耳根就軟了，身子整個依偎在陳浩然胳膊彎裏，要多恬靜有多恬靜。

陳浩然就喜歡貓女這樣的恬靜，與世無爭的恬靜。

八輩子燒了高香呢，老天送給他這麼一個尤物！

跟一般女人不一樣，雖然貓女跟陳浩然戀愛了也同居了，但貓女就是貓女，一點也不黏著陳浩然，不像哈巴狗似的圍著他打圈，這讓陳浩然很得意。

陳浩曾在他那幫狐朋狗友中誇口說，戀愛的最高境界，是把不是單身的生活過得像單身一樣！

他的這個觀點，得到狐朋狗友的一致推崇，推崇的理由很簡單，他們一直沒能力扭轉乾坤。

他的放肆讓貓女隱隱有一絲不安。

又一次，貓女躺在陳浩然的懷裏，拿手在他大腿上劃來劃去，劃完了，貓女說，浩然，我們結婚吧！

結婚？陳浩然笑，婚姻是愛情的墳墓你不知道？

貓女也笑，鳳凰都可以涅槃的，何況是人，我可聽說了，一段感情結束得好就是永生，浩然你不想讓我們的愛情永生麼？

陳浩然刮一下貓女的鼻子，人都無法永生，還奢談愛情永生？

貓女就歎口氣，沉默不言了。

陳浩然繼續在狐朋狗友面前放肆著。

那一天，喝多了點酒的陳浩然又賣弄起他的戀愛經來。

一個朋友調侃說，浩然啊，我聽你說戀愛的最高境界是把不是單身生活過得像單身！有沒有這回事啊？

那是當然啊！你什麼意思？酒精衝上了頭的陳浩然一時反應不過來。

意思很明白啊，你要有本事把貓女叫來，像個居家小媳婦一樣為我們沏茶敬煙提鞋，那你陳浩然才算達到戀愛最高境界。

陳浩然啪地打一聲響指，這算啥，我陳浩然對貓女可以說是招之即來，揮之即去，來之能戰，戰之能勝！

是嗎？那可得見識見識！一干狐朋狗友哄然起來。

陳浩然就大著舌頭摸出手機，衝那邊吼將起來，貓女嗎，馬上過來，我在天然居！

客上天然居，居然天上客！

陳浩然就天上客般蹺著二郎腿等著貓女前來。

貓女是輕著腳步進來的。

陳浩然拿嘴呶一下，來，給哥幾個沏上茶！

貓女就低眉順眼沏茶。

陳浩然又拿眼掃一下，來，給哥幾個點上煙！

貓女就恭恭順順點煙。

末了，陳浩然把腳蹺老高說，還不把鞋給脫下！

貓女看一眼陳浩然，脫下鞋。

陳浩然醉眼乜一下眾人說，行了，你可以回去了！

貓女怔了怔，這就走，你不送送我？很晚了呢！

陳浩然鼻子一哼，沒聽說貓還怕晚的，夜貓子，夜貓子，夜可不就是晚嗎？

貓女就沒話了，低頭衝大夥溫柔地笑笑，轉身退出去。

陳浩然被狐朋狗友又一輪猛灌，暈在了天然居。

怎麼回去的，他不知道，只知道恍恍惚惚中，有只手柔順地在他頭頂上摩挲了半夜，令他欲裂的頭最終沉睡過去。

醒來已是日上三竿的事了。

一般這時候，貓女都在床上的，貓女的工作以晚上居多。

但今天不在！

一定是悄無聲息藏在某個房間吧！陳浩然爬起來，學著貓女躡手躡腳把每個房間巡視一遍。

奇怪，連貓女的衣服都不見了。

陳浩然就撥打貓女手機，不通，再打，忙音，還打，一個很好聽的女中音說，您撥打的用戶已經關機！

再以後，貓女居然就沒了影蹤。

陳浩然百無聊賴地走在大街上。

街上走著貓步的女子多了起來，陳浩然望著那些女子百思不得其解，貓女是優

雅的啊，咋就這麼不優雅地跟自己躲起貓貓了呢？

陳浩然的腳步是在一處庵堂門口停住的，該不該去求上一偈呢？陳浩然愣在那兒良久，還是進去了，敬上香，捐了錢，在紙上寫下兩個字，貓女！

庵堂一老尼接過，注視陳浩然良久，說，貓是生靈，人也是生靈，何為生靈？施主知道麼？

陳浩然搖頭。

老尼雙手合在一起，口中喃喃道來，偈語雲：生靈生靈，自在為生，率性為靈！鳳凰涅槃，浴火重生！

陳浩然沒話了，老尼又說，貓具君子之風，優雅，識趣，總把最美好的一面呈現出來，切莫辜負啊施主！

陳浩然冷汗開始往下流，請問師父，辜負了又會如何？

老尼把合著的掌輕輕散開，目光穿越陳浩然的頭頂，緩緩開言說，狗可以搖尾乞憐，貓只能依偎親近，一旦辜負，貓將會永遠與你保持距離！

猶如當頭一棒砸下，陳浩然雙目一閉，任他如何搜尋，記憶中硬是找不到半點貓女殘存的影子。

了賬

　　紅拂出門前，給自己臉上敷了點薄粉。其實紅拂的臉夠白了，一張失了血色的臉，能不白嗎？這樣一敷吧，多少有了點欲蓋彌彰的意思，但紅拂顧不得這些了。

　　有筆賬非了不可，而且非得紅拂出門才能了的，紅拂就不管不顧出了門。

　　說到這兒，有句話必須交代一下，紅拂剛剛剖腹產，在月子裏，第十五天。

　　小城是有很多忌諱的，月子裏的女人不能進別人家門，紅拂就約了男人在大街上見面。男人是吃軟飯的，不過是軟中帶著硬，男人是個混混，靠一個唱歌的女人供著他。唱歌的女人，你一定覺得應該屬於風姿綽約的女人吧，得，犯邏輯性錯誤了吧！那女人連好看都算不上，偏偏，嗓子亮，這樣說吧，她一張口，古人說的大珠小珠落玉盤是個啥意境你就領略到了，不折不扣一播音西施。女人唱歌前在一家工廠搞播音，播著播著被播下了崗，還給丈夫給播出了家門。

　　唱歌女人就把日子播得顛倒起來，用自己唱歌掙的錢供著那個混混。

　　這樣的女人，內心自然是悲苦的。

　　混混不可能有耐心聽她的傾訴，於是她找到了童年一起長大的玩伴，那就是紅拂的男人李靖。

　　這李靖，卻不是古代那個讓俠女紅拂為之月下私奔的李靖，見不得事兒，唱歌女人一珠串鶯囀，就忘了月子裏的紅拂，三天兩頭在電話中安慰女人。

　　他忘了，自己的紅拂在月子裏，而月子裏的女人是容易得產後抑鬱症的！

　　紅拂的確得了抑鬱症，不是為自己，是為那個稀泥扶不上牆的李靖。

　　本來紅拂是不知道這事的！是男人接手機時支支吾吾的神態和躲躲閃閃的目光引起了紅拂的注意，男人在家一向是以君王自居的，就是這個君王這一次在面對繈褓中的孩子時竟然額上有了隱隱的汗滴，跟著男人關了手機，天不亮出門，天黑了才回家，做賊似的小心。

　　紅拂就意識到了事態的嚴重，她從做著噩夢的男人手機裏調出一則短信，限你三天內給老子一個交代！

　　紅拂在第十四天撥通了那個混混的號碼，紅拂說，我是李靖的女人，我想和你談談。

　　混混說，這是男人們的事！

　　紅拂說，這也是女人們的事！

　　混混沒話了，說好吧，明天！

紅拂就把地點定在了街面上，紅拂出門時，親了親搖籃裏的孩子，然後給婆婆打了個電話，讓她趕過來照料一下孩子，說得出門去了一筆賬。

紅拂知道男人肯定躲在婆婆家，紅拂還知道男人一定會阻攔她，紅拂出門就關了電話。

混混見到紅拂時，斜著眼，說，大姐你還真來了啊？

紅拂笑，說，大姐說了今天請兄弟吃飯的，當然得來！

混混點上一根煙，吃飯？我想吃人！你知道嗎？完了兇神惡煞把紅拂塞進路邊一輛計程車。

車拐了幾拐，輕車熟路停在了一家飯店門口，看得出來混混跟這家老闆很熟。

紅拂下了車，進去，不看混混，衝老闆娘說，來二瓶二鍋頭！

酒上來，紅拂要了兩個大玻璃杯，倒滿，剛好兩杯。紅拂端起一杯，說，兄弟，這杯酒是代我男人喝的，算是賠罪！

完了一飲而盡！

混混怔了一下，伸手剛要去端另一杯酒，紅拂攔住了，你自己倒吧，這杯也是我的！

混混疑疑惑惑倒上一杯，紅拂站起來，說，這杯我敬兄弟！

混混喝了，坐下，拿眼陰沉地看著紅拂。

紅拂面不改色，衝混混笑，說，兄弟我問你句話，你見過放著鮮桃不啃啃爛杏的人麼？

混混搖頭，小城有句古話，叫寧吃鮮桃一口，不啃爛杏一筐。

紅拂說這就對了，我跟她比，誰是鮮桃誰是爛杏，相信兄弟混世面的，不會走眼吧！

混混這才仔細打量起紅拂來，居然是個很精緻的女人。

混混不服氣，不管怎麼說，你男人擾亂了我們生活，就是欠我的！

紅拂冷笑，要照你這麼說，全世界人民都欠你的！

混混額頭上青筋暴起，哧一聲撕開襯衣，一條青龍盤踞胸前，混混從腰間拔出匕首插在桌上，說，你說對了，全世界人民都欠我的，但你男人衝在最前面，是不是得給我一個交代？

紅拂把匕首拔出來，放在自己腕上，說那我先給你一個交代吧！匕首尖就衝腕上紮了下去。

一直冷眼相看的老闆娘及時搶上來，攥住了紅拂手中的匕首。

血往上湧，疼痛也往上湧，紅拂身上臉上虛汗開始往外淌，那層薄粉被汗水衝開，一張失了色的臉呈現在老闆娘面前。

老闆娘是過來人，一下子看出了端倪，老闆娘就衝混混吼了一句，你混蛋，沒見她是做過手術的人啊！

混混的嘴在那一刻被什麼撐住似的，收不攏了，半晌，混混走過來扶紅拂坐下，低低地說了一句，你這是何苦呢，大姐，為那樣懦弱的一個男人！

紅拂扶住桌子，搖搖頭說，你不明白的，僅僅是我男人，我可以不管的！但他更是孩子的爸爸，我不想孩子心目中有個殘缺不全的爸爸！

混混的眼淚就是這時候下來的，混混說，大姐，你不欠我了，走吧！紅拂沒走，混混又說，全世界都不欠我的了！

三十年了，他才看見媽媽的影子，這心頭一筆賬是該了斷了！老闆娘悄聲歎息說。

紅拂這才知道，三十年前，混混的母親為丈夫跟別人了賬時，離開剛半個月的他再沒回來，他腦海中的母親一直只有一個模糊的概念！

玩笑

如果哪一天我沒了，你還會記得我嗎？她從他胳膊裏抬起頭來，趴在耳邊問他。

顯然這是一句玩笑話，好端端的人咋會說沒就沒了呢？

她既然當玩笑問了，他也只好當玩笑聽了，當玩笑答了。

他說我會記得的，記得你開在床單上的玫瑰花！

是的，他們身下，眼下開著一朵血色的玫瑰花。

是她的血開出來的。

完了他翻身下床，穿上衣服走出房間，擺出一副各不相欠的嘴臉來。

他一直覺得自己不欠女人什麼。

有錢人都不會覺得自己會欠別人什麼，他打算上完這個月的班，就回北京，三個月的實習工資，就讓她代領算了，六千元，她應該不覺得虧的，他想。

作為北京一家廣告公司的總裁，他的這次玩笑開得有點出格，四十歲的男人，居然為重溫一回打工夢來到西北地方一偏遠小城。

一個男人在女人面前的傲氣，不在於他做出什麼，而在於他什麼都不做，對女人，他向來是什麼都不做的，因為有太多的女人想對他這個單身的總裁做點什麼。

他是為衝出這些不期而至想做點什麼的女人群才有了這麼一個看似荒唐的決定。

在小城，他謀到一份廣告設計的差事，這於他，是輕而易舉的，他的一生都在為別人設計，這次，他要為自己設計一回。

有點偷得浮生半日閑的意思！

生活讓強者感覺無聊，讓弱者感覺無奈！這是他最喜歡說的一句話，因為他是強者。

她沒在乎他各不相欠的嘴臉，依舊關心他，一如他剛報到的頭一天。

頭一天的情形，呵呵，想起來他就很得意！他把自己弄成一副因生不逢時而窮困潦倒的模樣走上了自己的工作崗位。很顯然，所有同事對這個一事無成的男人是抱著不屑的。

唯有她，給予他格外的關照。

他對她的關照不置可否，只做出一副怨天尤人狀說自己父母雙亡，空有理想無法實現，總之很憤青的模樣。

她安慰他說，理想和現實總是有差距的，幸好還有差距，不然誰還稀罕理想呢？完了她還嫣然給了他一笑。

他已經不稀罕理想了，所以也不稀罕她的嫣然一笑。

日子是在一天一天遞進中過的。

她對他的關心也一天一天遞進。

在舉目無親的小城，她的關心多少讓他動心了，這女孩究竟是涉世太淺的一張白紙，還是心計太深的無字天書？他有點捉摸不透了。

捉摸不透就不捉摸了，他專心做自己的事，居然為公司接了幾單在公司看來是舉足輕重的大活。

這些大活，在他公司裏無異於從牙縫裏剔出的一絲肉渣，但肉渣也是肉啊！

他發現，她看他的眼光開始熱烈起來，透著暖，曖昧的暖。

在這曖昧的暖的啟發下，他才想起，有兩個多月沒哪個女人想主動為他做點什麼了。

他沒想到她會主動，在這個比較封閉的西北小城，未婚的姑娘是有許多禁忌的。

她沒有禁忌自己，在他生日那天他做了一頓飯菜，他在美色和美食之間，選擇了二者得而兼之。

之後他想，如果她什麼都不暗示，他可以考慮回到北京後再來大張旗鼓地迎娶她。

偏偏，在他抽身離開小城之前，她消失在他的視線中。

而且沒人知道她的去向，他沒有在意，只是偶爾，腦子裏會有一朵血色的玫瑰綻放開來，芬芳著他的心智。

第七天，在他即將離開小城時，他接到她的短信，說，我在北京301醫院治病！

有什麼不得了的病要跑到北京301首長醫院去治？那可是個花錢的地方！他啞然失笑，那朵血色的玫瑰一下子有了銅臭味，芬芳不再。

用這種手段要錢，太落伍了，他懶得理她。

第二次收到她的短信時他已回到北京。

短信很短，七個字，病重，你能看我嗎？

拿什麼看，當然是錢！他甩甩頭，那朵血色的玫瑰倏忽不見了。

再以後，沒了資訊，這就對了。女人的耐心是有限的，她應該去物色下一個獵物才對！

他是在一次車禍後，被朋友送進301首長醫院時，才想起她的，車禍只造成了他輕微的腦震盪。出院時，他忽然想印證一下，她是不是真住過這家醫院。

當然，他是抱著開玩笑的心態來印證的。

印證的結果讓他眼前再次綻開了那朵血色的玫瑰，不過，玫瑰已經失了血，變得慘白。

她居然真的在301醫院住過院，白血病！他的眼前出現了一張白紙，白紙上有一雙乾乾淨淨的眼睛，是她的，曾經透出暖意的眼睛。

他再次做了件出格的事，把公司以最低價格轉了手，帶著所有現金再次回到小

城，白血病，只需要骨髓移植就可以起死回生的，他的錢足夠讓這朵玫瑰豔豔地開放。

見到她時，她躺在小城醫院最簡陋的病床，作最保守的治療，她家的經濟狀況已經捉襟見肘了！

他把錢放在床上說，上北京吧！

她搖搖頭，回北京也沒用的，走時教授就說我已錯過了骨髓最佳移植時期，現在是回天無力了！

骨髓最佳移植時期？他怔了一下，幾時的事？

就是我第二次給你發短信的時候！她虛弱地笑了一下，當時我不奢望有奇跡的，只想見一見你，因為我曾愛過你！

那為什麼不給我打電話啊？他開始揪自己頭髮。

當女人不再癡纏不再耍賴不再喜怒無常時，也就不再愛了，你懂麼？她一臉平靜地背過臉去，說，你連一個短信都沒回，我難道不明白你想的是什麼嗎！

他把頭紮在她的腿上，開始發瘋似的捶打！

你走吧！她把腿往回縮。

他沒走，腦海裏浮現出起第一次兩人見面時，她對他的落魄開玩笑說過的一句鼓勵話，一個人對生活，要抱最大的希望，用最大的努力，做最壞的打算！

那會她當作玩笑話說的，他也當作玩笑話聽的。

眼下，最壞的打算來了，生活中的玩笑，讓他這個強者也感到了無奈。

過晌

女過三十天過晌！

四玉就剛好就三十，擱男人叫三十而立，擱四玉身上就是過晌了。

而且吧，這晌過得讓四玉有點怨天尤人起來。

先尤人，當然是自家的男人。男人是個敗家子，人倒長得伸伸展展的，事卻沒做過伸伸展展一回。再怨天，攤不上個好男人她也認了，自認老天爺餓不死瞎家雀。偏偏，廠裏搞輪崗，居然就輪到她名下了。

怨完天尤完人，四玉這會兒就領著孩子站在大街上。天剛放亮不多會，紅彤彤的太陽就在頭上，四玉卻覺得呼吸不那麼順暢，像正午時光下在太陽這個大蒸籠裏蒸著自己。

這呼吸一不順暢吧，離了婚的四玉就發現自己手足無措起來，奇怪不是，那個敗家子男人除了衣來伸手，飯來張口，連個紙上談兵的主意都沒給她出過啊！怎麼了這是？

按小城裏的思維邏輯，這麼早帶孩子出門的女人一般是回娘家的，但四玉沒想過要回娘家。自己的娘還得看弟妹眼色到鍋裏盛飯呢！自己拖上孩子一回去，只怕娘那口飯也吃不安穩了。

先找事吧！

找工作不可能帶著孩子吧！四玉先安頓孩子，其實就是把孩子寄讀到了學校附近私人辦的白班託管所，晚上再帶回家。

一身輕鬆的四玉心情才輕鬆了起來，這一輕鬆吧，兩腿就有點飄，走路像在地上滑行！一個穿露臍裝吊帶裙的女孩路過，忽然停了腳步，死死盯著四玉的腿。

四玉不是第一次被男人盯她的腿了，但被女人盯還是第一次，四玉就縮了腿，拼命把裙子往下扯。

女孩靠攏來，彈出一根煙來，跟你說個事，大姐！

什麼事？四玉擺擺手示意自己不抽煙。

會跳舞啵？女孩把打火機在手掌轉了個跟頭問。

以前跳過！四玉笑了笑，心說我不光會跳，還是廠裏文藝骨幹呢，多次陪上面來的工作組跳過舞，只可惜，文藝養不了家！

那就好，我那缺個陪舞的，你要去的話，一晚上一百，怎麼樣？

晚上不行！四玉說，晚上我得陪兒子，白天咋樣？四玉說的是假話，她只是覺得吧，晚上進舞廳的男人都不怎麼地道，怕受人欺負。

白天？女孩嘴張成O型，你說真的還是假的？

真的啊！四玉很奇怪那女孩的反應，像撿了寶似的。

四玉是不知道，女孩是真的撿了寶了，白天陪舞的女人是相當難找的！

一來吧，陪舞總歸不是什麼光彩事，二來吧，居家女人白天都有做不完的家務事，三來吧，一般小姑娘都看不上這點小活！

像四玉這種主動要白天陪舞又還有幾分姿色的女人真的不多。

那行，我付你一天二百！女孩喜滋滋地。

呵呵，只要不是二百五就行！四玉也喜滋滋的。

四玉不知道，人家真拿她當二百五了。進了場子，四玉才知道人家那個啥才叫陪舞。

場子四周都掛滿了厚厚的窗簾，那幫男人在女人跟前走來走去，比四玉上自由市場買把小青菜還要挑剔！

四玉自嘲了一下，自己反正不是小青菜了，愛挑就挑吧！這麼一想，人也就懶洋洋的了。

女孩見了，說這哪行呢，你要主動，主動才有錢賺的！

跳舞都是男人主動邀請的啊！四玉不解了，應該給男人紳士風度的機會呢。

紳士風度？小姑娘血紅的嘴唇一撇，到這兒你跟他們講紳士，他們只講猛士，你也別給他們講風度，他們只講程度！

講啥程度？四玉的眼閃得像霓虹，她真的不明所以了。

你露的程度，你騷的程度！見四玉還狀如木雞呆而不解，女孩火了，人家要摸了捏了才肯付錢的，沒真實感人家摟著木頭不一樣跳啊！

四玉嚇一跳，那我以後怎麼見人啊？

女孩一撇嘴，又不是黃花閨女，又不少你一樣東西，怎麼不能見人？

四玉艱難地喘了口氣，那不行，出了這個門我就一輩子抬不起頭了！

你以為你是向日葵啊，非得抬頭見陽光啊，就算是向日葵，一過晌不也蔫了！女孩冷冷給了四玉這麼一句。

蔫了又怎麼樣，過晌了又怎麼樣，蔫了腰杆子還站得直照樣能做人！四玉丟下這麼一句話，使勁一甩手，真當我二百五呢！跟著掀開門簾，衝出了舞廳。

陽光刺了一下眼，四玉腿不飄了，站定，四處看了看，一邁腿，衝街對面走去。

街對面有個用工資訊欄，四玉想自己別的幹不了，做家政服務總該行吧！

這活兒可不認你過晌不過晌的。

女孩在樓上看著四玉，嘴一咬罵了聲，傻大姐，當自己還青蔥水嫩著呢！

罵完回過身，發現頭頂吊燈暗了，這是舞廳一貫的做法，叫黃金一刻！

女孩第一次發現，昏暗的人群中，有股黴潮的氣息漫過來。

陰冷的感覺順著腳底的湧泉穴只往頭頂的百彙穴竄，才日上三竿呢啊應該！女孩喃喃自語了一句，難不成這麼一會兒工夫就過晌了！

故知

段天德看見蕭向芹時，第一個反應就是下意識地揉了揉眼睛，第二個反應就是無意識地張開了嘴巴。

他鄉遇故知呢，這是！

其實這話有那麼一點誇張，他鄉倒是他鄉，故知卻未必！段天德跟蕭向芹充其量不過是點頭之交。這年頭，在你土生土長的地方，點頭之交簡直比身體的細胞還衍生得快。

但在他鄉，則就一下子上升到了故知的境界了，因為，段天德看見，蕭向芹的眼光明顯熱烈了起來。

嗨，是你！段天德向這份熱烈奔了過去。

嗨，沒想到吧！在這兒，居然能碰見老鄉，幾百萬分之一的概率呢，蕭向芹也亦步亦趨迎了上來。

要擱在小城，蕭向芹未必拿正眼看一下段天德，兩人屬於不同層次的人。段天德是物質財富的擁有者，蕭向芹則是精神財富的擁有者，兩條道上跑的馬車呢。眼下，兩條馬車跑一個點會合了，有點殊途同歸的意思了。

這個點，要是蘇杭也在情理之中，誰不知道上有天堂下有蘇杭啊，多少物質財富和精神財富擁有者都奔那兒去了，問題是，這裏卻是四川的理塘。一個絕少有人聽說的地方，是甘孜藏族自治州的一個小縣城，小得在地圖上可以忽略不計的。

偏偏，段天德沒有忽略它，蕭向芹也沒有忽略它。蕭向芹不忽略，是因為她是一中地理教師，她曾發誓要把中國走遍，每個寒假她都背了行囊一人在路上漂泊。

段天德不忽略，則有點不可思議了。說起來很奇怪，從不翻書的段天德一次在全市旅遊經濟開發會上，隨手翻了一下當期的旅遊雜誌，看見這麼一行字，美麗的仙鶴，借我一雙翅膀，不去很遠的地方，去看一看理塘……

理塘是什麼地方呢？作為地方旅遊投資最大的股東段天德當時就鬼使神差問了一下旅遊局的工作人員，得知理塘是一個被稱之為陽光眷顧的地方。陽光眷顧的地方啊，真該借一雙翅膀去看看，段天德所在的小城一直是個多霧的小城。

段天德是那種心動就要行動的人，一下子就張開翅膀來到了理塘。

沒想到，他最先看到的陽光是蕭向芹的眸子。

蕭向芹他不陌生，那一次，段天德到一中捐款，晚飯後的舞會上，被安排和他陪舞的蕭向芹眸子裏可是不陰不陽的，自始至終，兩個沒說上三句話。

相請不如偶遇呢！段天德衝蕭向芹伸出手來。

蕭向芹也伸出纖手，這叫一命二運三風水，四書五德定終身，難得的偶遇啊！

蕭向芹幽了一默。

看來，我得為這偶遇買單了！段天德也幽了一默。

悉聽尊便！蕭向芹抽回手，摸出地圖來，手在上面指點說，我們的腳下，就是世界高城的領地。

是嗎？段天德一點也不掩飾自己對歷史和地理的無知，這裏海拔不高嗎？幹嘛叫世界高城！他一下車就打聽過，理塘海拔才4014米。

呵呵，你這一問啊，比不懂裝懂要可愛多了！蕭向芹抿嘴一笑，這與它的高度無關，與地理優勢有關，理塘東至成都，南連雲南，西通西藏，既是川藏鎮公路交通樞紐，又是古茶馬道上的名城。

是這麼個高城啊，有點名不副實喇！段天德搖了一下頭。

你這個旅遊投資股東不也名不副實嗎？蕭向芹也學他搖頭，兩人這會倒有點故知的意思了，互相打趣起來。

少了紅綠燈的大街上，兩人心理也少了拘束，跟在街頭閒逛的僧侶後面，聽他們晃著經筒念著兩人可能一生都參不透的經文。蕭向芹頑皮地拉著段天德的手，擠進密密麻麻坐在臺階上曬太陽的人群，一屁股坐了下來，段天德猶豫了一下，他是個比較講究的人，隨隨便便坐在一大群人中間實在有點不習慣。

蕭向芹扯了他一把說，你看著我的臉！段天德就很專注地看了下去，早晨的太陽光下，蕭向芹臉上有層淡淡的亮光，薄紗般的光線跳躍著，蕭向芹臉上的絨毛幸福地徜徉在微風中。

沒來由的，段天德腦子裏蹦出希臘哲人第歐根尼對亞歷山大的那句話來，不要擋住我的陽光！

段天德心念一動，擠在蕭向芹身邊坐了下來。

蕭向芹沉醉著，把頭靠在段天德肩上，理塘，真是陽光眷顧的地方呢！段天德下意識地摟緊了蕭向芹，兩人就雕塑般沐浴在日光下，任時間無聲地滑過兩人指尖和眉宇。

兩人的指尖是相扣的！

良久，段天德歎出一口氣來，蕭向芹歪過頭，為什麼歎氣？

段天德握緊蕭向芹的手，回去了，我們也還這樣曬太陽？

蕭向芹眸子裏亮了一下，搖搖頭說，你來理塘，一定該知道這句話的！

什麼話？段天德一怔，為什麼一定知道呢？

蕭向芹攏了攏頭髮抑揚頓挫地念到，美麗的仙鶴，借我一雙翅膀，不去很遠的地方，看一看理塘……理塘，看一看，就該回去的！蕭向芹拍了拍巴掌，衝段天德伸出手說，陽光已經眷顧過我們了，不是嗎？

段天德抬起頭，是的，理塘的天空下，白雲正悠閒地滑過，有幾朵滑進蕭向芹的眼神裏。

很熟悉很熟悉的那種呢！

乾淨

雲把太陽悶了一層又一層，熱，順不過氣的那種熱。

但不是酣暢淋漓的那種熱。

四姑伸出袖子擦汗，本來以為有的，卻擦出一臉的尷尬，居然只是粘糊糊的，沒滲出皮膚來的汗水讓四姑難為情地笑了一下。

你笑得好乾淨的！一個男人忽然開了口。

四姑抬起頭，一個很乾淨的男人站在她的烤紅薯鐵爐前。

笑還有乾淨不乾淨？四姑疑惑了。

當然有啊！就是不帶心思的那種笑！男人遞出十元錢說，稱兩個紅薯，要紅皮的！

四姑拿手在圍裙上擦了擦，低下頭，用鉗子在爐裏扒拉幾下，尋出兩個模樣周正的紅薯挑出來，過了秤，用紙袋裝上，遞給男人。

男人專注地盯著四姑的臉，又說了一句，真的很乾淨呢，你的臉！

四姑臉就上了紅潮。

男人邁開步子，走了。

四姑一直收斂著的汗水就肆無忌憚地冒了出來，奇怪，很酣暢淋漓的感覺呢。

四姑這才想起來，自打進城烤紅薯以來，都沒人誇過她乾淨了，包括跟她一起進城的自家男人。

想到自家男人，四姑把眼光拎起來，往街轉角的梧桐樹下望過去，自家男人在那兒擺了個修車攤，兼給人免費打氣什麼的，只是自家男人卻一直沒能給四姑肚子裏打出一股飽氣來。

自家男人頭紮著，正在鼓搗著一條破胎，裝出忙碌的樣子。其實四姑知道，自家男人全身長著眼睛，每只眼睛都盯著自己。四姑歎口氣，何必呢，自己一直乾淨了這麼多年，在自家男人眼皮底下烤個紅薯能烤出什麼來。

倒是自家男人的目光烤得她心裏無端地煩惱起來。

偏偏，那個男人又轉頭回來了。

回來了也就算了，男人還冷不丁地咦了一聲。

四姑沒好氣，說，咦什麼咦，少找你錢了？

輪到男人臉紅了，汗球一顆顆往外冒，男人撓了撓頭皮，吭哧吭哧地，臉上咋不乾淨了？

四姑拿手在臉上摸一把，沒摸出什麼來，四姑說，怎麼不乾淨了？

男人關切地低下頭，誰欺負你了，這麼愁雲密佈？

四姑才想起來，男人說的乾淨是一個人有沒有心思，四姑就壓低嗓子，拿眼飛快瞅一眼街轉角處說，你走吧，我臉上乾淨得很！

　　男人一步三搖地走了，老遠還回了一下頭。

　　添亂呢這是！

　　四姑白了一眼男人的背影，那背影居然虎背熊腰的，哪像自家男人，整天佝僂著背，裝出一副可憐樣。

　　你可憐人家就找你修車了嗎，真是的！

　　為這事，四姑跟自家男人爭過幾回嘴，說咱掙的名分錢，犯不著自己把自己看賤，偏偏，自家男人就喜歡把自己看得很賤。

　　四姑想，還是早早收攤吧，要是這男人再回頭來看她臉乾不乾淨，日子還過不過。

　　四姑是在屋裏衝涼時聽見自家男人叫她的，聲音叫得陰陽怪氣的，說中午衝個什麼涼？

　　四姑沒好氣，說誰規定了中午不能衝涼，這麼悶的天氣！

　　是屋裏悶吧！自家男人倚在門口，隔著簾子說，出去，大街上找個人透透，就不悶了。

　　這個透是有含義的，是夫妻倆之間的暗語，四姑變了臉，不衝涼了，胡亂擦乾水珠出來，問，你什麼意思？

　　男人說，能有什麼意思呢，為你好唄！免得悶出病來！

　　四姑血往上湧，說沒病也能讓你氣出病來，完了一摔門往外走，身後跟出一把笤帚，去吧，把氣透個夠，透到全身每一個毛孔！

　　四姑賭氣說，透就透，天下兩條腿的男人多的是，哪個都比你酣暢！

　　門外，雲還是一層一層圍著。

　　四姑漫無目的地走，在她支攤的地方，四姑驚奇地發現，那個男人正在那兒發呆。

　　看見四姑，男人眼裏亮了一下，男人說，我想把你的笑帶回去！

　　四姑很奇怪，我的笑？

　　對啊，那種很乾淨的笑！男人說，自打我愛人去世後，我兒子就說，天底下沒一個女人的笑是乾淨的！

　　怎麼會這樣？四姑愈發不解了。

　　男人忽然忸怩了一下，我開著一家公司，很多女人要嫁給我，她們的笑吧，內容太多，連我兒子都看出不乾淨了，何況是我！

　　男人聲音慢慢就低下去了，我只想找一張乾淨的笑臉，用相機拍下來回頭給兒子看看，不能讓他對生活充滿偏見。

　　四姑低了頭，說，讓你失望了，這會兒我的臉也是不乾淨的！

完了，四姑開始嚶嚶地哭，越哭越響，到後來，四姑哭得酣暢淋漓起來，連肩膀也一抖一抖地。

不知過了多久，四姑才平息下來，平息下來的四姑發現面前有張紙巾，四姑接過來，擦了把臉，不好意思唰開嘴說，讓你見笑了！

男人沒笑，很認真地看了一眼四姑說，你這會臉上比早先還乾淨呢！

暴力

女人和他相愛時，女人對他說了一句話，如果你真的愛我，永遠不要在我面前亮出你的拳頭，一次也不要亮！

如果亮了呢？他笑嘻嘻地回問了女人一句。

那我就只能選擇放棄！女人臉上沒一絲笑意，很鄭重其事的。

怎麼會呢？他笑，我這麼弱不禁風。

是的，在女人眼裏他應該劃歸手無縛雞之力的書生範疇，百無一用是書生呢！書生──是離拳頭很遙遠的名字。

訂了婚，他才知道，女人的爹一直有暴力傾向，母女倆是在他的拳頭下趟過來的，日子的艱辛可想而知。

有時候，他爹的一聲咳嗽，就足以令女人嬌小的身軀無端地抖上一抖。

心疼女人都來不及呢，又怎麼捨得在她面前亮起拳頭！他想。

女人是美麗的，這冊庸置疑。不然，書香門第的他不可能會下了決心要娶她回去！

跟同事們見個面是訂婚後必不可少的程序，畢竟，他在公司屬於白領階層，請同事吃頓飯是理所當然了。

女人的出場引起了不小的騷動，一定是她的美麗讓同事們心儀！他想。

被人豔羨是幸福的，他就在這幸福的氛圍裏多喝了兩杯，女人也多喝了兩杯，不過不是酒，是飲料。

中途，可能漲得難受，女人瞅空去了趟衛生間，異峰就是在這時突起的！

他最要好的同事攬過他的肩頭，附耳問他，你是打算和她玩玩還是娶她啊？

玩玩？他很奇怪，我像玩玩她的那種人嗎？

同事正了正臉色，正因為你不是想和她玩玩，所以我才想提醒你一句，離她遠點！

為什麼？他的酒直衝腦門，給我一個離開的理由！

理由很簡單，同事咬了咬嘴唇，輕輕吐出三個字來──她是雞！

他的耳朵轟鳴了一聲，臉慘白慘白的，呼吸開始急促，憑什麼這樣說她，是妒忌吧你？

同事憐憫地看了他一眼，妒忌一個雞，你認為我會這麼淺薄？實話告訴你吧，我睡過她！

他的拳頭是突然蹦出去的，砸在同事輕蔑的鼻息裏，血，一下子飛濺出來。

滿座譁然，兩人一直在竊竊私語狀甚是親密的啊，怎麼突然就反目成仇了呢？

最不相信自己眼睛的，是女人！

女人剛推開包廂的門呢，那只拳頭就定格在她思維裏了。

女人沒有挪開步，倒是他最要好的同事，氣急敗壞地奪門而出，臨出門還撂下一句話，你會後悔的！

是的，他的確後悔了！在她眼神滑過一絲惶然的瞬間後悔的，他明明白白看見，女人的肩膀抖了一下，酒就是在那時清醒的！

女人的腳步遲疑了一下，轉身，背影踉蹌著走了。

他知道，一切都結束了，他沒有找女人去做任何解釋。

第二天，他給公司寫了封辭職信，遠遠淡出了同事的視線，也淡出了女人的視線。

故事並沒有結局。

二十年後，這座城市發生了一起暴力殺人案件，一個做雞的女人灌醉一個嫖客後把他綁在床上，一點一點分了屍。

他是在鄉下看見這個報導的，那個嫖客正是他那個最要好的同事，想想年輕氣盛時的那一拳，他覺得應該送同事最後一程的。

送完葬，他無意中看到法院庭審女嫌犯的通告，那通告上的名字，居然是那麼的熟識！二十年都沒從他記憶中抹去。

坐在旁聽席上，他才知道，這一回，女人是真正做回了雞。輾轉多年，女人是怎樣知道當時他亮出拳頭的緣由而起殺心的，不得而知了！

他只知道，那天在旁聽席上，他失了態，一連掀翻了三個維持秩序的法警撲上了被告席。

女人在被告席上沒有抬頭，但他還是看見，女人的肩膀情不自禁地抖了一抖。

因為暴力襲警，他被關了禁閉。

出來時他兩眼發直，嘴裏一直不停地自言自語，不要亮出你的拳頭！不要亮出你的拳頭！

細心的人還發現，他的兩隻拳頭緊緊地攥在一起，連體嬰兒似的。那只拳頭想要再突然蹦出去的話，顯然是不可能的了！

強姦

王大水看了淡妝女人一眼，淡妝女人也看了王大水一眼。

兩人都不說話，一前一後從天橋下的門洞裏往亮處走。

真走到了亮處，王大水就後悔了。淡妝女人不年輕，起碼四十歲開外的樣子，四十歲以上的女人，在鄉下都可以做奶奶了，怎麼可以出來做小姐呢？真是的！

王大水把手裏的五十塊錢攥了攥，毅然決然掉回頭，又折到橋洞下，嘴裏的香煙一明一滅的，像他的心思。

找個比自己媳婦還大的女人做那事，太虧了！王大水咽了口唾沫，想把內心的欲火壓下去。

淡妝女人沒轉身，悠閒地靠在路燈柱下，把頭髮順了順，又把衣領往下扯了扯，就扯出一截白生生的胸脯來。

淡妝女人早看出王大水是個民工了，一個民工能有多高的要求？年齡上自己不佔優勢，但皮膚上佔優勢啊，有幾個鄉下的女人有她這麼白！

一白遮三醜！何況她並不醜，就是年齡大了些。

因為大，她才理解王大水的舉動，才不吭不哈站在那兒，等王大水回過頭來再找她。

換個年輕點的女人，沒准就招幾個混混來教訓王大水了。她不這麼幹，做雞做久了，她好歹也知道什麼叫人情冷暖，像王大水這樣的民工，要不是憋得太狠了，是不會出來尋這份樂子的。

而且和民工做吧，他們都做得小心翼翼的，比自己的丈夫還懂得憐惜自己的身體。

她喜歡這樣的感覺，這樣才讓她事後回想起來不覺得像是純粹的出賣肉體。掙錢也要照顧心情吧，她私下裏這麼認為。

王大水果然悶著頭苦著臉從橋洞下上來了，橋下就沒有年輕的女人！年輕的都在夜總會坐台呢，他王大水做一個月苦力未必能換來人家的展顏一笑。

淡妝女人想到這，可能是忽然覺得眼前這男人也太有意思了，就忍不住淺笑了一下。

這一淺笑吧，王大水立馬覺得眼前亮了起來。

原來這淡妝女人笑容很好看的，皮膚白不說，三圍也還可圈可點！不像有的拉客的女人，笑一笑讓人身上起雞皮疙瘩。

這一發現讓王大水心裏忍不住沾沾自喜起來，四十歲的女人在鄉下，胸部平塌

塌的不說，腰要麼像水桶要麼像掃帚把，至於屁股那兒就更不用說了，一條直線下來，連個轉捩點都沒有。

這會兒，淡妝女人走在他前面，腰一扭一扭的，怎麼看都是二十歲女人的腰身呢！

王大水差點給了自己一耳光，咋就這麼沒眼色呢？

淡妝女人是有眼色的，見王大水悄無聲息地湊上來，拿嘴角呶了一下方向，頭略歪了歪，一個眼神就遞到了王大水的心坎上。

王大水被淡妝女人塗了點淡彩的紅唇呶得心旌動搖起來，口乾舌燥跟上女人就走。

反正，就幹這一回，媳婦是不會恨自己的，上次同工地的瓦匠鎖子想女人想瘋了，又不捨得花錢，天天泡錄影廳看黃色錄影，結果人的大腦休息不好，走了神，大白天從腳手架上栽了下去。

多不值啊！

王大水一邊默默走在淡妝女人身後，一邊在心裏為自己辯護說，我是為了好好活著才幹一回的，媳婦應該可以接受的。

淡妝女人的住房很簡陋，簡陋得不像城裏人住的房子，但王大水可以肯定，淡妝女人絕對是城裏女人，鄉下的女人縱然有生得白的，但也白不出這種細膩，白不出這種風情。

進了屋，淡妝女人把鞋子交叉一蹭，就赤腳站在了屋子中央，見王大水沒動，嘴張著直喘氣，淡妝女人就拿了茶杯去倒水，說，喝杯水吧，一會兒汗多，先補充點！

王大水眼神冷不丁遊移了一下，這口氣，咋那麼像自己媳婦啊？莫不是媳婦的魂附上女人身子來給自己救急來了！

淡妝女人開始一件一件脫衣服，一件一件整整齊齊疊好碼在床頭櫃上，完了見王大水還不動，就又淺淺笑了一下，快來啊，剛才你不是喘得很急嗎？

王大水得到提醒，才想起自己來的初衷，立即手忙腳亂脫衣服，脫完了，卻不知所措起來，女人斜躺在床上的姿勢和眼神，咋就和媳婦一個模子套出來的呢？

一瓢涼水從頭澆到腳下似的，王大水身上一下子沒了任何反應，這也太不像男人了吧？

那一刻，王大水很委屈，兩行眼淚不爭氣地冒了出來，怎麼可以在一個素不相識的女人眼裏不像一個男人呢？

淡妝女人皺了下眉頭，開始迅速穿衣服。

王大水心裏忽然虛了起來，女人會不會招人來打他一頓啊！這樣的事情報紙上說得太多了。

王大水哆哆嗦嗦掏出五張十元的票子，說，大姐，對不起，我付錢，別找人打我！

淡妝女人用指頭把錢夾過去一張，再次淺笑了一下，你走吧，下次就別來了！

王大水像從水裏撈出來似的躥了出去。

跌跌撞撞跑到天橋尾時，王大水不小心撞到一個濃妝豔抹的女人。其實，女人守在那兒等男人來撞呢！

濃妝女人誇張地捂了捂胸脯說，想吃老娘豆腐啊，有價的！

王大水把剩下的四十元錢砸在女人胸脯上，這價夠了吧？

完了狠狠吐一口唾沫表示鄙視，跟著轉身要走。

濃妝女人卻不依不饒起來，大聲叫罵到，你個鄉巴佬，耍了流氓想走人啊，不行，沒一百元你別想飛出老娘的手掌心！

王大水被濃妝女人糾纏得心頭火起，真當自己不是男人啊？一把扯著濃妝女人頭髮就往橋洞下面拖，耍流氓是吧，看誰耍得過誰！

王大水只顧氣咻咻地在橋洞裏拼命撕扯濃妝女人衣服，一點也沒聽見從橋上傳來聯防隊員凌亂的腳步！

淡妝女人是在第二天的晚報看到王大水的，旁邊醒目的黑體字寫著──強姦犯王大水！下面還配有文字說明瞭事情的經過。那個濃妝的女人正在附近喋喋不休地講述昨晚發生的故事，末了還得意洋洋把手裏那四十元錢像舉一面旗幟似的揮來舞去！

淡妝女人把露出的半截胸脯貼住報紙上王大水的臉，自言自語地說了一句，這樣的一個人，怎麼會是強姦呢？

報紙上的王大水很貪婪地趴在那半截白生生的胸脯上，沒半點要跟她解釋的意思。

求證

我承認我有病！

但不是妻子說的精神上有毛病，做個青年志願者就屬於精神有毛病，那誰還來幹？

妻子固執地以為，青年志願者應該是毛頭小子心血來潮時的年少輕狂之舉。

怎麼說我也奔四的人了，與心血來潮不搭界的！

但蘇老夫子還在詩中說老夫聊發少年狂的，我畢竟離老還有一段距離，心血來潮就在意料之中了。

不在我意料之中的是，我不過是一個青年志願者，卻被一個鄉下女人奉為神明。

荒唐不是？其實不！

我在一個叫黑王寨的地方做志願者，對了，你猜得不錯，這樣的地方，教育是相對落後了一些，我來就是想做一年教書先生。

當老師好啊，太陽底下最光輝的職業呢。第一天，就遇上一樁新鮮事。一個孩子，被拒在校門外。這個教室外轉轉，那個課堂外瞅瞅，走哪都能引起一陣騷動，伴隨著騷動的是老師的呵斥，去，滾一邊去！

孩子果然滾一邊去了，在廁所邊徘徊。

我就多盯了孩子一眼，有老師見了，補一句給我聽，那孩子，有病！什麼病？我隨口問了一句。

他沒病！一個聲音插了進來，有點疲憊的語氣，真的沒病！

我側了一下頭，一個滿面憂愁的鄉下婦女不知何時貼在了身邊，急促不安的表情裏卻分明隱藏了討好。

見我面生，她又急促地添上一句，那是我兒子。

哦！幹嗎不送到他自己的教室？我問，

學校不收！女人紮下頭，雙手搓著衣襟。

九年義務教育啊，為什麼不收？我疑惑了。

說他有病唄！女人歎了口氣。

什麼病？我接過嘴問。

都說了不是病的！女人顯然有點慍怒了，他只是好奇心重罷了。

好奇心重？具體表現在哪兒？

女人嘴裏嚅動了一下，衝我低聲說，他喜歡偷看女人洗澡。

七八歲的男孩子，偷看女人洗澡，不稀奇啊！我說，在海邊浴場，那些女人巴不得被男人看呢。

可在黑王寨，這麼丁點大的孩子偷看女人洗澡是耍流氓的行為呢！女人壓低聲音歎了口氣說。

他，一個七八歲的孩子，能對那些大媽流氓出個啥啊？我忍不住笑了起來。

真的不能流氓出個啥？女人眼裏亮了一下。

是的！我點點頭，小孩在發育過程中很正常的心理現象而已！

你是說，這真的不是病？女人臉上潮紅起來。

不是病！我再次點頭，兒童發育成長期的心理迷惘而已，在城裏學校，專門聘請有這樣的心理諮詢顧問。

那麼，你給我兒子顧問顧問？女人一把抓住了我。

我說行，然後我走向那個孩子。

半個月後，我把那孩子從城裏帶回了黑王寨，孩子的變化是明顯的，再有女人洗澡，他會目不斜視地走過去，以前有女同學上個廁所吧，他會趴在男廁所這邊抓耳撓腮，恨不得把牆用目光鑽出一個洞來。

我在黑王寨呆了半年，女人一直對我奉如神明，走的那天，女人帶了孩子送我下寨。

站在寨下的河邊，我對女人說，你下河洗個澡吧！

女人一臉的疑惑，那孩子也一臉的疑惑。

我說是我想看看？

你想看看？女人愈發不解了。

我喉頭響了一下，呼吸有點艱難地說，之所以我出來做青年志願者，是我和妻子這段時間有了點問題。什麼問題？女人好奇地問了一句。

跟你兒子一樣，我也喜歡偷看女人洗澡，不過是偷看我老婆，生了孩子之後的我老婆。

你老婆，可以正大光明地看啊！女人張大了嘴。

嗯，所以我想知道，對生了孩子的女人洗澡，我現在會不會有偷看的意識？

女人就開始一件一件地脫衣服，這是一個健康的女人，自打她兒子恢復正常後，她臉上就風生水起了，與城裏女人不一樣的是，她的身體是飽滿的，汁液隨時可以淌出的那種飽滿，儘管如此，她還是相信，我不會偷看她的身體，一個鄉下女人，有什麼好看的！所以她脫得很從容，一點也沒把我放在眼裏，衣服剝離身體的畢剝聲響起來，我忍不住偷看了一眼，就一眼，我走了，我知道，我沒病，跟那個孩子一樣，我只是好奇！

我好奇的是，如何在女人沒有戒備的情況偷看女人生了孩子的身體。

老婆每次面對我時是作了準備的身體，有萬種風情，而女人眼下就一種，明淨或者單純！明淨或單純的女人應該是神明的代名詞呢！那一瞬間，我想起了母親，母親生我時難產死了，每每看見別的孩子跟母親一起上澡堂，我心裏就充滿了偷窺的欲望，那種對孩子沒有戒備的母性身體的欲望。

讓婚姻走一回神

青澀讓位，嫵媚盛開，當生命的汁液溢滿身上每一寸肌膚時，她望著牆上的婚紗照沒來由地發起了呆。儘管，她在男人的臂膀呵護下笑得是那樣的甜蜜，一副情到深處的樣子，可正是那樣的情到深處，一下子讓她忽然覺得婚姻沒了什麼意思。

一念及此，她想起了雜誌上說的瀘沽湖邊那個走婚的民族。

背起行裝，她把自己塞進一輛開往一個尚未開發的風景區的火車，那兒沒有走婚的習俗，她只是想讓自己的婚姻走一會神。

人，不可能永遠活得理智的，那麼，讓婚姻走一會神也在情理之中了！她想。

不知是誰說的，男人四十一朵花，他對著鏡子無奈地笑笑，就算是朵花，也是朵缺少生機與水分的塑膠花。

營銷，策劃，市場調查，做一個事業有成的男人壓力如此之大！

這樣的花，遠不如開在鄉下竹籬邊的野菊活得自在，在颯颯西風中把清香滿院撒開，是不是也算人生的一種境界？

不得而知！

為了這個答案，他第一次在公司玩了個神秘失蹤，一身便裝出了門，去尋找心中那片悠然的南山。

她先走近的這所農家小院，當時她忽略了小院旁的竹籬下，一個大男人正盯著一蓬野菊發呆，還不是菊花開的季節呢！她誤以為他是荷鋤的農人了，他的專注讓他看起來確實與一位侍弄花草的農人無二。

山村有許多這樣的農家小院，之所以兩人在這家小院外停下來，是因為小院外還插了一桿黃色的布幌，上書五個大字，馬蘭心小居。

馬蘭吃心，薺菜吃根！這是上了書的野菜呢！

也只有春天才有的野菜。

她在馬蘭兩個字上面恍惚了一下，馬蘭要被人吃了心，還會揣摩人生有沒有意思？應該不會吧！沒有心怎麼思考？她暗地裏笑了笑，細雨無聲地那種。

他的目光也停在馬蘭兩個字上，人一輩子誰敢說吃透一個人的心呢？那麼，吃一吃野菜的心應該是不消琢磨寸心間的得失的，他齜了齜牙，為自己的孩子氣。

一閃身，兩人一前一後進了院子。兩位是一起的吧？小院老闆娘迎上來，很熱情。

1
8
9

她一驚，回頭，細細打量身後的他。

他是經得起打量的！她倏忽間羞紅了臉，留下驚鴻的一瞥。

嗯，一起的！他含含糊糊點頭，遞出幾張鈔票，給兩間乾淨點的客房！

趁老闆娘去拿鑰匙開房的間隙，他一臉歉意地笑笑，抱歉啊，沒經過你同意！

她笑笑，做出一個無所謂的樣子，聳了聳肩，有個伴也好，聊勝於無吧！

春天是讓人蓬勃的季節呢！她的心一下子鮮活起來，他的血管也一下子充盈起來。

她是在陪他喝了小半杯酒後眼色開始迷離的，他沒有多想，放下筷子頭上的馬蘭心，兩人踏著院外的淺草沒入了叢林深處。

亂花迷人呢！她在躺下去的一瞬間喃喃自語。

就有野菊的清香彌漫開來，他輕輕把她的辮子散開，髮香一縷縷從鼻尖下拂過，一股懷舊的情緒恰到好處自上而下在身上每一個毛孔溢出。

她的大腦停止了思維，這不奇怪，走神，應該就是這樣子的！

他的靈魂在春氣中上升，那種空靈而輕盈的上升，生命力萌芽的上升，真好，都像找到初戀的感覺了！

當月亮再一次從雲層中現身時，他雙膝跪地，把頭埋在她的雙乳間輕輕說了聲，謝謝！

謝什麼？她把雙手環在他的背上，輕輕拍了一下，是我自己想走一會神而已！

走神？他顯然沒聽懂。

沒聽懂才有意思！她望著他迷惘的眼神一陣得意。

還見面不？以後！他想了想小心翼翼地問她。

以後，有必要嗎？她眉頭一皺，男人怎麼都這樣，有了意外的收穫應該滿足了啊！

是的，沒必要！他在心裏也暗暗皺了下眉，謝幕時說句祝福也會犯錯？他一瞬間吃不透她了，剛才的默契交融回味起來恍如隔世。一甩頭他醒醒神，走了，連再見都免了，反正沒必要！他一向都是很惜言的。

好歹該說聲再見啊！落幕的掌聲真的喚不醒千年舊夢？

她眼圈一紅，忽然覺得這神走得也太過於天真。

忍無可忍

　　張冬生討生活，已經有些年頭了。

　　因為有些年頭，張冬生就比較在意一些蠅頭小利，再小也能香一下孩子的嘴巴！張冬生是這麼想的，畢竟，像他這麼孤身一個男人帶孩子討生活是不容易的。

　　張冬生的孩子才八歲，張冬生的老婆卻已去世了七年，可以想像得出，這孩子就是張冬生的天！一個沒天的男人能活個什麼勁呢？

　　當然，討生活的張冬生還有另外一片天，那就是他的攤位，在十字街口老徐的水果店門口。

　　這個攤位，張冬生不光費了口舌，還費了銀子才謀下來的，每年要交三百塊錢給老徐，就這，老徐還罵罵咧咧的，覺得張冬生擋了他的生意。

　　這罵，有矯情的成分！

　　張冬生擺的是夜市攤，烤火腿腸賣，基本就是老徐將關門未關門那一個鐘頭的事。

　　老徐有時會搬把椅子坐在水果店門口，有一搭沒一搭看電視，也有一搭沒一搭瞟街口走過的年輕女子，擋他什麼生意呢？不就是提醒張冬生要記住他的恩情嗎？

　　是的，老徐曾大大咧咧笑罵過張冬生，也就是我老徐菩薩心腸，肯讓你在我門前擺攤，換了人，你出一千人家也未必肯罩著你的！

　　張冬生一般這時不回話，他不光烤火腿腸，還要招呼兒子別往街口躥。

　　老徐知道孩子是張冬生的軟肋，老徐就把話往孩子身上扯，我也就是看在你兒子名下，不然，你就是磕掉腦髓我也沒商量的！

　　張冬生果然就搭話了，說改天兒子長大掙了錢，讓他第一個孝敬您！

　　老徐就會哈哈大笑起了身，走到張冬生兒子面前，摸一把孩子腦袋說，記得啊，長大掙了錢第一個孝敬你徐大爺！

　　孩子是乖巧的，衝老徐眨巴一下眼睛說，我一定快點長大，掙錢了孝敬您！

　　老徐聽了這話很受用，受用完了才腆著肚子離開。

　　孩子這會就會小聲問張冬生，爸，憑啥我長大掙了錢，要第一個孝敬他，他又不是我爸！

　　張冬生就會歎口氣，矮下身子衝兒子耳邊低聲說，人家當自己是我們的衣食父母呢！

　　然而，夏天進入尾聲時，老徐卻沒罩住張冬生的意思了！有兩天，張冬天沒出攤，他帶兒子去鄉下拜祭婆娘去了，婆娘死的日子在夏末。

回來，再出攤時，傻了眼。

老徐門口支起了一個羊肉串攤子，一個外地人在那兒烤羊肉串賣。

張冬生把車推過去說，喂，這攤位是我的！外地人抬起頭，深陷的眼珠放出藍光來，張冬生嚇一跳，只見那男人飛快把一串串竹簽涮油在火上翻烤，爐下的炭時常把油燒燃，冒出一股青煙，青煙後面那張臉是生硬的！

張冬生向來怕事，就回過頭衝老徐說，你給證明一下，這攤位我出了錢的！

老徐就大大咧咧出來，隨手在爐上拿起幾串烤羊肉往嘴裏喂，邊喂邊說，你挪個位子吧，這地方他出了錢的！

外地人還是不說話，只是衝爐子後面拍了下手，一個小腦袋冒出來，居然，也是個六七歲的孩子，孩子手裏正捏著一把串了羊肉的竹簽。

外地人接過竹簽，面無表情又烤起來，直烤得羊肉串嗞嗞作響。

老徐喉嚨堵了一下，咽了唾沫繼續說，憑白讓你擺了兩天，該知足了！

外地人卻沒知足的意思，把手伸在老徐面前，意思是收錢。

老徐眼先是愣著，愣完不吭聲了，氣哼哼挖出幾元錢來砸在爐板上。

張冬生傻了眼，跟在氣哼哼的老徐後面進了屋。

老徐忽然火了，說你跟我後面有個屁用，砸了他的攤位不就行了，強龍還能壓了地頭蛇不成？

張冬生不是地頭蛇，張冬生信奉先禮後兵的說法。

禮他張冬生講過了，不起作用，至於兵，他張冬生沒有。

那就禮讓三先吧，張冬生知道，這些人在一個地方做不長久的，一般是一個星期就換地方了。

偏偏，一個星期過去了，外地人沒換地方的意思，張冬生瞅見一串一串羊肉串賣出去，一個一個銀元收進來，張冬生受不住了，再一次擠到攤前，口氣很凌厲地警告說，你再不讓攤位，別怪我不客氣了！

張冬生之所以這麼說，是因為兒子幾天沒香嘴的零花錢，自己去翻垃圾筒找能賣錢的東西了！

外地人也沒跟他客氣的意思，拿起一根鐵釺在爐火裏捅了幾捅，張冬生就落荒而逃鑽進了老徐的店子裏，老徐罵了張冬生一句，要攔我，一刀捅了他！

老徐這麼說時帶還順手掂了一下他那把一尺多長的水果刀。

張冬生的兒子就是這會兒從街口往這邊躥的，兒子手裏捏著一支雪糕。

興奮從他眼裏往外飛，兒子邊躥邊喊，徐大爺，我掙錢了，看我孝敬您的雪糕！

一個糕字沒出來，就被一陣急剎車的聲音蓋了下去，那支雪糕凌空飛過來，不偏不倚地落在老徐水果攤上，老徐一句狗日的張冬生，你還不如你兒子呢，剛說到一半就啞了口。

張冬生蹲在水果攤上，撿起那根雪糕，惡狠狠衝老徐說，你吃啊，你吃啊！老徐一臉張惶往後退，嘴裏還強硬地說，你衝我抖什麼狠，有種找那個外地人去！

　　話沒說完，一向焉不拉嘰的張冬生忽然異常敏捷地抓起那把水果刀，使盡力氣捅進了老徐的肚子。

　　事後，員警問張冬生，為什麼殺老徐？張冬生只吐出一句話來，我忍無可忍了！

　　員警很奇怪，忍無可忍了你那個找外地人才對啊？

　　張冬生悶了半晌，又吐出一句，他帶個孩子討生活，也不容易的！

借代

妮兒衝我舉了舉杯，意思是說謝謝我的盛情款待。

我的骨頭立馬就酥了一下，謝什麼呢，我寧願天天這麼盛情款待妮兒，追妮兒大半年了，妮兒才給了我一次共進晚餐的機會。

晚餐之後有沒點實質性的進展我不在乎，能陪妮兒共進晚餐本身就是一件很幸福的事兒呢！

要不，你留心一下看看，好多人一見妮兒，眼神就色迷迷的了，一個個街頭流氓的德性。老祖宗也夠缺德的，整出個秀色可餐的成語來，害得大夥不吃飯都盯著妮兒看，把我晾在了一邊。

看什麼看，主角是我啊！要不是我請妮兒吃飯，要不是我選擇這家餐廳，只怕你們早就撲在飯桌上狼吞虎嚥了，德性！

我也舉了舉杯，很紳士的模樣，電影上的優秀男人都這麼舉杯的。

偏偏妮兒的手機響了，妮兒把舉到唇邊的杯子放下來，很優雅地衝我一笑，電影上漂亮的女主角都這麼笑。

妮兒就摁下接聽鍵，我看見妮兒的臉上立馬生動起來，儘管妮兒剛才對我也生動，但眼下的生動屬於怒放，先前的生動只是含苞。

誰呢？我心裏咯噔了一下。

像給我答案似的，妮兒驚喜地叫了一聲，真是你啊！表哥！我在外面吃飯呢，跟誰吃？我同學，啊，高中的！妮兒說同學時衝我擠了擠眼，眉眼裏盈滿了笑意。

妮兒說的還真沒錯，我們在高中同過半年學。

要不，你也過來坐坐？妮兒明明衝表哥發出了邀請，眼裏卻故作徵詢地望著我。

當我苫呢，誰都知道本城姑娘相親時，喜歡讓至親好友來偵察一番的，表哥，也算至親吧！

也就是說，妮兒正式把我列席了，我為這念頭嚇了一跳，什麼叫幸福啊，幸福就是讓你血脈賁張心跳加急真想一跟頭蹦個十萬八千里。

妮兒表哥倒像一跟頭蹦了十萬八千里似的，不消一盞茶的工夫，居然就出現在我們面前。

妮兒撲上前，兩人居然擁抱上了，還是俄羅斯式的，我真擔心他們再來個阿拉伯式的長吻。

好在妮兒賊精，看見我的不快都從毛孔裏往外漫了，妮兒就加了一句，我表哥，剛從美國回來……

我伸過手去，心裏卻不痛快，從美國回來，你用美式擁抱啊，玩什麼俄羅斯式的，表明你周遊列國啊！嘴裏卻不敢不恭，連連說，幸會，幸會！

誰讓人家是妮兒的表哥呢，屬於舉足輕重的人物，要知道，我追妮兒追得一直沒有要領呢，沒准她表哥一句話，我就登堂入室了。

我就同時盛情款待了妮兒的表哥，不用說，那天晚上我和妮兒沒任何進展，吃完飯，妮兒跟剛從美國回來的表哥走了。

一定是徵詢表哥意見去了，我心裏惴惴的。

第二天，我跟妮兒打電話，妮兒說，我陪表哥玩呢，改天再聯繫！

改天打電話，妮兒說，我陪表哥走鄉下親戚呢。

我就不打電話了，等妮兒陪完了表哥再找我，他表哥總得回美國吧！

一等就是半年，半年內我也沒閑著，單位剛分來的倩兒對我很是傾心，動不動就給我點暗示，心裏掛著妮兒，我只好裝糊塗，腳踏兩隻船的事兒我可不幹，太不崇高了！

我雖然不能讓自己偉大，但崇高一次總可以吧！何況人家倩兒分來不久，就有個戴眼鏡的小夥動不動來找她呢，那人好像是倩兒的一個什麼同學。

那天晚上我到表妹的影樓去玩，見表妹正忙著在衝洗婚紗照，我就給表妹打下手，衝著衝著，一個熟悉的臉蛋鑽進我眼簾，很漂亮的女孩，臉上的生動讓她怒放成一朵醉人的玫瑰。

天啦，這不是妮兒嗎？我魂牽夢繞的妮兒啊，我還在等她拍婚紗照呢！我惡狠狠地看了一眼摟住妮兒笑得一臉幸福的男人，乖乖，這不是妮兒表哥嗎？

近親結婚，亂倫呢！我憤憤然指著他們罵。

表妹湊過來問，怎麼啦？

我氣呼呼地說，我追了快一年的女朋友，跟她表哥結婚了！完了我指了指妮兒和那男人，不是亂倫是啥？也不怕生出畸形兒來！

表妹一下子笑得直不起腰來，表妹說，你不看小說不看電影啊？

我說看啊！

表妹說你仔細想想，哪個小說電影裏的女主人公最終不是跟所謂的表哥結婚了，最不濟的也是私奔了啊！

我說我咋沒想過跟你私奔呢？我也是表哥啊！

表妹說你咋不開竅呢，人家那表哥在稱呼上只是個借代，蒙冤大頭的！

我居然不小心當了回冤大頭，還裝崇高把倩兒的一片真心晾在一邊，糊塗啊糊塗！一念及此，我撥通了倩兒的手機，我說倩兒嗎，你在哪裡？倩兒在那邊歡天喜地叫了一聲，真的是你啊？我在漫不經心咖啡屋呢，要不你過來坐坐？我正陪一同學！

我走進漫不經心咖啡屋時，倩兒遠遠衝我招手，臉上的笑容很生動，我走過去一看，還真是倩兒的同學，那個戴眼鏡的小夥。

小夥伸出手說，幸會，幸會！

像妮兒的再版，倩兒介紹我說，我表哥，剛從國外回來！對著倩兒張開的雙臂，我愣了一下，把伸出的雙手縮了回來，冷冷對倩兒說，別叫我表哥，表哥不是好東西！

小夥很奇怪，說，表哥你這人說話真有意思！

我說有意思的是應該是倩兒！說完這話我頭也不回就揚長而去。

你瘦了許多

龔玉給我打電話說，你瘦了許多呢！

我說你在三峽也能看見我？我聽蕭兢說龔玉帶團去了三峽，蕭兢是旅行社的經理，我同學。龔玉是他手下的導遊，上個月去三亞認識的。

龔玉笑，說你不興人家不捨得你又悄悄回來了啊！

我也笑，我打算替蕭兢打110報警了，導遊失蹤了他不著急啊！

龔玉說你報啊，我就在你樓下，員警一來，你就是拐賣良家婦女了！

鬼才知道她是不是良家婦女呢！我從窗子探出頭去，龔玉果然在樓下很良家婦女地衝我招了招手。

我挪著發福的身軀下了樓，龔玉很職業化地笑，說，真瘦了許多呢！

屁，我說，昨天才過的磅，又長了三斤！

我是說精神瘦了許多，龔玉辯解說。

精神瘦了？我一愣。

對啊，上次你萎靡不振的，給人整個印象就是懶散臃腫，這次你春風滿面，人逢喜事精神爽吧？

啥喜事啊，不就扶了個正，還是在局長位子原地踏步著！我故意輕描淡寫的。

慶賀慶賀，我做東！龔玉伸出手來，先恭喜了再說！

龔玉的手很柔，但不是柔若無骨，很適度的柔，讓我心裏起波瀾的那種柔。

那就給你一次腐敗我的機會！我打開車門，龔玉鑽進來，坐在副駕駛位置上，手在我小腹上滑了一下，該減肥了呢你！很關心的口氣。

你幫我啊！我壞壞地斜著她笑。

肉長在你身上，我怎麼幫啊！龔玉又拍了我一下。

沒聽說啊，色是刮骨鋼刀，你多刮我兩回就行了！我嘻嘻哈哈地說。

龔玉說，你們當官的咋都這德性啊，失落時人家安慰你，得意就占人家便宜！

我沒話可答了，畢竟對龔玉不是很瞭解，聽蕭兢說龔玉是個捉摸不透的女子，要知道蕭兢可是琢磨女人琢磨了大半輩子。

龔玉說，到金北湖咖啡館吧，新開的，很有情趣！

我說行啊，今天就把我奉獻給你了！

龔玉說你自己要求奉獻的，我拒絕了是不是很不人道啊？

我說，當然不人道了！

龔玉就很意味深長地笑。

金北湖咖啡館座落在一片竹林中，頗為迎合東坡老夫子寧可食無肉，不可居無竹的意境，算得上是中西合璧的產物吧。

我們進的是雅間，很曲徑通幽的雅間，這樣的情趣，我喜歡！

歡樂總是太短，寂寞總是太長！誰的詩呢，掛在牆上？揮不去的，是霧一樣的憂傷，挽不住的，是清晨一樣的時光！

我在清晨一樣的時光裏把手攬上了龔玉的肩頭。

門就是這時被踢開的，因為我先看見了一隻腳，很有氣勢的一隻腳，氣勢洶洶地踏了進來，另一隻腳卻猶豫地停在了半空，腳的主人蚊子般地哼了一句，對不起，我不知道局長您在這兒！

是我局執法大隊的大隊長，大隊長跟著又補了一句，這家咖啡館開業快一個月了呢，拒不辦證，我們才來的！

我很惱火，辦證你找老闆啊，踢人家包廂門算什麼，粗暴執法呢你！

龔玉急忙欠身說，抱歉抱歉，改天我叫人去辦！

我一愣，這是你開的啊！

大隊長連忙擺手說，不急不急，自己卻急急忙忙退了出去。

我說龔玉你開咖啡館怎不通知我呢，我安排人來捧場，也不至於造成這麼難堪的局面。

龔玉一撇小嘴巴，我可不想靠別人面子吃飯，女人活在世上，最重要的是獨立，獨立！懂嗎？

我當然懂，於是很獨立地喝了兩杯，走了。

我知道執法大隊長一定還在附近窺探，這年頭的下屬，都賊精，何況我手下一個副局長正是他的表哥，只怕他表哥已接到他的電話報密了。

我沒精打采走出咖啡館，心裏盤算著怎樣擺平這件事，心中有事，飯就沒胃口吃了，官場中人，最忌的就是被人窺破隱私。

晚上，接到兒子電話，說要參加什麼家長會，我懶洋洋地去了，沒點精神頭。

兒子見了我，大吃一驚說，爸爸，才一天不見，你咋瘦了許多？

瘦了嗎？我下意識地看了看肚子，依然往外凸著呢！

兒子見我盯著肚子發呆，兒子說，我是說精神瘦了許多，精神，懂啵！

獨酌

　　我在夜市上喝啤酒，牙一咬，瓶蓋就從齒縫裏漏了下來，很男人味的動作，可惜沒人欣賞，我是獨酌。

　　不是李白那種花間一壺酒，獨酌無相親的獨酌，是一個人在鬧哄哄的人群中喝悶酒的那種獨酌。

　　我悶嗎？不覺得，倒有點眾人皆醉我獨醒的味道。剛接了個電話，一家雜誌看中我一個短篇，養的閨女有了婆家，該慶賀，可惜沒蹩腳女婿拎酒，咱就自請自喝一頓。

　　很多人不明白，自斟自飲也是一種樂趣，若無這種樂趣，中華五千年文化的光芒將掩去大半。

　　請問，我能在你這兒坐坐嗎？一白衣女子俯下身子，很殷勤的樣子，中規中矩的姿勢，令人想到賓館門口的禮儀小姐。

　　問老闆好了！我吞下一杯啤酒，看看四周，乖乖，還就我是一人據案暢飲，別的地方，別說是人，針插進去還得磨尖了鑽。白衣女子不明白，望著我，眼裏寫滿了問號。

　　這桌子不是我的，椅子也不是自備的！我瞇著眼笑。

　　您是說，我可以坐了？白衣女子一點就透，人跟著就癱椅子上了，蹲一天，累死我了！

　　蹲一天，什麼職業？我一愣，細細打量女子起來。白衣女子也正打量我，忽然展顏一笑，先生我們認識的！

　　莫不是風塵女子？我一驚，自己常在小說中構思類似的情節。

　　我搖頭否認，嘴角掛一副高深莫測的笑。

　　我記得你挺怪的！白衣女子盯著我。

　　怪？嗯，有點！我不否認自己有點怪。

　　是怪有人情味的怪！白衣女子還是盯著我。

　　我不近人情的！我聲明。

　　我還記得你說過的一段話！白衣女子坐直了身子，好像記憶呼一下子躥了上來。

　　要真是如此的話，這頓酒我請了！有人能記住自己的話，豈非人生之一大榮幸？

　　心要像紙一平淨，筆要像人一樣直，天下人字最難寫，寫好人字才是詩！白衣女子啜口茶，輕啟櫻唇。

　　這話還真他媽讓我前不久說過，在紅茶館裏，紅茶館是一家洗腳城，招牌字還是我一個文友撰的，帶上太太一起來，休閒生活新一派！

　　不過我那文友帶我去了，並沒帶上他太太。文友那天喝多了，把一雙臭腳伸到

人家姑娘鼻子下。

我就說了一句，你他媽的也尊重點人好啵？未必人家小姐就不是人！我喜歡罵罵咧咧跟他說話，他耳根子賤。

我沒把她當人麼？又不是叫她舔！文友認為我受他恩惠呢，咋咋哇哇回了一句。

你他媽會寫人麼？我也咋咋哇哇給了一句。

不就一撇一捺麼？文友說。伏，我一口氣念出了剛才白衣女子說的那段話，盜版別人的，呵呵。

行，這話我說過，請你！我一打響指，衝老闆伸手喊，加三個菜，上什麼酒聽小姐的！

白衣女子起身，衝老闆耳語幾句，菜開始往上端。

我舉杯一笑，相請不如偶遇，乾了！

白衣女子淺笑，算我敬你的，你是第一個拿我們小姐當人的客人！

都是為人民服務，沒高低貴賤之分的！我給自己滿上。

是嗎？白衣女子一挑眉，也滿上一杯。

比方說我寫小說吧！我打個嗝，除了迎合讀者，還得迎合編輯，一樣的要露出討好的嘴臉，不過我們在暗處笑，你們在明處笑！

白衣女子轉動著酒杯，不說話。

所以說，從某種程度上講，你們做小姐反而比我們要磊落得多，光明得多！

你是說，我們都在對生活媚笑？白衣女子顯然還不能一下子轉換角色。

對啊！我點頭肯定。

那為什麼別的客人不能理解？白衣女子眼中有螢光閃爍。

服務民眾並不等於進入民眾啊！我解釋，高尖端科技一樣服務民眾，可懂得高尖端科技的人寥寥無幾啊，這是社會現象，正常！馮小剛說藝術片是盲腸，可他照樣樂此不疲地拍，一樣的道理啊！

白衣女子舉杯邀請，我懂了，為什麼人們要呼籲理解萬歲了！

對！理解萬歲！我也舉杯回應。

兩隻酒杯很溫情地貼在一起。

有手機聲響了起來，是白衣女子的。女子接了電話說，抱歉啊，有客人呼我，我得去工作了！

我微微一笑，她開始認為自己是在做一項工作，而不是潛意識存在的接客，這酒我請的值！

我歪歪倒倒去結賬，老闆只收了我那份的錢，老闆補了一句，女孩說了，她出來只想獨酌一杯的！

我付了錢要走，老闆娘又補上一句，女孩讓我轉告你，她說她謝謝你，請你有機會帶上太太一塊去看她工作！

我有太太麼？我望瞭望天上的嫦娥，嫦娥正在桂花樹下獨酌。

回眸

詩雲，北方有佳人，絕世而獨立，一顧傾人城，再顧傾人國。

聽聽，多麼讓人汗顏的事，科技發展到了今天，還沒聽說有比古代佳人眼睛更具殺傷力的武器誕生。

佳人的眼睛啊，是一盞欲望的燈塔，是茫茫夜空那顆讓人仰望的寒星。

佛說，前世五百次的回眸，換來今生的擦肩而過！佳人這樣的回眸，有一次就足夠了，我是一個膚淺的人，對幸福的理解要簡單得多。

幹嗎要擦肩而過呢？都市摩肩接踵的人流中，我們每天與多少人擦肩而過，可有誰停下來，為你回一次眸，哪怕只是驚鴻的一瞥。

回眸，那種風情萬種的回眸，那種能讓石頭開花的回眸，你領略過嗎？反正我沒有！我認識不認識的女子，只顧走自己的路了，或者專注於街上的廣告了，沒人願意回頭觀望一下自己的過去！

我嚮往這樣的一次回眸！過了今天我就沒權利享受這樣的回眸了。明天，是我與王芸訂婚的日子，一個訂了婚的男人，再有這種想法，是極不道德的，哪怕只是想想，也不行，人得為自己的行為負責！

我一向自詡為一個好男人的，在今天，這種嚮往恐怕是奢侈了一些。

我出遠門才回來，風塵僕僕地走在街上，與流浪漢無異，只會髒了佳人的眼睛。就算我是一顆明珠，眼下也是蒙了塵的，誰能擁有一雙慧眼呢？

街頭的商店音響裏，那英正深情款款的唱著，借我借我一雙慧眼吧，讓我把這紛擾看個清清楚楚明明白白真真切切……

那英明借到慧眼了嗎？她看清紛擾了嗎？不得而知！我歎了口氣，摸了摸鬍子拉碴的的下巴。一雙雙眼睛瞟過來，不是回眸，是乜斜！目光裏分明有憎惡，文明點說，叫不友好！

就因為我的形象嗎？孔老二幾千年前就說了的，以貌取人，失之子羽！可讀聖賢書的人咋就記不住聖賢書上的話呢。

眼前晃過一個女人，扭著小腰，不那麼誇張地走著，嫋嫋婷婷的模樣。是盛夏的清風，更是柳蔭下的清泉！

我的呼吸停頓了一下，人就不由自主地跟了上去。

女孩的手臂裸露了一半在外面，圓潤，修長，玉一般的光澤。應該說，很一般，如今的女孩都懂得保養，膚質都有像廣告上說的，令你肌膚光潔如水，似水中荷青翠欲滴。

不一般的是她手中的花籃，花籃其實也是花店裏常見的那種，問題就在於，花

籃裏裝的不是花，是蔬菜，有一節藕探出頭，和手臂相映成趣，加上一捆茼蒿，就真的是青翠欲滴了。

我咽了一下口水，喉嚨裏咯咯響了一下。

誰說仙子不食人間煙火的，說這話的人主要是沒見過眼前這個女的。

一個懂得生活情趣的女子，應該配有一雙怎樣的秋波呢，她的回眸會讓頭頂火辣辣的太陽黯然失色麼？我不知道，我只知道自己這會兒正孫大聖一般抓耳撓腮恨不得駕起筋斗雲一跟頭蹦到她前面，睜開火眼金睛在她臉上掃掃觸摸一番，然後揚長而去。

女孩仍在不疾不徐地走著，坡跟皮涼鞋敲打著地面，是那種讓人怦然心動的旋律，聽了這旋律的人，會嚴重失眠的，我今夜就不打算合眼了，儘管我需要充足的精力來應付明天。

她走我跟著，繼續！

淡紫色的連衣裙一點也不張揚，像籬笆牆上的牽牛花般，靜靜地為人間添一份秀麗。

我喜歡的顏色，淡紫！

佛有沒有說過前世五百次的擦肩而過，換來今生的一次回眸？

我輕輕咳嗽了一聲，為佛的不以眾生為念，眼下我就是眾生中的一員，需要佛的引渡啊，而引渡只需一個眼神啊，一個專注的回眸！

女孩腳步遲疑了一下，沒有回頭，因為我的咳嗽嗎，或是佛在開啟她的心智。

我也遲疑了下，光天化日呢，豈可唐突佳人。

女孩掏出手巾，在額上擦了一把，我聞見一股淡淡的梔子花香，暗暗地湧動著無言的芬芳。

我再一次輕咳了一聲，渴望引起她的注意，不知不覺間，我落入了俗套。電視畫面上男人追女人都慣用的伎倆啊，我怎麼就這麼俗啊，要知道，我需要的，是一次回眸，不是俗不可耐的挑逗。

而回眸是風情萬種的，我的挑逗，能讓石頭開花嗎？

穿過這條街，我就到家了，真的就今生擦肩而過嗎？佛讓我靈光一閃。

山不過來，我就過去！我忽然有了衝動，對啊，超過女孩，回頭，專注地看她一眼，然後走人，佛說的回眸是相互的啊，為什麼要狹義地理解。

就在擦肩的一刹那，女孩回過頭來，嫣然一笑，是不是想悄悄蒙上我的眼睛，讓我猜猜你是誰啊？

是王芸，眼睛裏能讓石頭開出花朵的王芸。

我一抱攬過她的肩頭，接過花籃，肩並肩地在人流中穿行。

太陽光一瞬間暗淡了許多，有清泉從石上流過！

太極陳玉

陳玉是個女孩。

陳玉是個愛打太極拳的女孩，且正在青春妙齡，這樣一來，這個女孩就有點讓我頭疼了。

如今的女孩，除了泡吧就是蹦迪，就算要健身，練功房也比比皆是，還有專業教練指導美身塑體，何必要擠在一幫老頭老太身邊展示自己的魅力呢。

很多人對此不解，我也對此不解。

我對她頭疼是有原因的，我正在苦追陳玉，可幾年過去了，我始終不得要領，陳玉這人有點像她鍾愛的太極，能兩儀生四相，四相再生八卦，借用一句曾經流行過的歌詞，叫像霧像雨又像風。

我還是喜歡陳玉。

我說陳玉你嫁給我吧！陳玉那會兒正氣定神閑地運功，發於腰腿形於指，很有板有眼的架勢，我說陳玉你要不出聲就表示默認了，回頭咱告訴爹媽好準備呢。

陳玉仍是不說話，手腳輕舒開來，眼觀鼻鼻觀心的，有點無視我的存在。

我氣憤地說，陳玉我走了，走了就不再回頭的。

我就昂昂然走，有點劉胡蘭上刑場的大義凜然。陳玉還是不動聲色，到底是練太極的，知道以靜制動。

我好動，卻偏偏被她制得服服帖帖。得，我又乖乖折了回來。

陳玉就笑，說好馬也吃回頭草的。陳玉還學馬玉濤唱，馬兒你慢些走哎慢些走哎……陳玉就這樣輕描淡寫的把我的衝動消弭於無形。

可我一點也不想慢些走，我想儘快把陳玉弄上手。那天是陳玉二十四歲生日，我在酒店訂了一包廂，我說陳玉你想不想在最美麗的時候把自己嫁出去呀？陳玉慢條斯理端起一杯乾紅說，「當然想啊！」

我就一臉嚴肅警告她，「書上說了的，一個女人要想永遠保持美麗的話，最好在二十五歲前就死掉。」跟著我又補上一句，「你今天就二十四歲了呢？」

陳玉就一臉深意的微笑著望我，好像要從我臉上讀出點什麼。

我趕緊掩飾說，「別以為我扛不住了，我是真真切切為你著想呢！」

陳玉臉上紅暈陡現，陳玉說有你這樣轉著彎罵人求婚的嗎？

我急忙辯解說陳玉你誤會了。

「誤會？」陳玉站起身，逼近我的臉，我正要保護耳朵呢，臉頰上卻被她輕輕一啄。

我一陣暈眩，陳玉她吻我呢，這可是我一直夢寐以求的香吻呢。

有戲，看樣子陳玉動了春心，畢竟她今天二十有四了呢。

我開始大口大口喝乾紅，我得喝出醉醺醺的樣子，這樣才好借醉讓陳玉失身，讓她想不嫁我都不成。

到時候，我也跟她打打太極，讓她體味體味我現在進退維穀的境地。陳玉把我扶進酒店單間時，我撲在床上故意鼾聲大作，我知道陳玉心軟，不忍心棄我而去，到了半夜，哼，我得意地在心裏暗笑。

陳玉開始為我泡花茶，然後又脫下我的皮鞋，扯掉我的臭襪子，輕輕為我搓腳。都說人的腳如樹的根，經陳玉這麼一搓，我是通體舒泰啊！

趁陳玉幫我翻身的當兒，我猛一把抱住陳玉，陳玉雖天天練太極，可我就著酒勁，陳玉在床上到底施展不開，何況我倆畢竟有著感情的基礎，陳玉掙紮了一會，陳玉索性一動不動了，陳玉說你總得洗個澡吧，否則，將來回味起今天也不覺得狼狽唄！陳玉知道我這人挺注重浪漫的愛情，更注重生活的質量。

也是的，就洗個澡，急也不在一時！我衝一臉陶醉狀躺在床上的陳玉笑笑，轉身褪下衣服進了洗澡間，剛開水龍頭呢，就聽房間砰地一響，我腦中一白，糟，又中陳玉的太極之道了，她玩了個四兩撥千斤呢。

我躺在床上惡狠狠想，這回我就當一匹劣馬算了，再好的回頭草也不吃了，跟她陰陽兩極徹底分開吧！

第二天早上，我還在酣睡，陳玉來了，拎著早點，我不理。陳玉說：「呵，真生氣了？」我一把扯過被子蒙上頭。

陳玉說：「進來吧！」就聽門外傳來亂七八糟的腳步聲。我心說又弄啥亂七八糟的玩意呢，一探頭，媽也，她爹媽跟我爹媽全來了。

我媽罵我，你不是讓陳玉通知我們兩家父母商量你們的婚事呢，咋這會兒還貪睡？

我看陳玉，陳玉卻不看我，陳玉說，你這人咋沒一點正經，不是說商量好了就去拿結婚證嗎？

好個太極陳玉，這會兒剛柔並濟了。

不過，我心裏挺美氣！

形式

李平正在讀一篇文章，文章中說，「男追女，隔層山，女追男，隔層紙」！認識字的人都曉得這是在說戀愛的兩種形式，已是大齡青年的李平對戀愛自然是極有興趣的，李平繼續往下讀，「但現實中的男人往往能追到自己喜愛的女子，而現實中的女人往往得不到自己鍾情的男子。」這話讓李平有點費解，相對而言應該是女人佔優勢啊，李平更要讀下去了，「因為男人不怕翻山越嶺，女人卻怕傷了手指頭！」

說得他媽的太絕了！李平把書往床上一砸。李平就不怕翻山越嶺，翻陽臺都不能算啥，誰不知道李平身手矯健啊！

李平合上眼睛，腦海裏卻淨是隔壁的陽臺，確切點說是同事張倩的陽臺。張倩也是大齡青年，李平的同事，剛分到公司時李平甚至和不熟的張倩開了個玩笑，當張倩自我介紹說獨身尚未婚配時，大夥把眼光一下子盯在李平的臉上，似乎要來個拉郎配。

李平趕忙先發制人，李平友好地伸出手，紳士味十足地笑，「咋啦，非得找個像我這麼優秀的男人？」

張倩挺大方，張倩說：「也許吧！」話一捅穿，同事們反而失去了揶揄的興趣。

可惜，任何事情都能擁有的開頭很多種，結局卻很少，這年頭人心太浮，盡幹些虎頭蛇尾的事兒。李平和張倩頭開得不錯，一旦同桌子辦起公來，啥都公事公辦了。

李平對張倩還是有好感的，要不然怎會好幾次幫人家換煤氣呢，張倩呢，李平感覺不出，儘管張倩也請李平吃過幾次飯，可現代都市裡的年輕人，吃飯很平常的，沒什麼特殊意義。當然也不是沒特殊的時候，上次兩人隔著陽臺看書，張倩還給李平發過來一條短信，誠邀李平過去吃香蕉，要說兩人只要稍一探身，就可從陽臺遞過來幾根香蕉，何必非要讓短信穿過幾千裏外再傳遞到眼前，真的是咫尺天涯啊！

李平想到這兒有點激動了，李平迷迷糊糊想，明天如何也得主動一點探探口氣，人家翻山越嶺都不怕，自己還在乎一座陽臺。

下了晚班，李平故意蹭到張倩身邊說，長夜漫漫，你是如何打發的！

聊天唄！張倩一笑。

跟誰聊！李平居然心裏一緊。

網上唄！張倩又笑。

嚇我一跳！李平心裏一鬆，我是說你家沒外人嗎！

不過也挺無聊！張倩歎口氣，一切都假得像真的。

找個真的聊吧！李平往自個身上引。

你要來聊我隨時歡迎！張倩不傻。

隨時？你說的！李平引張倩入套。

對，隨時，我說的！張倩毫不含糊。

我半夜來呵，你可別嚇著！李平故意試探。

行啊，我把門開著，就怕你沒膽！張倩說。

你開不開門，無所謂，我翻陽臺！李平很豪氣。

那半夜見！

半夜見！

李平看完電視時在陽臺上伸懶腰，伸著伸著就看見對面的陽臺，李平借著月色還看見對面陽臺涼著的睡衣，蕾絲的花邊似乎散發著女人的幽香。

李平就想起下班時和張倩的對話來。李平想，不就翻一次陽臺嗎，成則成，不成想來張倩也不至於報警，就說是打賭來著，為慎重起見，李平全衣全褲準備停當。先用撐衣竿探了探陽臺間的距離，在確定可以安全跨越後，李平站上自己的陽臺，為保險起見，李平在腰裏繫了根繩子。然後李平像蜘蛛人似的貼牆而立，先探出左腳，慢慢踩上張倩的陽臺，再探左手，抓住張倩牆上的拴鐵絲的鐵樁，穩了穩心神，一提氣，重心向左一傾，得，真就跨了過來。跨過後李平探頭向下看了看，倒吸一口涼氣，真掉下去可不是好玩的。

李平心有餘悸在陽臺上點燃一根煙，李平想，要是張倩睡得沉沉的咋辦，悄悄退回來，還是靜坐一夜到天明，等她醒來後故作瀟灑一笑，說你夢中都聊些啥呀，我咋一句也不懂。

正胡思亂想呢，裏面燈卻啪一聲亮了，張倩說，翻陽臺的勇氣哪去了，躲在外面忸怩個啥。

李平像被人窺了心思的賊，李平這會兒竟只會笑，笑了又覺尷尬，李平說，對不起，嚇著你沒有！

當然嚇著了，爬陽臺多危險呀！張倩不滿地撇撇嘴，一個大男人，推推門的勇氣都沒有，幹這雞鳴狗盜的勾當，倒挺來勁！

推推門？什麼意思！李平挺納悶。

張倩說你試試就知道了。李平就推，一推竟開了，張倩的門居然是虛掩著的。

張倩低下頭，張倩說這門對你不過一種形式。李平一愣，這女人看來還真怕傷了手指頭啊。

李平看一眼張倩，張倩不說話，李平一昂頭，李平走了出去，李平說我最討厭這種戀愛的形式了，愛就是愛，很簡單的事，玩什麼形式。

李平到現在還以單身的形式過著不開心也不煩惱的日子。

意外

徐書清有句口頭禪，叫寧啃鮮桃一口，不吃爛杏半筐。

這話說得挺書生意氣，好在徐書清就是一個書呆子。一個搞古典文學的人，整天把自己弄得之乎者也且夫然則的，倒也古板得可愛。別說爛杏了，就真有王母娘娘的蟠桃放在一邊，未必也能讓他動上半分歪心思。跟這樣的男人過日子，准保不會在男女問題出什麼意外，出問題的概率是幾千萬分之一呢。

這話是徐書清的前妻說的。

既然是前妻，說明他們的婚姻到底出了意外，究竟算不算意外呢，只怕徐書清和前妻王弗都說不出個三也道不上個四，一句話，離了，離得很徹底。

能把婚離得很徹底的男女並不多，概率大概也是幾千萬分之一。

離婚於他們來說，純粹是個意外，兩口子一個埋頭弄古典文學，一個咬牙攻碩士學位，幾乎忘了結婚的主要目的——傳宗接代，延續香火。當然，這是徐書清年邁的娘的意思，娘盼著在閉眼之前能看一眼抱一下親一口由兩個高級知識份子或者說城裏人繁衍出來的孫子。娘是不折不扣的鄉下人，徐書清也在農村長大，但考了學後就變了身份，成為一個准城裏人，只是骨子裏還有著根深蒂固先入為主的小農觀念。

娘一提醒，徐書清就想起來自己這個年齡段的男人，原來是可以當爸爸的了。王弗其實也想當娘，問題是，高校明文規定，凡在讀碩士生是不可以懷孕生育的。王弗就拒絕了，拒絕的口氣很委婉，要不，等等吧！

徐書清不高興，我是能等呀，可娘呢，娘是千年等一回呢！

是的，徐書清的娘擁有一大群鄉下孫子，她不等一個城裏孫子見了眼會死不瞑目的？

王弗信口就開了玩笑，等不及也不是沒辦法，你找個爛杏幫你生呀，我讓位！

這話無形中傷了徐書清自尊，天底下未必就你一個是鮮桃，離了你我照樣不啃爛杏！徐書清書生意義地說完，一摔門，出去尋找鮮桃去了。

王弗一愣，王弗沒料到徐書清計較上了，攻讀碩士學位攻得心力交瘁的王弗也大為光火，王弗連夜寫了一紙協議，拎走了屬於自己的衣物，簽了字，就算離了。

徐書清到底是個不吃爛杏的人，終於讓他找著了鮮桃，誰，他的得意門生陸雯，陸雯一直崇拜徐書清，搞古典文學搞得多了，就老想著什麼才子佳人，紅袖添香的古典意境，若不是王弗的主動退讓，只怕陸雯想看到徐書清一個笑臉都難。

本來依徐書清的意思，二婚，還是低調點好，陸雯也沒意見，但既然是鮮桃，

就有鮮桃的品位，鮮桃陸雯說，要低調也行，咱們上教堂，讓牧師主婚，聽唱詩班祈禱，古典而不失浪漫！

徐書清想也沒想就點了頭，行！

小城裏是有座教堂的，可惜正在裝修，半年以後才能竣工，半年，對於已經嘗過鮮桃味道且又尋覓已久的男人來說，還真讓徐書清感到光陰漫漫。

儘管陸雯頻頻出入徐書清的居室，為他洗衣，為他做飯，甚至擁抱接吻。但當徐書清手一伸，想步入更實質的接觸時，陸雯毫不猶豫就制止了。陸雯的理由很簡單，等結婚那天吧，你難道想在洞房花燭夜啃一個已經破皮的桃子？

徐書清一聽這話，就只好訕訕縮了手，既是鮮桃，就有鮮桃的共同點，在此之前，王弗已讓他領教夠了鮮桃的稟性。

徐書清是在一個陽光明媚的午後遇上前妻王弗的，王弗一掃攻讀碩士時的陰霾，說，能陪我喝杯酒麼？

喝酒？難道你也要結婚了？徐書清問，他知道王弗的脾氣，沒大喜事是絕不沾酒的，對於一個離異的女人來說，再婚當然是件大喜事。

王弗瞪一眼徐書清，剛想咋呼一句，想想人家已同自己再無任何關係了，自己好像沒權利呼來喝去，王弗就又笑，你們男人啊，只記得洞房花燭，咋忘了金榜題名呢！

金榜題名？徐書清仍沒醒過神。

我碩士學位拿到手了，算不算金榜題名？王弗有點得意。

算，算，絕對的算！徐書清也替她高興。

該不該喝上一杯？王弗又追問。

完全應該，絕對應該！徐書清不假思索。

三年啊，才能拿到一個碩士學位，居然就像一眨眼似的。可能是太高興了，王弗居然一眨眼又喝醉了。徐書清沒辦法，將王弗一人丟在酒吧裏似乎說不過去，好歹倆人曾躺在一張床上百般恩愛過。徐書清沒多想，借著酒勁把她帶回了屬於她的單身公寓。

看得出王弗依然是單身一人，徐書清把她拖上床，脫下鞋和襪，剛要走時，王弗忽然一把抱住徐書清，嘴裏喃喃說，陪我，陪我……

徐書清恍恍惚惚間，又聞見王弗身上鮮桃的清香，徐書清心說，曾經屬於自己的東西再擁有一次應該不算意外吧，成語還有完璧歸趙，失而復得一說呢！徐書清就很自然的寬衣解帶，熟門熟路的就登堂入室了！

徐書清醒來時還不到午夜，徐書清替王弗蓋好被子，還泡了一杯醒酒茶。徐書清走在燈火透明的大街上，面對滿城燈火，忽然懊悔得不行，可恥得不行，徐書清說王弗呀王弗，你都是我的前妻了，幹嗎還如此依戀於我，非要我陪你喝酒，非要我出這麼大的意外，叫我怎麼面對陸雯呢。

教堂如期竣工是在王弗拿到學位後的二個月，身著禮服的徐書清和披著婚紗的陸雯在一對童男童女的前面走上紅地毯，唱詩班的聲音如同天籟，徐書清想，如果一切順利，一年之內為娘生一個准城市孫子是不會有什麼意外的了！就在牧師問徐書清你願意娶陸雯為妻，並對她一生忠誠時，教堂外走進一個人，冷冷打斷了牧師，是王弗，王弗對徐書清招招手，徐書清走過來，王弗壓低嗓子說，你娘不是想要一個孫子嗎，我有了！完了塞給徐書清一張醫院的婦檢化驗單。

　　這消息挺意外的，徐書清張大嘴巴望著陸雯。不知眼前這個鮮桃該啃還是不該啃！

離異

很多人都在離異，很多人正在討論離異，我不離！

不離並不是說我是多麼傳統的女子，也不是我有個多麼優秀的男人，我只是懶得離而已！

早先我一直以為好男人都在別人家裏，這麼一直重複地以為著，也這麼一直重複地豔羨著，直到遇見子寧。

子甯應該屬於好男人。

我眼裏的好男人，是他應該給予妻子起碼的尊重，或者叫呵護也不是不行，尤其是在公眾場合，我這麼說你一定在心裏有了個端倪。

是的，我和子寧是在公眾場合認識的。

那天我跟老公一起參加一個聚會，千萬不要以為我是夫唱婦隨。我不承認我們的關係能有那麼和諧，我都淪落到皇宮深閨的嬪妃地位了，偶爾他能臨幸一回只怕要三呼萬歲的，他就是這麼居高臨下的一個男人。

這樣的男人，大家也都知道，是那種社交能力極差的男人，有誰見過做皇帝的能事必躬親呢，一句話，是個沒斷奶的大孩子而已。

子寧和我們靠得很近，入席時，他把椅子向後輕輕挪了一下，示意他愛人坐下，那是非常笨拙的西餐桌。椅子的沉重超出了我的想像，我家那位已經大馬金刀坐下去，我伸出三根指頭，是大拇指，食指和中指，輕輕一捏椅背，居然沒動！

我向來自認是個優雅的女人，不喜歡大大咧咧把桌椅弄得嘩嘩作響，皺了一下眉，剛要伸出另一隻手去幫忙，子寧的手過來了，輕輕一搭，椅子向後滑了兩寸。

這應該是我和他的一個默契吧，不露痕跡的配合！我看了子寧一眼，眼裏是深深的感激與贊許。

他的臉忽然就紅了，當時我一下子想到了一個很古典的詞——汗顏。

汗顏的應該是我老公才對啊！我偷眼去望老公，他已經在擦拭餐具了，看樣子，他很有心情要大快朵頤一番的。

這年頭，認識朋友有兩種方式，聚會或者上網，跳舞已經被時代拋棄了。

很自然的，我認識了子寧，沒想到，一通自報家門後，我們，竟然是老鄉，同一個縣城出來的。

有意思！

第二天，子寧給我打電話說，從家門口繞出來隔山隔水千里之外又相識了，該不該慶祝一下？

當然該的！

就相約了去喝茶，在西湖，湖邊還有殘雪，應了古人洗缽吃菜再吃茶的意境。

茶吃到七分時，子寧很突兀地說，你先生，是個沒斷奶的孩子吧！

我眼裏就浮上了霧，為了這個沒斷奶的大男人，我三年沒回娘家了！在伸手抹霧的時候，我看見子寧眼裏不加掩飾的愛憐。

子寧抽完一根煙，似乎在作某個決定，完了他漫不經心問了我一句，想回去不？

想啊！我淡淡收起眼裏的霧，可轉車太不方便了，我不習慣擠火車的！

我送你回去吧，我有車！子寧說。

開車跑上千里路？我不信，僅憑一個老鄉，人家沒理由的！

但我偏偏在三天後得到子寧的邀請，上車時，我的局促不安是明顯的，要開十幾個小時的車呢，他吃得消？

子寧笑，說我老家有親戚結婚，非得要我開車回去給他迎接新娘子，正好路上孤單，按道理我應該給你付費的，有人說說話，精力可以旺盛些！

這話很有迴旋餘地，我就心安理得享受他的旺盛了。

那天的中飯，頗費周折，子寧拐了幾裏路才找到一處有小橋流水人家的酒舍。落座時，他望著我說，你的典雅讓我不敢有絲毫懈怠，明清時期張英對吃有套別開生面的說法，秋高氣爽時，進食宜在高閣廳堂，夏日放於臨水陰涼之處，冬天置於溫暖密閉的室內，春日，適合柳堂花榭，眼下只是初春，就只能小橋流水了！

子寧的細膩與溫存就這麼小橋流水般漫進我的心田。

我們是在途中歇息了一個夜晚才到達的。

千萬別以為這樣的夜晚會有故事發生，開房時我還在考慮，如果子寧提出非分的要求我該如何拒絕。然而，我錯了，子寧拿著兩張房卡過來時，我為自己的非分之想紅了臉，這一回，是我汗顏！

回到老家，子寧丟下我，約好了走的時間，人和車就開出了我的視線。

老家真好啊，可以放縱自己情感的地方，娘家我呆了不到兩個小時，就被朋友們千呼萬喚出了家門。

我說過，交朋友的方式有兩樣，聚會或者上網，毋庸置疑，千呼萬喚的朋友都是網上認識的！這不奇怪，離家在外的遊子，血管裏總流淌著故鄉的河水，只要是關於故鄉的就只有兩個字——親切。

畢竟，我是離異故鄉的人！

儘管我的空間裏曬了我N多照片，儘管視頻中大家見過N次，但我真正出現在關成面前時，他還是閃了一下眼睛，事後他給我在電話中解釋說，他那叫驚豔！

我不承認我豔，但他有限的思維實在想不出更好的詞語了，他就俗氣了一回，盜版了別人現成的！

其實我能理解，人，誰又能夠免俗呢！

關成招來了他最好的兩個朋友，三個男人為我下廚做了一頓可口的飯菜，席間關成開玩笑說，你享受的可是總統也享受不了的待遇呢！

事後我聽說，關成是從不下廚的，儘管他開著一家不小的酒店。

他說他要做君子，而君子自古以來就是遠庖廚的！關成果然有君子之風，他誇我只用了兩個字——典雅。

我幽他一默說，你誇得我都急促不安了，有誇人誇得用詞這麼節約的嗎，能不能奢侈點？

關成就奢侈地又添了三個字，女人花！女人花讓我想起了梅豔芳，關成曾在網上說過，我是有著梅香的女子，與桃花的張揚絢麗不可同日而語，梅香是可以暗香盈袖的，是經得起風風雨雨的。

誠然，我是老公拳頭與冷漠下開放出來的一朵梅花。

因為關成的誇獎，我多喝了一杯，醉意朦朧中，我看見一朵失了血的桃花在泥濘中玉殞香消，這樣的花我不要做！

自信一點點爬上我的額頭，我在梅香與茶香中安然入眠，沒半點防人的心思。

是子甯的電話叫醒我的，故鄉的清早就這麼被紮破在電波中。關成沒有送我，他要作君子的，君子不奪人所愛，他以為，子甯千里迢迢送我，已經是示愛的了，很委婉的示愛。

回去，依然沒有發生故事，一路上我偷偷望著子甯，我認為他應該試探一下的，哪怕是淺淺的，蜻蜓點水般的試探也行。

但子甯只顧開他的車，在重複了一個地名又一個地名，重複了一道風景又一道風景後，我們回到所工作和居住的城市。

在這樣的重複中，一朵梅花所應該做的，只是沉默。

我回到朝九晚五的生活，按部就班著度過屬於自己的光陰，只是心裏，多了一絲風雨的滋潤，風是和的，雨是細的。

如果硬要給和風和細雨落實到人的話，和風應該是子甯，細雨則是關成。

我知道，子甯的做法是隨風潛入夜。關成的則屬於潤物細無聲了！

這兩種滋潤都令我心動，心動歸心動，我不敢輕言離異。我不是個對生活有太多奢求的人，只是吧，女人一到三十歲，青春更多呈現出的是減法的過程，減法啊，你能輕易減下去嗎？一旦減下去去了，連最後一絲暗香都會消失殆盡。

我知道，我只是一杯將涼未涼的茶，飲掉了，就是飲掉剎那芳華，我只想讓這杯茶在子甯和關成心裏安營駐紮，留守青蔥歲月最後的一絲淡雅，到老時，一一供他們酌飲，他們酌飲時，應該選擇一個天色微茫的黃昏吧！我經常在這樣的遐想中走神。

只是，那樣的一個黃昏提前來臨了，我清楚地記得當時天色正微茫著，我接到子甯的電話，說車在樓下等我。等我去西湖吃茶，這一次，沒殘雪，但有殘陽。

茶還沒能泡開，子甯讓小姐退下了。

子寧一雙眼盯著我，說，這麼久了，你就不曾主動約我一次！

我很奇怪，為什麼一定要我主動呢？

子寧攤開雙手，大馬金刀靠在座位上，我忽然想起來。這一回，他沒有幫我挪一把椅子。

子甯看茶葉在水中沉沉浮浮，冷不丁說了一句，這水不開！

我說是嗎，古人說了的，冷水泡茶慢慢濃！

子寧皺皺眉，點燃一根煙，我以為，你好歹也要回請我一次的，千里迢迢送你回去，你總該表達你的謝意吧！

我笑笑，非得滴水之恩湧泉相報麼？

子甯不笑，子寧把手攬上我的肩頭，沒想過要以身相許我一次？

我愕然，以身相許，或許我可以，但不是在承了他的恩惠後，我喜歡平等，等式跟減法是有區別的，跟互換也有。

我眼裏再次起了霧，一任他的手粗暴地解開我的衣服。

有風襲上我的身體，不是隨風潛入夜中的那種和風。

我在他的潛襲下身子一點點變得僵硬，再僵硬，子寧的手終於知趣地退了出去。

回到家，我開始拼命衝洗身子，衝洗子甯手指遊走在我身上的痕跡。茶香還在，只是卻有了另一層意味，就像子甯曾經於我的美好遐想。能永久在腦海中重複，再版，心裏既能看見也能感受，卻永遠說不出口。

我把這段心情文字記錄在個人空間裏，以期給人生一個交代，但我忘了，還有一個人知道我的空間密碼，那就是關成。

關成給我的電話是在入夜響起的。

我以為是子寧，沒接，但電話很固執，我知道子寧不是固執的人，就接了，在黑暗中接的。我不開燈因為我心情是黑暗的，跟老公分床後我一直習慣了黑暗的夜晚。

是關成的聲音讓我聽出了一線光明。

這麼黑的夜，有人關心著你，在千里之外的故鄉，你能不看見光明嗎？

關成說，看見你的淚了。

我說，有嗎？

關成說，有，在字裏行間。

我的啜泣聲響了起來。

關成說，回家吧！

我說，回家能幹啥？

關成說，想幫你拭一把淚。

然後呢？我在黑暗中發問。

關成喉嚨響了一下，然後，如果你同意，我們可以走得更近一些！

近到什麼程度？我搖了搖頭，希望他不要給我一個乘虛而入的答復。

零距離！關成忍了忍還是說出了口，我可以娶你的！

娶我？我的聲音冷了下來，有幾十秒鐘才回答過去。

是的，我可以離異了娶你！關成以為我在考慮這個問題，回答變得急促起來。

君子也可以離異的麼？我無語，真的是潤物細無聲呢，在這個無聲的夜晚，我突發奇想，決定捉弄一下關成，我說，娶我你就不必了，但我可以以身相許的，為你的知遇之恩！

真的！關成的聲音明顯顫抖著爬進我的耳朵，我甚至看見，目光炯炯的關成正一步步向我走來。

確切地說，走向他的零距離。

我不說話了，一任他的聲音在我耳邊絮叨下去。

整整五小時！直到手機自動斷了電源。

我沒能睡。

第二天，我把QQ上的個人說明換成了我已離異。

是的，離異了兩次！

很和風細雨式的離異，沒驚動任何人！

打那以後，我再沒參加過聚會也不上網了！

認識我的人都說，我更典雅了！

典雅，應該是古典的優雅吧，我這麼理解的！

你能跑多遠

怎麼不說話？心虛啦！桂紅衝革新冷笑。

不說話就是心虛，那啞巴不是一輩子都心虛呀！革新不示弱。

不心虛是嗎，那你給我個理由，上夢巴黎幹什麼？桂紅旁敲側擊說。

革新臉上顏色一變，你跟蹤我？

跟蹤，至於嗎，我是偶然看見的！桂紅很得意，得意自己這一旁敲側擊。

偶然！革新一撇嘴，別有用心的人才常常偶然！

是嗎？桂紅的反擊也一針見血，別有用心的人才常常心虛！

兩個別有用心的人都不再說話，一個氣呼呼地去翻報紙，一個怒衝衝地去開電視。

屋子裏終於有了聲響，而聲響，是一個家庭必不可少的，沒有聲響的家庭是看不出生氣的，沒有生氣的家庭算什麼，墳墓？

沒誰願意做活死人的。

二十八歲的桂紅忽然就有了無奈和滄桑，結婚七年了，莫非婚姻真的有七年之癢一說？

二十八，本該是讓小姑娘生畏，老太太羨慕的日子，可桂紅覺得自己的日子只多畏懼卻少羨慕。

桂紅不是一個太過刻薄的女人，革新呢，也不是一個不肯顧家的男人，可日子咋就捏不成一個砣呢。

吃過晚飯，革新主動湊過來，革新說：「其實真的沒什麼，我們只是在夢巴黎喝了杯咖啡！

那個「們」是誰呀！桂紅故意拖長了鼻音。

你不是明知故問嗎？革新想你怎麼非得置人於死地呢。

你要真心虛，不說也罷！桂紅激將革新說，她是真沒看見誰和革新一起，她也真是偶然看見革新背影的，偏偏革新只承認自己逛了會街才回來晚了的。

革新扛不住心虛的罪名，心想君子坦蕩蕩，不就跟麗娟喝了杯咖啡嗎，還是人家請的客，革新就說了，是麗娟，我不是怕說了你不高興嗎！

桂紅心裏就一堵，舊情人約會，不說我心裏更堵！麗娟是革新的初戀女友。

啥約會不約會的，人家回國探親，碰巧撞上了，做不成朋友也不至於成陌路吧！革新耐著性子解釋。

我倒寧願你跟她一輩子陌路！桂紅咬牙切齒地說完，一把扯過被子，蒙上頭，睡了。

當然睡不著！革新也睡不著。

革新點上根煙，開始發呆，革新想起網上曾流行過的一句話，女人雙腿併攏叫含苞，雙腿張開叫綻放，綻放之後意味著什麼呢？凋零……革新嚇一跳，莫非每個女人一旦進入婚姻都意味著凋零？

婚姻莫非就是個多事之秋？

革新就這麼著恍恍惚惚踱出門去。

桂紅聽見門哐啷一響，桂紅不攔阻，心說：看你能跑多遠，凍不死你！

與革新過了七年的生活，桂紅清楚革新的稟性，要不了多久，他就會叼著根煙，搓著雙手百無聊賴地轉回來的，在這座城市，屬於他們的朋友不多，僅有的幾個也不是很貼心，能上人家屋裏賴上一晚上的根本沒有。

桂紅對這種稟性都習以為常了，她酸楚地認為，這種習以為常正極大程度地侵蝕著自己業已不多的青春。

桂紅強打起精神來看電視，是那種比王大媽裹腳還臭還長的言情劇，言情劇有個很怪的名字，叫《你能跑多遠》，說的也不過是婚姻生活中的是是非非，其中女主人公一句淒涼的嫁誰不是嫁呀，引起桂紅內心巨大的共鳴，看來，誰也不能跳出三界外，不食人間煙火的。

一念及此，桂紅就想起革新的千般好來，革新的忍辱負重，革新的清秀和善，革新的循規蹈矩……

莫非真如某位哲人所說，婚姻是一次長跑比賽，上場的人需要足夠的體力、耐力和心理準備。想到這，桂紅一挺身子，嘴角牽出一絲紅暈，頗具挑戰性地衝床頭婚紗照中的革新一揮拳頭，哼，我就不信，你能跑多遠！

櫃上的鐘不失時宜地響了一下，桂紅心裏一掉，都零點了，革新咋還不回來，莫非他去了麗娟那兒？

桂紅被自己這一問嚇了一跳，桂紅心煩意亂地一低頭，看到一張疲憊不堪的臉，桂紅喃喃自語對著鏡中人說，你能跑多遠？說啊，到底你能跑多遠！

鏡中人不說話，只留給桂紅一張沮喪的臉。

嚮往

我爹是個沒多大出息的人，儘管他教了一輩子的書，儘管他桃李滿天下，卻並不妨礙我從心底這樣認識他，甚至，蔑視他。

事情源於一碗紅燒肉，那年我上高中，滿腦子自以為是的想法。每逢週末，媽都會蒸上一碗紅燒肉款待我們父子，說實在的，我都吃膩了，但爹不，爹吃得滿口生津滿嘴油光，吃一塊爹還吧嗒一下嘴，語不成聲地讚歎，「真香啊，香！」

這是爹對目不識丁的娘的最高讚賞，娘那會兒常激動得拿手在圍裙上搓了又搓，不知是該給爹敬上一根煙呢，還是該給爹奉上一杯茶。

我很不屑，不屑於爹這種淺顯的滿足，不屑於爹娘這種無法溝通的婚姻現狀。

爹到底是人類靈魂的工程師，爹對我的不屑不作任何解釋，爹說：婚姻就是一碗紅燒肉，什麼時候你對這碗紅燒肉有了迫切的嚮往，你就會找個女人做你的新娘！

婚姻是紅燒肉，謬論，我可是念過不少書的，錢老夫子把婚姻比作圍城，裏面的人想衝出來，外面的人想衝進去。再有就是地球人都知道的，婚姻是愛情的墳墓，裏面關著一群活死人！我會傻到為一碗紅燒肉自掘墳墓。

參加工作後，大魚大肉山珍海味咱可沒少吃，紅燒肉能入我的眼，我呸，無法想像。

我在一家建築設計院工作，清閒，還有閒錢，別人評論我們的工作是三年不開張，開張吃三年，攢足了閒錢，攢足了閒心，我忽然發現滿肚子攢足了無聊，為生活的平淡無奇，為日子的漫不經心。

我報名到西部做一名志願者，我說過我爹是個沒多大出息的人，但我不是。做志願者也不是心血來潮，我存了一小半私心，在物質極度貧乏的山區，沒准我就是一棵梧桐，高高在上的梧桐，讓無數隻鳳凰夢寐棲身的梧桐。不過這棵梧桐與女人無關，他喜歡那種天地空曠唯我在上的感覺。

出發前，我買了一個微波爐，不想速食愛情並不等於不想速食生活。

我去的地方是一個回族鄉，是那種天蒼蒼野茫茫風吹草低見牛羊的地方，同去的志願者有個女的，長相屬於那種不能過目不忘的，我們在一所鄉小教書。沒辦法，這裏缺的就是有學問的教書匠，不得已，我一不小心成了爹的同行。

微波爐速食麵成了我的生活目標，一放學我就在廚房鼓搗這兩樣東西，同去的女孩叫王瑩，她的生活目標比我複雜，每餐至少二菜一湯，只是，這兩菜一湯也讓她為難。我們都不習慣吃羊肉，怕羊的膻氣，菜呢合口的只有粉絲和海帶。轉了幾天，王瑩泄了氣，有錢也沒地方花。

那天鄉教育幹事來慰問我們，問生活習慣不習慣，王瑩嘴直，說沒啥習慣不習慣的，就是聞不到肉香，幹事很驚奇，到處都是羊肉啊，還不香，漢字咋組合的，魚跟羊合一塊叫鮮，鮮的羊肉還能不香。

幹事是回民，對羊肉有與生俱來的嗜好，一點也沒聽出王瑩所說的肉香是豬肉香，回民可是從不吃豬肉的。王瑩還要張嘴，我打了個哈哈攔住了，我說羊肉是真香啊，香！這口氣讓我一下子想到爹在吃了紅燒肉吧嗒嘴巴的景象，不爭氣的口水一下子淌了出來。

王瑩就捂了嘴笑，笑我的饞樣，笑過之後，我們一齊陷入了沉默，沉默中有身在他鄉的憂傷。

第二天，王瑩請了一天假，幹什麼去了我不得而知，我從不喜歡打聽人家女孩子的去向。

晚上我正就著白開水煮速食麵時，王瑩說讓我去她那兒一趟，我關了門就去，老遠聽見廚房叮噹作響，我就打哈哈說，別太複雜啊，我對飯菜精美程度要求不高，油水充足就行！

沒辦法，一日三餐靠微波爐打發日子，速食了生活卻怠慢了胃口，寡淡之極。

說真的，我這會兒對爹吧嗒的那碗紅燒肉竟然有了一種迫切的嚮往。

王瑩忽然關了燈，說，先聞聞，古人對美食要求有三點，叫色香味俱全！

果然就聞到一股久違的肉香，王瑩啪一聲開了燈，一盤泛著油光的紅燒肉竟真的端在我的面前，王瑩塞給我一雙筷子，嘗嘗，我在縣城一個同學家搞到的，可惜是臘肉。

我吧嗒一下嘴，像爹一樣滿口生津地吞下一塊，香，真香！難怪爹說婚姻是一碗紅燒肉呢！

王瑩不解，婚姻是碗紅燒肉，新鮮！

我鄭重其事說，聽我講個故事吧，王瑩！

王瑩局促不安地坐下來，拿手在圍裙上搓了又搓問我，你這會兒是先抽一根煙還是先喝一杯茶！

我一把拉住王瑩，別忙活了，我這會兒最嚮往的是靜靜和你說上一會話！

風景

　　他是一名小車司機，每天在同一條道上跑兩個來回接送領導的小車司機。

　　她是他眼中的一道風景。每天他在曙光中上路，在城東總能碰上她走在上班的路上，一襲黑衣，戴墨鏡，手拿一個隨身聽，優哉遊哉地逶迤而行。

　　他接了人往回跑時，也能看見她的背影嫋嫋婷婷地闖入視線，再從後視鏡中漸行漸遠。

　　第一次看見她時，他心中沉思良久，才想起兩句話來形容，「盛夏的輕風，柳蔭下的清泉！」心中為之一爽。

　　可惜，這種喜悅沒人與他分享，領導是個女的，跟一個女人談另外一個女人，領導只能賞你四個字——年少輕狂。也是的，他才二十歲。

　　他也曾試圖接近她，在某個突如其來的雨天，輕輕將車滑到她跟前，打開車門，殷勤地問上一句：小姐，我能載你一程麼？

　　她該如何面對突如而來的這份邀請呢，是羞紅了面孔輕啟櫻唇說一聲謝謝，還是粉頸低垂一聲不吭繼續走人？

　　他不得而知！因為雨天他從未見過她的身影，由此可以推斷，這是個對生活具備了百般細心的女人，更是一個懂得生活情趣的女人，又是一個不會在生活中驚惶失措的女人。

　　他驚歎於她在生活中的這份優雅與從容。

　　再次相遇時，他總會鳴響兩長一短的汽笛，以示友好，每以為她會莞爾一笑的，然而事與願違，她竟不理不睬，兀自沉浸在音樂聲中。他先是失望，再是失意，跟著又釋然了，人家耳朵裏一準塞了耳機的，要不，如何在嘈雜的馬路上怡然自得。不愧是心思縝密的女子，居然如此與眾不同的鬧中取靜！

　　好個精緻的女人，好一幅流動的風景！

　　他的恍惚終於被領導發現了，領導是女人，也就有任何一個女人的細心，領導發現他的車在經過一個女人時總會莫名其妙地抖一下，這一抖便抖得領導心裏發涼。身家老小的性命呢，兒戲不得，領導常用公車帶了一家老少出門。

　　領導說，你太年輕，這樣的崗位不適合你！

　　他如釋重負，車還是要開的，不過他不想受制於人，他買了輛出租開。

　　只是，顧客要車的時間總是錯過那個女人，但他還在那條路上跑，每每跑到和她的交會處他就會給任何一個顧客講他眼中的那道風景。

　　再以後，他結了婚，還考上了公務員，在他早先開車的鄉鎮謀了一官半職。

新婚的妻子那天陪他去上任。

在城東出口，他神思明顯恍惚了一下，妻是細心的，妻問，怎麼啦？

他愣了愣，想起一個女人！他不打算瞞她。

哦！妻很好笑，為他的孩子氣：什麼樣的女人？

一襲黑衣，戴墨鏡，手裏捧一隨身聽！他望瞭望妻，妻也一襲黑衣，不過沒戴墨鏡，音樂是在聽，但是他車上放的。

你們有過交談？妻繼續追問。

沒有，我幾次鳴笛，她都不曾在意，可能是太癡迷音樂的旋律了！他歎口氣。

嗯，有這種可能！妻是音樂教師，妻說完以咪咪一笑：沒准人家塞了耳機，沒領會你笛聲中的一片真情呢！

他難為情笑笑，妻也笑了。妻又問，人家要在意了，你如何搭話？

如何搭話呢，他回想起當時試圖接近她的設想——在某個突如其來的雨天，輕輕將車滑到她的跟前，打開車門，殷勤地問上一句：小姐，我能載你一程麼？

妻很認真地聽完，盯著他的眼睛又問：這應該是你的初戀？他不置可否地點點頭，眸子裏是霧一樣的憂鬱。

第二天，他早早起床，妻卻不見蹤影，他要趕去上班，等不及與妻告別就駕車上了路。

出了城東，一場突如其來的雨竟扯天扯地地垂下雨幔。他漫不經心地打開雨刷，忽然，一襲墨衣闖進了他的視線，那墨鏡，那隨身聽那麼熟悉地擠進眼簾。呵，久違了的那道風景。

是盛夏的秋風，更是柳蔭下的清泉！

他深吸一口氣，將車輕輕滑了過去，打開車門，殷勤地問上一句：小姐，我能載你一程麼？

女子粉頸低垂，櫻唇輕啟說：謝謝！

聲音很熟悉，是妻，妻莞爾一笑，摘下墨鏡看他。

他眼裏果然有一道久違的風景。

自信

　　我得幫螢屏上的這個女人建立點自信，否則，我靠什麼在虛擬世界裏混名聲！

　　看見她時，她正在網吧裏發呆，靜靜地，眼裏沒半點內容，她是隨便加的我，加的時候，手裏還夾著一根煙，自暴自棄的樣子。

　　加我是因為我的網名——得失寸心知！

　　她問我，啥叫得失寸心知啊？問我僅僅是她覺得好奇，一個女人，只要還有一絲好奇心，就離崩潰還有點距離！

　　我盯著她的面孔看了看，很有氣質的一個女人，也是很讓男人傾心的一個女人。

　　我說，你讀古書嗎，包括古詩古詞什麼的，隨便讀過一首也算的！

　　她說，讀過！

　　沒讀過才怪呢，小孩子都用唐詩啟蒙，她能沒讀過？我是引她上路呢！

　　那你能揣摩作者的內心嗎？我再問。

　　她搖了搖頭，在視頻上。

　　正所謂啊，文章千古事，得失寸心知！我打出這麼一行字。

　　你幸福嗎？她若有所思，問我。

　　幸福得滿當當的，都溢出來了！我說。

　　她忽然笑了，是苦笑，我不幸福！

　　那得看你怎麼想了！我說，幸福其實是坐在那兒就有的，你踮起腳來尋，反而就遠了。比方說，你現在就是很幸福的！

　　我，幸福？她在椅子上張望了一下，似乎只要幸福一出現，她就抓個死死的。

　　坐那，別動！我打出四個字。

　　她發過來一個大大的問號。

　　你坐在那兒傾訴，有人願意傾聽，算不算幸福？比起那些滿肚子苦水無處倒的女人來說，而我，恰好又有這個美德，願意聽你傾訴！

　　她眼裏目光亮了一下。

　　你真願意聽一個三十多歲女人的嘮叨？她問，三十歲的女人，乒乓球呢，被人擋來擋去的。

　　我知道這段女人如球的謬論！

　　我說，你別忘了，乒乓球是國球，我很愛國的！

　　嚇我一跳，以為你要說愛我呢！女人笑了，跟著發過來一行字，開個玩笑！

　　能開玩笑就好！說明她啟動思維能力了。

給我時間吧！我也開玩笑。

不公平啊！她莫名其妙打出這幾個字，忿忿然的樣子，你沒開視頻！她到這會才發現，女人一旦細心起來就說明她不會走極端了。

是不公平！我說，你有我無，貧富懸殊！

你倒有理了！她哈哈笑，笑完發來幾個字，我得一睹尊容！

我挑了一張照片發過去，只要不怕髒了你的眼睛！

很帥嗎！她看了看回答說。

一般般啦，也就比劉德華高點，比鄭伊健壯點，比葛優頭髮多點，我調侃說。

你倒挺會找優點的！她捂嘴笑起來，可能怕影響別人，她在網吧裏。

人有了優點才會自信！我洋洋得意起來。

可我自信不起來！她眉頭扯了一下，跟著眼裏亮光沒有了，我老公把我貶得一無是處！

糟了，她又回到原地玩踏步走了。

天啊，你還不自信！！！我故意誇張地打出三個驚嘆號，別的女人還活不活啊！

你是說……在我身上……有優點……她斷斷續續發過來。

是啊，你比張曼玉要豐滿，擱盛唐時期，是貴妃的不二人選！我說。

還有嗎？她問，有笑意在眉頭展開。

林青霞夠美了，可她缺了你的柔媚，女兒家是水做的肉，就得有似水的柔情不是？我說。

還有嗎？她望著螢屏，眸子裏亮晶晶的。

還有啊，就是你的神韻！我慢吞吞打出來。

什麼神韻？她愈發焦急。

書香啊，像盛夏清風中那抹淡淡薄的梔子花香，古人咋說的想聽嗎？我得學會抖包袱。

想聽！她神采飛揚起來。

東籬把酒黃昏後，有暗香盈袖啊！我將字豎排著發了過去。

她低了頭，在袖口處使勁嗅了嗅！

我知道，從今天開始，她不僅自信起來，而且還會自戀起來。

比起那個自暴自棄的女子來，判若兩人。

忽然有了種失落感，只怕她以後再也不會找我聊天了，女人一旦自信起來，是會藐視天下所有男人的，包括給過她幫助的男人，武則天就是最好的例子。

我為自己的陰暗心理嚇了一跳。

能知道你的職業嗎？我想趁現在還來得及套套她的底細。

酒店！她很簡約的打出兩個字，自信一旦召回，幹練勁就上來了。

做經理啊！我小心翼翼問，她的一身穿著打扮告訴我她不會是跑堂的。

是的，有空來玩，我會安排一切的！她笑了笑，居高臨下的口氣，或者叫財大氣粗也行的。

　　那你幹嗎在網吧上網？我覺得跟她身份不相配。

　　我兒子讀貴族學校，放月假，家裏有家教。她匆忙敲出這句話，跟著是四個字——沙揚娜拉

　　說日語呢！望著空空如也的螢屏，我發了會兒呆，我知道，她這會忙著展示自己的自信去了。至於我，一個不相干的男人，用不了幾天，她將忘得一乾二淨。

　　她不會真的忘了我吧，對著人去樓空的螢屏，我忽然沒了自信！

2
2
3

鬼女

鬼女是我鄰家的小妹，鄰家是指我鄉下的鄰家。

我在城裏也有鄰家，鄰家是一大群小妹，當然她們都是洗腳城的妹子，合租了我鄰家的房子，這樣的鄰家，我是不敢走動的，哪怕衝小妹們點個頭，後背也會叫妻的火眼金睛灼出個大窟窿。

還是說說鬼女吧，她是這篇文中的主角。

鬼女剛好是羅敷姑娘的年紀，二十尚不足，十八頗有餘！而且鬼女的模樣生得齊整，齊整得叫男人不由得往歪處動心思。

紅顏禍水一詞在這兒你就不得不承認了。

鬼女是被學校開除的，開除鬼女的原因很簡單，鬼女長了雙媚人的眼睛。

鬼女的眼睛我見過，媚眼兒老盈著笑，有那麼點狐媚勁兒，瞄人的時候多為斜瞟的，習慣唄！小時候她要看爹娘的臉色行事啊，爹媽嫌她不是男伢子。

也就是說，鬼女看人多少帶點奉迎的意思，奉迎歸奉迎，但沒誰見鬼女哭過。

爹打她從不手軟，鬼女不哭！

娘罵她專揭她短，鬼女不哭！

有上了年紀的老人就說，這是鬼女投的胎呢，心硬，不曉得眼淚為何物！而且，撞進她眼裏的男人也都不會安生。

鄉下妹子開知識遲，可過了十六歲，也自然曉得男女之事了。

鬼女被開除的原因很簡單，上課時多瞟了幾眼實習的老師，小老師和她差不多大，靦腆還拘謹，但講起課來眉飛色舞的。

那天講四面楚歌時，扯到虞姬自刎，小老師感慨不已，一個女子，為所愛的男人，甯作江上草，羞作漢宮春！是何等的慷慨悲壯，她用鮮血為後人留下一個永遠青蔥的身影。

鬼女這時站起來了，鬼女的目光閃爍著，也顧盼著，鬼女說，我欣賞虞姬的愛情，在天為蝶，在地為花！

小老師點頭領許，是的，在虞姬死後的第二年春天，她的墓地上開滿了五顏六色的小花——虞美人。

鬼女就在這時衝老師嫣然一笑，老師，你能送我一盆虞美人？我想見見這種花！

小老師當時血往上湧，我一定送，你等著，一定！

鬼女的狐媚眼就停在小老師的臉上，小老師的心裏就起了漣漪。

鬼女沒等著小老師送來那盆虞美人，鬼女等來校長勸她退學的通知。

校長是小老師的母親，藏了私心的校長為兒子的前途斷然開除了鬼女。也是的，從辦學至今，沒哪個女生敢向老師要求送花的，不是狐狸精是啥？

鬼女走的那天，小老師藏在辦公室裏淚眼婆娑，看著鬼女高歌著虞姬的，「漢兵已略地，四面楚歌聲，大王意氣盡，賤妾何聊生！」昂然走出校門。

這段詞是小老師曾經板述在黑板上的——虞姬的愛情。

鬼女進了我居住的小城，但小老師沒跟來。

我聽說過這事，但天地雖小機緣卻深，我沒見過鬼女，這個我打小抱過的鄰家小妹。或許，她進城就是為了看一眼虞美人吧！這種花草，我陽臺上就有，在城裏，它遠沒有玫瑰得寵。但虞美人卻難養，她根系深長，離開故土便會枯萎死亡，一如美麗孤傲的女子，有著千嬌百媚的神韻，骨子裏卻蘊涵著一種血性。

鄰家那群小妹讓我的生活豐富了許多，我在陽臺上讀書，常聽她們在陽臺上嘰嘰喳喳講洗腳城裏的故事。

青春的氣息一次又一次襲擊了我！

那天，不經意間抬起頭，陽臺上多了個熟悉的身影，是鬼女！

鬼女正將一把玫瑰砸向地面，身後是一個意氣盡的身影外加陷於楚歌聲的眼神。

小老師尷尬地走了，鬼女的冷笑傳過來。

我俯在陽臺上，看那男人在樓前轉悠，那把玫瑰就在他腳下，他卻沒有勇氣去撿拾或者踐踏。

怎樣懦弱的一個男人啊，不配講解項羽的男人！

我為他歎了口氣。

鬼女顯然聽到了我的歎息，鬼女扭著頭來看我，依然是那樣齊整的臉蛋，依然是那樣狐媚的眼神，只是，我看見幾滴淚珠在陽光下飛速地滑落下來，她的腳下，有一盆花，幾片小葉正探出頭來，我看得很清楚，是虞美人！前幾天我陽臺上恰好少了一盆剛移栽的虞美人，淚珠正滴在葉片上——很晶瑩！

不是說鬼女沒有眼淚麼？

那一夜，我失眠了，在電腦上竄了大半夜，不知怎的，我讀到這樣一段文字，很突然地。

是關於鬼的！說一個鬼，一萬年才修得人形，再有一萬年才修得七情六欲，才可以站在所愛的人面前，流下第一滴眼淚。

想到鬼女的淚，我的心一抖，滑鼠晃動了一下，文字沒了。螢幕上出現了一株虞美人，下麵是一行字——單瓣叢心，五色俱備，姿態蔥秀，嘗因風而舞，儼如蝶翅扇動——《花鏡》。

打那以後，我再也沒見過鬼女。

也是很突然地！

發呆

如果你看見一個人正在大街上發著呆，毋庸置疑，那人一定是我。

一個在大街上發呆的人，還好意思主動承認？你一準這麼想了，這人有毛病！

我恰好沒毛病，手裏正捏著一張權威醫院的體檢證明。

不妨饒舌一句吧，發呆其實是一種學問。一個懂得發呆的人，也多是一個深刻的人，深刻不是皺著眉頭思考出來的，深刻需要閱歷和悟性。

我要是解釋這麼多了你還不明白，那你就不配做一個發呆的人！

我目光散漫地在人群中穿行，一不小心撞上了一個人，確切點說，是個女人！再確切點說，是個年輕的女人！如果你還想知道得更確切點，我不妨多囉唆一句，是個很漂亮的年輕女人！

是誤撞，與別有用心無關，也與豔遇無關，這點我得聲明，我可是個有內涵的男人，要不我能發呆？要不我會在大庭廣眾之下授人以柄？

我在書上讀過，中國的漂亮女人撞不得，她會賞你富裕的耳光不說還會萬般委屈地打110報警，好像從某種意義上說她遭到了你的非禮，或者——強暴！

女人居然沒反應，我說是居然，她兩眼目光飄搖著。一個發呆的女人？抑或，一個深刻的女人？

我的呼吸忽然加重了幾分！

你一定在想一個深刻的問題吧？我問女人。

深刻？女人收回目光，望著我，不像剛才那般清澈了，多少含點雜質。

是因為寂寞嗎？我說，寂寞讓女人美麗！

那麼你一定深刻了！女人說，孤獨讓男人深刻！

奇怪，她能讀懂我的深刻，我的眼中也有了雜質。

我在想啊……女人歎口氣，女人為什麼過得不幸福？

我笑了，不幸福的都是漂亮女人，竇娥冤，秦香蓮，黛玉葬花，孔雀東南飛，自古紅顏多薄命！

她也笑，悲憤的都是深刻男人呢，文昭關，野豬林，蘇武牧羊，關羽走麥城，從來男兒懷悲憤！

我望著女人，忽然有了種貼心貼肺的感覺。

想通了嗎？女人為什麼過得不幸福！我追問。

想通了！女人又歎口氣。

想通了應該高興啊！我很奇怪望著她。

因為想通了而替天下的女人難過！她說。

願聞其詳！我支起耳朵。

你知道的……她頓了頓，女人最大的幸福莫過於找一個好男人託付終身，然後生下一雙好兒女膝下承歡。

有什麼不對嗎？女人的天性就是作賢妻良母啊！我用目光詢問。

可這世上還有一個好男人嗎？她低頭前看我一眼，當然也包括你在內！她一點也不在乎我的尷尬，或者——悲憤！

我嗎，算0.8個吧！我自嘲地一笑。

所以啊，好多女人看起來幸福，實際是冷暖自知，明明三五月得不到男人雨露滋潤一回，卻要一付潤透了墒的樣子在人前招搖！女人冷冷一笑。

你，這麼肯定？我不敢苟同，問她。

當然！女人點頭。

就在剛才，一個女人開著帕薩特在美容會館做皮膚保養，說是下午陪丈夫出席一個重大宴會，可他丈夫呢，卻猴急猴急爬到另一個女人身上鼓搗一番才走，你說，一個蒙在鼓裏的女人幸福嗎？她問我。

不幸福！我回答得很肯定，打死我也不會承認她幸福！

我就不抱這個奢望！女人笑著點燃一根煙，很優雅，是我欣賞的夾煙姿勢。

當然，我更欣賞女人的深刻，誰說過漂亮的女人不深刻了，眼下這位不是很有內涵嗎？她一定是從事社會心理調研的高層知識份子。

你怎麼能看這麼透啊，像個哲學家！我問。

因為……因為……女人咬了咬嘴唇，因為……我的職業！

什麼職業？我的眼裏盛滿了期待。

走夜的女人，我是！女人把話說得次序顛倒了起來。

走夜的女人？我不懂。

她愣了一下，當然，也有另一種說法，霓虹燈下的哨兵！

你演戲的啊，那可是部老片子了！我說，難怪呢，戲如人生，帝王將相榮華富貴皆如雲煙，我們這兒習慣上把演員叫演戲的。

是演戲，逢場作戲！女人笑了一下，臉很白。

逢場作戲？我又雲裏霧裏了。

女人見我老是曲解她，女人咬了咬牙說，賣春的不是逢場作戲是啥？

婊子啊！我一聲驚呼。

瞧你說的！女人嗔怪地望了下我，應該說，是為生活所迫的女人！

為生活所迫，真夠深刻的！我潛意識地後退了一步。

有沒興趣找個地方坐坐？女人把煙頭彈出去，我需要傾訴，尤其是對一個懂得傾聽的人傾訴！

我臉一紅，抱歉，我這會兒沒時間！

唉，深刻如我的人居然用了這麼個淺薄的托詞。

那麼，留個電話吧！女人說。

給雞留電話？有病！我轉身就走，剩下女人在那兒發呆。

走不多遠，我聽見女人聲音急急地追上來，先生你貴姓啊？

我停下腳，想想，回頭冷冷地說，姓葉，葉公！

葉公，很熟悉的名啊！女人呆呆站在那兒，望著天上的雲，雲端裏有一條龍，隱著身！

玉手

手若柔荑，膚若凝脂。

說的是古時少女的手，現在少女的手都變了味，有裝飾過的痕跡，叫人心裏難以接受。

眼下我正看見了這樣的一雙手，心裏升起一股久違了的溫馨。

眼睛開始牽著我走，眼睛裏有一雙白皙豐潤的小手，擱古人眼裏，是一塊未經雕琢的玉呢！

春蔥般嫩白的纖手，像一對白玉蝴蝶在我眼前飛舞，留戀戲蝶時時舞，自在嬌鶯恰恰啼！

有蝶般舞動的手，自然有鶯般婉轉的唇。呵呵，是我猜想的！

我這會兒還沒跟手的主人搭話呢，因為沒這個必要，我只喜歡看女人的手。我一點兒都不變態，真的，心理上健全，生理上健康，這只能算一種癖好，你不能否定一個人的癖好不是？還是具體說說這雙手吧！

指修長，掌圓潤，指長掌短，符合相書上只許龍吞虎，不許虎吞龍一說。指為龍，掌為虎，龍吞虎的女人性格溫順賢良，細心周到，待人接物滴水不漏。一句話，是懂得雕琢生活的人，何謂雕琢生活的人，就是能把粗茶淡飯的日子打磨得玲瓏剔透。

誰不希望把生活過得玲瓏剔透呢，我就想！

再說說這雙手上的指甲，女人的指甲很重要，要不重要，錢鍾書先生會在圍城裏寫到某小姐的扭捏時，借人家之口在紙上畫了一個紅唇和五個紅指甲印，可見指甲也是女人身上不可忽視的一道風景。

我眼前就晃動著這道風景。

指甲是長而橢圓的，有貝光閃爍，紅潤之中透出溫婉，細膩之中不乏柔媚，重要的是，沒有修飾過，卻讓許多美過甲的指頭遜色三分。

十指尖尖如春筍，這一春筍般的指甲彈在誰的臉上，誰個都會在夢裏尋她千百度的！

說完指甲，還有必要說說這雙手的小指肚，飽滿潤澤，似蓮的果實，但比蓮的滑膩，多了層溫潤，似草莓的紅豔，但比草莓多了層光鮮。珠圓玉潤用在這兒再好不過了，你若握上，斷不可用力，女兒家是水做的肉，禁得起麼？

我的呼吸重了許多，目光不即不離盯著那手。

太好看了！我在心底暗暗讚歎。

我沒有看女人的臉，如今這年頭，女人的臉都一個模式刻出來的，看不出生氣，有點喜怒哀樂也被化妝品遮掩了，我不看女人的臉是怕她無形中糟蹋了這雙手。

這雙手忽然不安起來，來回搓了幾下，倏忽之間，不見了！

我推了推眼鏡，原來女人轉了身，丁碰丁站在我面前，手呢背在了身後，果然是個心思縝密的女人，發現有人在窺視她的手。

我望瞭望天，太陽明晃晃地掛在頭頂上，光天化日之下，能算窺視嗎？不算的，養養眼而已！

請問你想幹什麼？女人慍怒地盯著我，好在還客氣，用了個請字。

不，不幹什麼！我一時沒反應過來，眼睛還想拐了彎到人家背後。

不幹什麼你跟著我？女人不相信。

你的手好看！我忽然脫口而出，該死！

手，好看？女人從背後猶猶豫豫探出手。

對，對的！我的目光貪婪地盯了上去，掌心紋路清晰，暖玉溫香撲鼻而來。

比我的人還漂亮？女人遲疑著又問了一句。

我這才看見一張女人驕傲的臉龐，何止漂亮，簡直是美麗，可我還是傾向於她的手。

不能比的！我喃喃自語。

為什麼？她愈發驚奇。

不為什麼，你的手實在好看！我說，好看裏面含有生動的意思。

你是說我的臉不夠生動？女人的柳葉眉扯了一下。

不是！我不知如何解釋了，只是覺得吧，漂亮和美麗過於朦朧遙遠，缺了一種親近和真實！

女人不說話，冷冷盯我一眼，很憐憫的樣子。

我沒看見，我只看見一雙玉手倏忽一下，又不見了。

我想它不會永遠插在口袋裏吧，三伏天呢，熱！

女人加快了腳步，顯然不想我這麼亦步亦趨地跟在後面。

女人的腰肢扭得也挺好看，可我只想看她的手，女人忽然停了下來，又一次丁碰丁面對我。

到底你想幹什麼？女人氣咻咻地。

不幹什麼！我嗓子冒煙說，只想再看一眼你的手！女人盯了我幾秒鐘，忽然一咬牙。好看嗎？女人一隻白皙豐潤的手揚了起來，就在我眼皮底下。

好看！我使勁抽抽鼻子，這是一隻有暗香銷魂的手。

啪！一聲脆響，那隻白皙豐潤的手印在了我臉上。

是真的好看！我看見一隻白玉蝴蝶在眼前飛翔，背景是一片金光。

釀文學15　PG0548

 傷已逝，愛才開始

作　　者	劉正權
責任編輯	林千惠
圖文排版	蔡瑋中
封面設計	王嵩賀

出版策劃	釀出版
製作發行	秀威資訊科技股份有限公司
	114 台北市內湖區瑞光路76巷65號1樓
	電話：+886-2-2796-3638　傳真：+886-2-2796-1377
	服務信箱：service@showwe.com.tw
	http://www.showwe.com.tw
郵政劃撥	19563868　戶名：秀威資訊科技股份有限公司
展售門市	國家書店【松江門市】
	104 台北市中山區松江路209號1樓
	電話：+886-2-2518-0207　傳真：+886-2-2518-0778
網路訂購	秀威網路書店：http://www.bodbooks.com.tw
	國家網路書店：http://www.govbooks.com.tw
法律顧問	毛國樑　律師
總 經 銷	聯合發行股份有限公司
	231新北市新店區寶橋路235巷6弄6號4F
	電話：+886-2-2917-8022　傳真：+886-2-2915-6275

出版日期	2011年6月　BOD一版
定　　價	300元

國家圖書館出版品預行編目

傷已逝，愛才開始 / 劉正權著. -- 一版. -- 臺北市：釀出
版， 2011. 06
　　面；　公分. --（語言文學類；PG0548）
BOD版
ISBN　978-986-6095-07-8（平裝）
1. 婚姻　2. 戀愛　3. 通俗作品

544.3　　　　　　　　　　　　　　　　100005547

讀者回函卡

感謝您購買本書，為提升服務品質，請填妥以下資料，將讀者回函卡直接寄回或傳真本公司，收到您的寶貴意見後，我們會收藏記錄及檢討，謝謝！如您需要了解本公司最新出版書目、購書優惠或企劃活動，歡迎您上網查詢或下載相關資料：http:// www.showwe.com.tw

您購買的書名：_____

出生日期：_____年_____月_____日

學歷：□高中 (含) 以下　　□大專　　□研究所 (含) 以上

職業：□製造業　□金融業　□資訊業　□軍警　□傳播業　□自由業
　　　□服務業　□公務員　□教職　　□學生　□家管　　□其它_____

購書地點：□網路書店　□實體書店　□書展　□郵購　□贈閱　□其他

您從何得知本書的消息？

　□網路書店　□實體書店　□網路搜尋　□電子報　□書訊　□雜誌

　□傳播媒體　□親友推薦　□網站推薦　□部落格　□其他_____

您對本書的評價：（請填代號　1.非常滿意　2.滿意　3.尚可　4.再改進）

　封面設計____　版面編排____　內容____　文／譯筆____　價格____

讀完書後您覺得：

　□很有收穫　□有收穫　□收穫不多　□沒收穫

對我們的建議：_____

_____

_____

_____

11466
台北市內湖區瑞光路 76 巷 65 號 1 樓

秀威資訊科技股份有限公司　　　收
BOD 數位出版事業部

....

（請沿線對折寄回，謝謝！）

姓　　名：＿＿＿＿＿＿＿　年齡：＿＿＿　性別：□女　□男

郵遞區號：□□□□□

地　　址：＿＿＿＿＿＿＿＿＿＿＿＿＿＿＿＿＿

聯絡電話：(日) ＿＿＿＿＿＿＿　(夜) ＿＿＿＿＿＿＿

E-mail：＿＿＿＿＿＿＿＿＿＿＿＿＿＿＿